경제로
읽는
교양
세계사

경제로 읽는 교양 세계사

초판 1쇄 인쇄 2016년 12월 8일　**초판 6쇄 발행** 2020년 5월 15일

지은이 오형규　**펴낸이** 김종길　**펴낸곳** 글담출판사
책임편집 박성연　**편집** 이은지 · 이경숙 · 김진희 · 김보라 · 김윤아
마케팅 박용철 · 김상윤　**디자인** 엄재선 · 손지원　**홍보** 정미진 · 김민지　**관리** 박인영

출판등록 1998년 12월 30일 제2013-000314호
주소 (04029) 서울시 마포구 월드컵로 8길 41
전화 (02)998-7030　**팩스** (02)998-7924
이메일 geuldam4u@naver.com　**페이스북** www.facebook.com/geuldam4u
블로그 http://blog.naver.com/geuldam4u　**인스타그램** geuldam

ISBN 979-11-86650-27-1　03900

* 이 책은 한국출판문화산업진흥원 2016년 우수출판콘텐츠 제작지원사업 선정작입니다.
* 이 책은 삼성언론재단의 지원을 받아 출간되었습니다.
* 책값은 뒤표지에 있습니다.
* 잘못된 책은 바꾸어 드립니다.

이 도서의 국립중앙도서관 출판시도서목록(CIP)은 e-CIP 홈페이지(http://www.nl.go.kr/ecip)와 국가자료공동목록시스템(http://www.nl.go.kr/kolisnet)에서 이용하실 수 있습니다. (CIP 제어번호 : CIP2016028655)

글담출판에서는 참신한 발상, 따뜻한 시선을 가진 원고를 기다리고 있습니다. 원고는 글담출판 블로그와 이메일을 이용해 보내주세요. 여러분의 소중한 경험과 지식을 나누세요.
블로그 http://blog.naver.com/geuldam4u　**이메일** geuldam4u@naver.com

경제를 중심으로 역사, 문학, 시사, 인물을 아우른 통합 교양서

경제로
읽는
교양
세계사

오형규 지음

글담출판

많은 사람들이 집단 우울증에 걸릴 만한 사건과 뉴스들이 연일 쏟아지고 있다. 정국 혼란은 차치하고 인공지능AI 알파고가 바둑에서 인간계 최고라는 이세돌 9단에게 4대 1로 완승했다. 누구도 이세돌의 승리를 의심하지 않았기에 충격이 더 컸다. '상상 그 이상'을 보여준 알파고 쇼크였다. 영화 「허Her」2013에서는 독신 남성이 여성이 아닌 AI와 사랑에 빠진다. IBM의 인공지능 왓슨은 잘 나가는 의사보다도 암을 훨씬 정확히 진단하고 있다.

설상가상으로 4차 산업혁명의 여파로 2020년까지 15개 주요 국가에서 일자리 710만 개가 사라지고 새로 생기는 일자리는 210만 개에 그칠 것이라는 다보스포럼의 보고서도 나왔다. 불과 5년 새 일자리 500만 개가 사라진다는 암울한 전망은 알파고 쇼크와 더불어 미래 공포를 증폭시킬 만했다. 심지어 의사, 변호사, 회계사 같은 전문직조차 안전한 일자리라고 장담할 수 없다. 이제 무엇을 할 수 있을까? 100세 수명을 어떻게 살아갈까?

한편 영국은 국민투표를 통해 유럽연합EU 탈퇴를 결정한 브렉시트Brexit를 관철시켰다. 전 세계 언론은 브렉시트 이후 세계 경제의 쓰나미급 파장을 점쳤다. 유럽 일본 등 선진국들은 장기간 경기침체로 이제는 돈을 맡겨도 이자는커녕 되레 수수료를 물리는 마이너스 금리까지 도입했다. 미국에서는 도널드 트럼프가 내셔널리즘을 앞세워 백인사회의 바닥 정서를 파고들어 45대 대통령이 됐다. 냉전은 사라졌다지만 시리아 내전, 이슬람국가IS 테러 등 세상은 더 어지럽다. 경제는 깊은 수렁에서 허덕이고 노후는 암울하게만 느껴진다.

하지만 세상이 무너질 것 같은 순간은 과거에도 수없이 많았다. 하늘이 도는 것천동설이 아니라 지구가 도는 것지동설이 확인된 순간 인류가 느꼈을 충격은 알파고 쇼크에 비할 바가 아니다. 증기기관차나 자동차의 등장을 목격한 마부들의 심경은 어땠을까? 수공업 노동자를 기계가 대체한 산업혁명기도, 주가가 폭락하고 실업자가 넘쳐나던 대공황 시절도 겪었다.

새로운 생각과 신기술, 신발명에 대해 당장은 틀어막고 부수고 처벌했다. 지동설을 주장한 갈릴레이는 종교재판을 받았다. 자동차는 마차는커녕 사람 보행 속도 이상으로 달릴 수 없게끔 규제됐다. 노동자는 밤마다 몰려다니며 기계를 부쉈다. 하지만 누구도 변화와 혁신의 큰 물줄기를 막을 수는 없다. 지동설을 받아들이고서야 과학은 혁명적인 발전을 이루었고, 마부가 실업자가 되는 대신 자동차 덕에 엄청난 일자리가 생겨났다. 기계파괴 운동 대신 기계를 활용하며 인류는 더욱 풍족해졌다. 현대에도

PC의 등장으로 타이피스트가 사라졌지만 얼마나 효율화되고 더 많은 직업이 생겨났는지는 굳이 설명할 필요도 없다. 브렉시트도 영국민이 미친 선택을 한 것이 아니다. 유럽 대륙을 견제하고 거리를 둬온 영국 역사를 돌이켜 보면 그리 호들갑을 떨 일도 아니다.

미래가 불안한 것은 전망이 어두워서가 아니라 앞일을 알 수 없기 때문이다. 변화가 너무 빨라 개개인이 미처 적응할 틈도 없이 또 새로운 변화가 일어나고 있다. 정보화 사회에 진입한지 얼마나 됐다고 4차 산업혁명이니, 융·복합 혁명이니 하는 신조어가 일상어처럼 쓰이고 있다. SF소설이나 공상과학 영화들은 하나같이 미래의 디스토피아를 그린다. 게다가 한국인은 불과 두 세대 만에 농업 사회에서 정보화 사회로 퀀텀 점프를 이뤄 유독 불안감이 크다. 정신이 물질을 못 따라가는 지체현상이다. 하지만 모든 것이 초고속으로 바뀐다 해도 인간의 본질까지 바뀐 것은 아니다. 그렇기에 우리는 지나온 역사에서 해답을 찾을 수 있다. 미래가 궁금할수록 온고지신溫故知新이 절실한 것이다.

인류 역사의 대부분은 한정된 자원을 놓고 다투는 전쟁과 약탈의 역사였다. 정해진 파이를 놓고 한쪽 몫이 늘어나면 다른 쪽은 줄어드는 제로섬 게임이었다. 산업혁명 이후에야 비로소 인구와 식량의 굴레인 '맬서스의 함정'에서 벗어났다. '대분기Great Divergence'를 맞아서야 세상을 제로섬 게임이 아닌 포지티브섬 게임으로 볼 수 있게 된 것이다.

세상을 움직이는 동력은 정치이념이나 도덕이 아니다. 생산수단, 생활수준의 발전은 일과 생활 방식은 물론 사람들의 생각까지 바꾼다. 석기시대는 돌이 부족해 끝난 게 아니고, 마차를 이어 붙인다고 기차가 되는 게 아니며, 기계를 부순다고 일자리가 유지되는 것도 아니었다. 창조적 파괴가 일어나고 이를 적극적으로 수용하지 않았다면 인류의 삶은 과거보다 별로 나아지지 않았을 것이다.

세계가 제로섬 게임이던 시절에는 경제학이 존재하지도, 존재할 필요도 없었다. 그저 빼앗거나 교환하면 그만이었으니까. 그러나 산업혁명 이후 세계는 빼앗는 것이 아니라 누가 더 많은 부가가치를 창조해 내느냐가 번영의 관건이 됐다. 경제학은 산업혁명의 산물인 셈이다. 지식과 능력 여하에 따라 부가가치는 무한 확장한다. 자원은 한정돼 있지만 인간의 지식은 끊임없이 발전하기 때문이다. 예컨대 구리의 주된 용도는 동 케이블, 동 파이프다. 그러나 이를 광섬유와 PVC 파이프로 대체하면서 더 이상 구리의 유한성을 걱정할 이유가 사라졌다.

현대 경제사는 국가와 기업, 개인들이 효율적인 생산수단을 확보하기 위한 경쟁이기도 하다. 이를 위해서는 경제적 자유가 필수다. 경제적 자유는 정치적 자유가 전제돼야만 한다. 시장경제하에서는 가격 외에 만든 사람의 인종, 종교, 피부색 등을 따지지 않는다. 따라서 시장경제는 필연적으로 민주주의로 귀결하게 된 것이다.

이 책은 경제 원리라는 프리즘으로 역사를 다시 훑어보고 미래의 나침반으로 삼아 보자는 의도로 썼다. 여기서 역사는 학창시절 달달 외우던 왕조의 연대기나 제국의 흥망사가 아니다. 세상을 움직인 경제 원리와 경제적 토대를 뜻한다. 우리가 어떻게 여기까지 왔는지를 알아야만 앞으로 어디를 향해 가는지도 가늠할 수 있다.

경제학적 관점은 문제를 직시하고 대안을 찾는 데 유용하다. 이 책은 왜 어떤 나라는 번성하고 어떤 나라는 쇠퇴했는지, 무엇이 시대의 변혁을 가져왔는지, 오늘날 풍요의 근원은 무엇인지, 앞으로 인류의 삶은 낙관할 수 있는지 독자 스스로 생각해 볼 수 있게 하는 데 초점을 맞췄다. 각 장마다 〈경제 키워드〉를 붙이고 그 시대를 배경으로 한 문학 작품들을 소개해 역사와 경제, 인문학을 아우를 수 있도록 〈함께 보는 문학〉을 구성했다. 과거 역사와 현재의 이슈를 생각해 보는 〈함께 읽는 시사〉도 담았다. 기존 역사서에서는 찾아보기 어려운 시도라고 자부한다.

이 책은 총 5부 20장으로 구성했다. 1부는 인류의 태동부터 원시·고대 경제와 그리스, 로마 문명을 다루었다. 이 시기에 인류의 삶은 수렵·채집에서 농업 사회로 이행하면서 축적과 교환이 시작되고 도시와 국가가 생겨나면서 사회의 규칙률이 등장했다. 교역을 통한 경제적 풍요를 토대로 그리스에서 인류의 생각이 깨어난 과정도 담았다. 아울러 로마제국이 팍스로마나를 이룬 경제적 토대와 동서양 실크로드의 역할을 소개했다.

2부는 중세 유럽과 중국 및 몽골 제국 이야기다. 고립된 중세 경제의 한계와 십자군 전쟁이 가져온 경제적 효과 및 유럽의 각성을 담았다. 비슷한 시기에 최고 선진국이던 중국이 왜 정체 사회가 됐는지, 반면 100만 명의 몽골족이 유라시아 대륙의 수억 명을 지배한 원동력은 무엇인지도 분석했다.

3부는 대항해 시대를 거쳐 중상주의, 산업혁명에 이르는 과정과 경제학의 태동을 함께 정리했다. 중상주의자들과 애덤 스미스의 국부를 보는 전혀 다른 관점은 오늘날에도 여전히 교훈을 준다. 산업혁명으로 인류가 맬서스의 함정에서 벗어난 과정, 보호무역과 무역장벽이 초래한 감자 기근의 문제도 함께 짚어봤다.

4부에서는 인류의 대분기를 이루었지만 그 이면에 첨예해진 빈부 격차와 열악한 노동환경, 그리고 사회주의 운동이 일어난 경제적 여건을 살펴봤다. 서양이 어떻게 세계의 대부분을 식민지로 만들었는지, 미국과 독일이 2차 산업혁명 이후 어떻게 초강대국으로 부상했는지 그 과정을 조명했다.

5부에서는 질주하는 제국 간의 충돌과 1·2차 세계대전 전후의 세계 경제 질서, 냉전과 공산주의의 몰락을 다루었다. 아울러 세계화와 빈발하는 경제 위기의 원인을 분석하고 정보화에 이은 융·복합 혁명이 가져올 미래도 간략하나마 예상해 봤다.

세상은 현기증이 날 만큼 핑핑 돌아간다. 지구촌 한구석의 일조차 나와 무관하지 않다. 바로 내 일자리, 내 재산, 내 가족의 삶에까지 영향을 미치기 때문이다. 세계 경제는 마치 『거울 나라의 앨리스』에 나오는 '붉은 여왕'처럼 우리에게 끝없이 달리도록 요구하는 듯하다. 숨이 턱에 차도록 달려도 제자리이고, 가만히 있으면 곧 뒤처질 듯하다. 하지만 다행스럽게도 인류의 발자취를 알아갈수록 그런 두려움은 점점 옅어진다. 당대의 두려움은 후대의 자연스러운 일상이 됐고, 과거의 사치품이 오늘의 필수품이 됐다. 찰리 채플린은 '인생은 가까이서 보면 비극, 멀리서 보면 희극'이라는 명언을 남겼다. 여기서 '인생'을 '역사'로 바꿔도 진실이다. 집필 과정에서 저자가 얻은 교훈이자 독자에게 전달하고 싶은 메시지이기도 하다.

늘 그렇듯이 독자에게 드리는 것보다 저자가 얻어가는 게 더 많아 부끄럽고 송구하다. 만약 내용에 오류나 억측이 있다면 그것은 전적으로 저자의 책임이다. 이 책이 나오기까지 소심하고 게으른 저자에게 격려와 질책을 아끼지 않은 글담출판사 김종길 사장, 변변찮은 원고를 멋지게 꾸며준 박성연 편집자 등 출판사 여러분께 깊은 감사를 드린다.

2016년 어느 청명한 초겨울 날

오형규

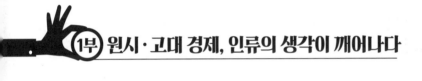

1부 원시·고대 경제, 인류의 생각이 깨어나다

2부 중세 경제, 종교 억압 속에 싹튼 상업

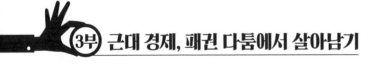

3부 근대 경제, 패권 다툼에서 살아남기

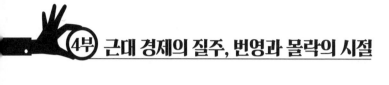

4부 근대 경제의 질주, 번영과 몰락의 시절

5부 현대 경제 체제의 확립, 위기에서 기회를 엿보다

1부

원시·고대 경제,
인류의
생각이 깨어나다

01

농업혁명과 교환
_주석 안 나는 히타이트는 어떻게 청동기 제국이 될 수 있었을까?

추위와 굶주림, 피할 수 없는 인류의 숙명

지구는 전혀 평평하지 않다. 사람들이 거주하는 곳마다 자연환경은 불공평하고 불평등하기 짝이 없다. 뜨거운 열대부터 사계절의 온대, 매서운 한랭 지역까지 기후부터가 천차만별이다. 지형의 특성, 토지의 비옥한 정도, 서식하는 동물과 식물 등도 극명하게 다르다. 애초에 농사가 잘되는 곳이 있는가 하면 풀 한 포기 자라기 힘든 황무지도 있다. 따라서 기후, 지형, 토질, 자연환경의 차이에 따라 개인은 물론 부족과 민족의 삶은 전혀 다른 방향으로 갈 수밖에 없다. 세상이 어디든 같은 조건의 환경이었다면 경제학은 생겨나지도 않았을 것이다. 경제학은 인간의 욕구는 무한한 반면 자원은 한정되었기에 탄생한 학문이기 때문이다.

지금까지 알려진 최초의 인류는 약 400만 년 전 아프리카 에티오피아 북부에서 발견된 '루시'라는 여성 원인原人의 뼈 화석이다. 진화는 아주 느리고 더디게 일어났다. 약 20만 년 전 호모사피엔스라고 불리는 현생 인류가 등장했다. 현생 인류라고 해도 지금의 인류와는 차이가 컸다. 그들이 할 수 있는 일이라고는 혹독한 자연환경 속에서 하루하루 살아남는 것뿐이었다.

그로부터 오랫동안 인류는 살아남기 위해 사냥하고 풀과 과일을 채집해서 먹고 살았다. 빙하기의 끝 무렵이었지만 날씨는 여전히 매섭게 추웠다. 하루하루 당장의 먹거리를 구하는 것보다 더 중요한 일은 없었다. 방송 프로그램 「정글의 법칙」에서 부족의 일과는 오로지 다음 끼니를 해결하는 것이다. 마찬가지로 원시인에게는 온종일 사냥하고 채집하는 것이 삶의 전부였다.

자연은 결코 자애로운 어머니가 아니다. 원시 인류는 가뭄, 홍수, 지진, 태풍 등 자연재해와 다양하고 수많은 맹수, 목숨을 노리는 적들, 그리고 알 수 없는 질병과 싸워야 했다. 사냥에 성공하기보다 허탕치는 날이 훨씬 많았다. 들소, 사슴은 물론 토끼 같은 작은 사냥감조차 쉽게 잡히지 않았다. 설령 사냥감을 잡더라도 다른 씨족들과 싸워 이겨야 차지할 수 있었다. 사냥에 실패하면 씨족 전체가 주린 배를 움켜쥐어야 했다. 굶어 죽는 일도 다반사였다. 추위와 굶주림은 인류에게 피할 수 없는 숙명이었다.

원시시대 첨단산업으로 발돋움한 농업

약 1만 년 전, 마지막 빙하기가 끝났다. 날씨가 따뜻해지면서 빙하가 녹아 해수면이 높아졌다. 원시시대의 지구 온난화였다. 바다가 넓어지고 대기가 건조해지면서 인류가 살아가는 환경이 크게 바뀌었다. 수렵과 채집만으로 살기 어려워진 인류는 다른 생존 방식을 강구해야 했다. 다행히도 기온이 오르면서 보리, 밀, 조, 수수 같은 야생 식용식물들이 풍부해졌다. 이런 1년생 식물은 해마다 거둬들여도 이듬해 다시 잘 자란다. 인류는 야생식물을 직접 심고 수확하면서 드디어 농업에 눈뜨기 시작했다. 멀리 돌아다니며 사냥감이 눈에 띄어야만 식량을 구할 수 있던 수렵시대와는 달리 농업을 통해 좁은 땅에서도 더 많은 먹거리를 얻을 수 있게 된 것이다.

식량 생산이 늘어나면서 인구도 증가했다. 늘어난 인구를 먹여 살리기 위해 더 많은 농지가 필요했다. 들판에 불을 질러 밭을 만드는 화전 농업이 퍼져 나갔다. 돌을 깨트리고 쪼아서 만든 뗀석기구석기시대, 돌을 갈아서 만든 간석기신석기시대를 사용하면서 농업은 크게 발전했다. 이런 일련의 과정이 초기 인류의 삶을 송두리째 바꿔놓은 원시 농업혁명이다.

농사를 지으려면 물이 필수다. 그래서 농업이 시작된 곳도 '비옥한 초승달'로 불리는 메소포타미아 지방이다. 지금의 이라크 땅인 이곳은 유프라테스 강과 티그리스 강 사이에 있는 초승달 모양의 넓은 평원이다. 메소포타미아 문명뿐 아니라 이집트의 나일 문명, 중국 황허 문명, 인도의 인더스-갠지스 문명 등 인류 4대 문명은 모두 큰 강 주변에서 생겨났다. 하나같이 강물을 이용해 농사 짓기에 용이한 곳이다. 특히 나일 강은 주기적으로 범람해 주변의 광활한 땅을 비옥한 토지로 만들었다. 고대 그리스의 역사가 헤로도토스가 이집트를 '나일 강의 선물'이라고 불렀던 이유이다. 영어로 문화를 뜻하는 'culture'의 어원이 '경작하다'라는 뜻의 'cultivate'이듯이 농업은 곧 문명을 의미했다. 참고로 문명을 이루려면 문자와 기록이 필요한데 수메르는 쐐기 문자를 점토판에 기록했고, 이집트는 독특한 그림의 상형 문자를 파피루스에 썼다. 중국 황허 문명에서 발견된 상형 문자는 갑골개붕통에 기록한 것으로 훗날 한자가 되었다.

기원전 3000년경 청동기시대에 접어들면서 물을 끌어와 농사를 짓는 관개 농업이 시작되었다. 인류는 수로를 파고 저수지를 만들었다. 그 덕택에 비가 오지 않아도 밭에 물을 대 농사를 계속할 수 있었다. 자연에 순응하기만 하던 인류가 처음으로 자연을 관리하기 시작한 것이다. 동시에 소, 말, 낙타, 양, 염소 등 야생동물이 차례로 가축화되었다. 가축은 인간에게 농업의 동력이자 이동수단이며 단백질 공급원이었다.

아울러 쟁기와 곡물을 저장하는 토기도 발명되었다. 밭을 깊게 갈 수 있는 쟁기의 등장은 오늘날 컴퓨터의 발명에 버금가는 농업기술의 비약적인 발전이었다. 인간의 근육에만 의존하던 농업이 가축과 쟁기를 이용하면서 생산성이 높아진 것이다. 바퀴도 발명되었다. 사람이 나르던 것을 가축이 끄는 수레가 대신하게 되었다. 운송수단의 혁명이었다. 농사와 목축, 쟁기와 바퀴의 발명이 가져온 농업혁명은 느리게 진행되었지만 근대 산업혁명에 버금가는 생산수단의 발전이었다.

농업혁명 이전과 이후가 얼마나 달라졌는지는 한 사람이 생존하는 데 필요한 면적을 비교해 보면 이해가 쉽다. 수렵시대에는 드문드문 서식하

디르크 반 베르겐의 「사람과 가축이 있는 풍경」(1660~1690). 자연에 순응하기만 하던 인류가 물을 끌어와 농사짓는 관개농업으로 자연을 관리하기 시작했다. 그러면서 소, 말, 낙타, 양, 염소 등 야생동물이 가축화되었다. 가축은 인간에게 농업의 동력이자 이동수단이며 단백질 공급원이었다

는 사냥감을 찾아다니느라 한 사람이 생존하기 위해 대략 10㎢가 필요했다. 그러나 농업혁명 전반기에는 한 사람이 500㎡의 땅에서 나는 식량으로 살 수 있었다. 농업혁명 후반기 관개농업 시기에는 100㎡로도 생활이 가능해졌다. 이는 같은 면적에서 부양할 수 있는 인구 수가 100배로 늘어난 것과 마찬가지이다. 인류의 생산성이 비약적으로 발전한 것이다. 그런 점에서 농업과 목축은 원시시대의 첨단산업이었다.

부의 축적과 국가의 탄생

농업혁명을 통해 인류는 드디어 먹고 남을 만큼의 식량을 확보하게 되었다. 먹을 것 이상으로 생산된 식량은 부의 축적으로 이어졌다. 생산량 차이 때문에 계급 분화가 일어난 것이다. 농업기술이 개량되어 인구가 늘어날수록 더 많은 농지가 필요했다. 강의 치수治水와 관개사업을 하려면 수많은 사람이 힘을 모아야 했다. 농업 발전이 도시 형성으로 이어진 것은 필연적인 결과였다. 그 과정에서 지배자와 피지배자의 상하 관계가 생겨났다. 더불어 사람들 사이의 갈등을 통제할 국가와 법률이 필요했으며 권력을 강화하기 위한 종교가 발전했다. 기원전 3500년 무렵 메소포타미아에 형성된 수메르의 우르, 우루크, 라가시 등이 그런 도시이자 국가였다.

도시 국가들의 확장판이 고대국가이다. 백성은 국가로부터 적에 대한 안전을 위탁하는 대신 권력자에게 복종한다. 고대국가는 국방과 치안을 담당하는 군대와 세금 징수, 행정을 맡는 관료를 거느리고 새로운 농지 확장과 치수, 관개사업을 벌이는 것이 주된 역할이었다. 식량 생산농업에 종사하지 않는 군대, 관료 등의 집단을 유지하고 대규모 공사를 벌이기 위해 세금을 걷었다. 이를 위해서는 강력한 권력을 쥔 지배자왕가 있어야 했다. 특히 메소포타미아는 사방이 탁 트인 평지여서 외부 집단이 접근하기 쉬웠다. 이 지역에는 수메르를 시작으로 바빌로니아, 아시리아, 신바빌로니아 같은 왕국이 명멸했다.

지배자는 세금을 잘 거두기 위해 관료들이 필요했다. 군대와 관료가 늘어나면 더 많은 세금을 거둘 수 있었다. 세금은 백성의 노동력이나 현물식량로 받았고, 나중에는 화폐로 징수했다. 이 시기의 종교는 이집트의 파라오처럼 왕을 신으로 격상시키거나 신과 가까운 존재로 미화하는 데 이용되었다. 당시 건설된 이집트의 피라미드나 메소포타미아의 지구라트성탑은 권력의 신격화를 목적으로 한 거대 구조물이다. 현대의 건축물을 압도하는 규모지만 당시는 기중기도 굴착기도 없던 시절이다. 오로지 사람과 가축의 힘으로 그런 구조물을 건설했다. 그만큼 인구가 충분했고 경제력이 뒷받침되었다는 증거다. 아울러 수만 명을 몇십 년씩 동원할 만한 강력한 권력이 존재했음을 알 수 있다. 고대 발명품인 맥주와 포도주도 필수였는데 고된 노역에 동원된 사람들에게는 피로를 잊게 해주는 마약과도 같은 음료였기 때문이다.

눈에는 눈, 이에는 이

고대국가는 왕과 귀족 등 지배층과 생산을 담당하는 농민평민, 노예 등 피지배층의 엄격한 위계질서 속에 다스려졌다. 원시공동체는 최고 연장자가 구성원의 갈등을 통제했다. 그러나 부족들의 연합체인 국가에서는 질서 유지와 갈등 해결 방식이 근본적으로 달랐다. 연장자의 권위를 대신한 것이 강제적인 법률이다. 고대국가들의 법률은 구약성서의 '눈에는 눈, 이에는 이'와 같은 동태복수법으로 요약된다. 사람이 죄를 저지르면 그 죄와 똑같은 형태로 처벌하는 것이다. 당시 법률들을 보면 고대국가의 사회상을 미루어 짐작할 수 있다.

현존하는 가장 오래된 법전은 기원전 2100년경 우르를 다스린 우르남무 법전이다. 법전에는 살인과 절도는 사형에 처하고, 어린이를 납치하면 감옥에 가두고 은 15셰켈을 지불하게 하며 남자가 첫 아내와 이혼하면 은 1미나를 지불하고, 노예가 자유민과 결혼하면 장남을 주인에게 보내도록 하는 등의 내용이 담겨 있다. 여기서 1셰켈은 은 약 8.5g이고, 60셰켈이 1미나였다. 현재 이스라엘의 화폐 단위가 셰켈이다.

기원전 1750년경 바빌로니아의 6대 왕 함무라비가 수메르와 메소포타미아 도시 국가들의 법률을 집대성한 함무라비 법전도 이와 유사하다. 살인한 자는 사형에 처하고 다른 사람의 뼈를 부러뜨린 자는 그의 뼈도 부러뜨린다는 등의 내용이다. 지금은 이것이 잔혹하고 반문명적으로 비칠 것이다. 하지만 고대 사회는 인권이나 자유 같은 개념이 없고 힘과 권력이 지배하던 시대였다. 만약 이런 법률이 없었다면 작은 범죄가 보복을 낳고 보복은 더 큰 보복을 불러와 약자는 도태되고 강자만이 살아남는 약육강식의 정글이 되었을 것이다. 따라서 고대의 법률은 범죄자에 대한 처벌의 한계를 그가 저지른 죄로 한정함으로써 질서를 유지했다.

또한 경제활동이 늘어나 사람들 간의 이해관계가 복잡해지면서 법률로 규정하는 조항도 많다. 우르남무 법전에는 '경작할 수 있는 땅을 다른 사람에게 빌려줬는데 경작하지 않아 쓸모없는 땅이 되면 빌린 사람은 빌려준 사람에게 땅 1이쿠당 3쿠르의 보리를 주어야 한다.'라는 식의 세세한 규정까지 있었다. 함무라비 법전에도 '자신의 땅에 물을 대려다 부주의한 사고로 타인의 땅에 물이 차게 만들었다면 망가뜨린 곡식에 대해 변상해 주어야 한다.'라거나 '도둑이 소, 양, 당나귀, 돼지, 염소 중 하나를 훔

쳤다면 그 값의 열 배로 보상해 주되 보상할 돈이 없으면 사형에 처한다.'
라고 규정했다. 이를 통해 사유재산을 인정하고 은이 화폐 기능을 하며 경
제적 손실을 끼쳤을 때 어떻게 보상했는지 잘 알 수 있다.

필요가 교역을 낳다, 번성하는 중계무역

물물교환으로 출발한 부족 간 교역이 도시 국가 형성 이후에는 국가 간

X·Economic Keywords

★ 교환

사람이 타인과 물건을 주고받는 것이 교환이다. 즉, 자기가 필요 이상으로 소유하고 있
는 재물을 다른 사람이 소유하고 있는 재물과 바꾸는 행위이다. '경제학의 아버지' 애덤
스미스는 교환을 인간의 본성으로 파악했다. 스미스는 "개가 다른 개와 공정하고 의도
적으로 뼈다귀를 교환하는 것을 본 적이 없다."라고 했다. 오직 사람만이 흥정하고 거
래할 수 있다는 이야기이다.

교환의 전 단계는 자급자족이다. 자급자족은 필요한 물자를 스스로 만들어 쓰는 원시
적인 경제 형태이다. 그러나 교환은 필연적으로 분업과 전문화를 가져온다. 자신이 잘
만들 수 있는 것을 타인이 잘 만드는 것과 교환해서 각자 잘하는 분야에 집중분업해 점
점 더 잘할 수 있게전문화 된다.

교환 경제에서는 수요자와 공급자가 시장을 통해 물품을 거래함으로써 가격이 형성되
고 물품의 희소성이 감소하게 된다. 또한 각 개인의 능력과 비교우위에 따라 자신의 일
을 결정하고 상호 의존한다. 인류는 초기의 물물교환에서 화폐를 매개로 한 상업간접교환
으로, 나아가 국가 간 무역으로 발전시켰다. 이것이 인류 번영의 가장 기본적인 원동력
이 되었다. 그런 의미에서 경제사는 곧 '교환의 역사'라고 해도 과언이 아니다.

산드로 보티첼리의 「동방박사의 경배」(1475년경). 동방박사들이 예수 탄생을 축복하기 위해 예물로 가져왔다는 황금은 부귀영화의 상징, 유향은 신전 제사에 쓰이던 향료, 몰약은 미라를 만드는 데 쓰인 방부제로 이집트에서 매우 진귀하게 여기는 물건이었다

무역으로 급속히 확장되었다. 메소포타미아의 고대국가인 아시리아가 제국을 건설한 것은 철제무기 덕이었지만 그전에 중계무역으로 강성해졌기에 가능했다. 아시리아 상인들은 곡식과 직물을 이란 고원에서 나는 주석과 바꾸고, 이 주석을 다시 아나톨리아고원터키의 히타이트로 가져가 금, 은, 구리와 교환하는 중계무역을 했다. 청동기 제국인 히타이트에서는 정

경제로 읽는 교양 세계사 ‧

작 청동기의 필수 재료인 주석이 나지 않아 아시리아를 통해 조달했던 것이다. 필요가 교역을 낳은 셈이다.

'나일 강의 선물'이라는 이집트는 비옥한 토지에서 농업이 활발했다. 주기적으로 범람하는 나일 강의 관개사업을 관리하는 강력한 중앙집권 체제가 일찍이 형성되었고 기하학과 천문학도 발달했다. 파라오들의 무덤에서 발굴된 놀라운 보물들을 보면 그런 화려한 생활을 뒷받침하는 무역이 왕성했음을 알 수 있다. 특히 페니키아 상인들은 파라오의 교역을 위탁받아 파피루스 등 이집트 공예품을 레바논의 삼나무와 교환해 공급했다. 아시리아의 은, 크레타 섬의 올리브, 소말리아의 향나무도 이집트의 주요 교역 물품이었다.

성서에서 동방박사들이 예수 탄생을 축복하기 위해 예물로 가져왔다는 황금, 유향, 몰약은 이집트에서 매우 진귀하게 여겼다. 이집트 왕 투탕카멘의 황금가면에서 보듯이 황금은 이집트가 누린 부귀영화의 상징이었다. 유향은 신전 제사에 쓰이던 향료이다. 몰약은 호흡기질환 약이나 방부제로 쓰였는데 미라를 만드는 데도 꼭 필요했다. 이집트에서 생산된 밀과 파피루스는 훗날 아프리카의 상아, 중국의 비단, 인도의 면화 등 세계 각지의 특산품과 교환되었다. 지배자들은 전쟁을 자주 벌였지만 무역이 번영을 가져온다는 사실을 알고 권장했다. 예나 지금이나 한 나라가 부족한 것을 얻는 최선의 방법은 교환, 즉 무역이다.

어떻게 살 것인지 묻다
이문열의 『들소』

　　한국의 대표 작가 이문열의 초기 중편소설 『들소』1979는 신석기 시대의
한 씨족사회가 배경이다. 알타미라 동굴의 힘찬 들소 벽화를 모티브로 권력
과 계급이 분화되어 부족사회로 발전해 가는 과정과 그 안에서 좌절하는 예
술가의 모습을 그렸다. 힘이 곧 권력이던 시절에 남다른 예술혼을 지닌 한
인간의 좌절과 영광의 이야기를 담고 있다.

　　『들소』에서 씨족의 소년들은 성년식을 맞아 들소 사냥에 나선다. 작가는
사냥하면서 보여주는 소년들의 용맹성을 토대로 각자 이름을 얻는 과정을
그린다. 들소에 놀란 겁 많은 주인공은 '소에 짓밟힌 자'가 되고, 교활한 속
임수로 공동 사냥의 성과를 독차지한 뱀눈은 '뿔을 누른 자'란 영예를 얻는
다. 뱀눈은 어른이 되면서 온갖 권모술수로 재산을 쌓고 권력을 확장한다.
사냥할 줄 모르는 주인공은 이른바 '손의 동굴'로 보내져 사냥 대신 창과 활
에 무늬를 새겨 넣는 일을 한다. 주인공이 연모했던 씨족 최고의 미인 '초원
의 꽃'은 권력과 재물을 좇아 뱀눈에게 가고, 나중에는 더 큰 권력을 가진 자

를 좇아간다. 어느 날 주인공은 마음속 깊은 곳의 울림을 좇아 동굴로 들어가 벽화를 남기고 죽음을 맞는다.

에스파냐 북부의 작은 산촌인 산티아나 델 마르에 있는 알타미라 동굴벽화는 본래 구석기시대에 그려졌다. 알타미라 동굴벽화는 1880년에야 발견되었다. 넓은 동굴의 안쪽 벽과 천장에 다양한 동물들이 가득 그려져 있어서 '구석기시대의 미술관'으로 불릴 정도이다. 역동적으로 뛰는 들소, 상처 입고 앉아 있는 들소, 뛰는 말, 뿔이 솟은 커다란 사슴 등 그림이 수십 가지에 달한다. 작은 그림은 50~60㎝, 큰 그림은 2m가 넘는 것도 있다. 동굴 속에서 워낙 잘 보존되어 있어 처음에는 구석기시대 작품이라고 상상하지 못했을 정도이다.

벽화가 그려진 시기는 마지막 빙하기가 끝나가던 1만 3000~1만 7000년 전으로 추정된다. 그 이후에는 기후가 점차 따뜻해지면서 동굴에서 주로 거주했던 인류의 생활 방식에도 큰 변화가 일어났다. 따라서 1만 1000년 전 이후로는 동굴 벽화가 더 이상 나타나지 않는다.

작가는 구석기의 알타미라 동굴벽화를 모티브로 삼았지만 『들소』의 시대 배경은 계급 분화가 이루어진 신석기였다. 작가가 던지고 싶은 메시지는 현대의 권력과 예술에 대한 고찰이다. 그런 점에서 『들소』는 어느 시대, 어느 사회에서 읽어도 충분히 고민하고 공감할 수 있는 주제다. 이 작품은 흔히 예술지상주의 소설로 분류하지만 그보다는 '어떻게 살 것인가'라는 근원적인 질문을 던지는 우화소설 또는 성장소설로 읽을 만하다.

굶주림의 공포에서 벗어난 오늘
비만과 채식주의

오늘날 많은 현대인이 비만을 걱정한다. 그러면서도 육식을 즐기고 툭하면 과식하기 일쑤이다. 뒤늦게 후회하지만 그때뿐이다. 현대인의 이런 성향은 과거 수십만 년의 기나긴 원시생활과 깊은 관련이 있다. 오랜 굶주림의 공포가 인류의 DNA에 깊이 각인되어 있기 때문이다.

원시인들은 내일부터 굶을지도 모른다는 두려움에 눈앞에 먹거리가 보이면 허겁지겁 집어삼켰다. 특히 당장 활동할 수 있는 에너지를 제공하는 고기단백질, 지방와 단맛포도당을 선호했다. 고기와 단맛이 현대인에게도 끊기 힘든 유혹으로 남아 있는 이유이다.

인류가 굶주림이 아닌 비만을 걱정하게 된 것은 고작 수십 년 전의 일이다. 인류 생존 기간의 99.99%는 기아 탈출이 최우선 과제였다. 굶주림의 공포에서 벗어난 현대에는 거꾸로 고기를 거부하는 사람들이 생겨났다. 채식주의자들이다.

작가 한강의 소설 『채식주의자』로 인해 새삼 부각된 채식주의는 여러 단계가 있다. 가장 극단적인 채식주의자는 프루테리언이다. 육식뿐 아니라 식물도 고통을 느낀다고 여겨 먹지 않고 원칙적으로 땅에 떨어진 열매나 곡물만 먹는다. 완전 채식주의자를 가리키는 비건은 육류, 생선은 물론 우유, 알, 꿀 등 동물에게서 얻은 식품을 일체 거부하는 부류이다.

그 외에 달걀은 먹고 유제품은 먹지 않는 오보 베지테리언, 유제품과 꿀까지만 먹는 락토 베지테리언, 육식은 하지 않지만 유제품과 동물의 알은 먹는 락토-오보 베지테리언, 유제품, 달걀, 생선, 닭고기는 먹는 폴로 베지테리언, 육류 중 소고기, 돼지고기 등 붉은 고기류만 먹지 않는 세미 베지테리언 등이 있다.

02

그리스 문명과 화폐경제
_아테네의 황금시대를 가능하게 한 것은 무엇일까?

문화 전파 경로가 된 국제무역

메소포타미아와 이집트 문명이 지중해 연안으로 전해지면서 고대 문명의 무대는 지중해로 확장되었다. 기원전 20세기경 크레타 섬은 올리브 재배와 선박 건조로 지중해 무역에 앞장서며 크레타 문명을 꽃피웠다. 그리스 신화에서 황소 머리 괴물 미노타우로스가 살던 미궁이 바로 크레타의 수도 크로노스였다. 미케네 문명권인 소아시아 반도의 트로이도 농업으로 번성했다. 트로이는 호메로스의 『일리아스』의 배경이 된 도시 국가이다. 그러나 크레타는 지진으로 몰락하고, 트로이는 전쟁으로 쇠퇴해 지중해 상업 패권에 공백이 생겼다. 때마침 기원전 12세기경 크레타와 트로이를 대신해 지중해 상권을 차지한 진취적인 해양 민족이 나타났다. '최초의 상업 민족'으로 불리는 페니키아인이다.

프란체스코 프리마티초의 「헬레네의 납치」(1530~1539). 파리스가 아프로디테를 가장 아름답다고 판정하자 아프로디테가 파리스에게 헬레나를 차지할 수 있게 해주었다. 『일리아스』는 신화로만 알려졌지만, 트로이 유적이 발굴되면서 역사적 사실로 입증되었다

지금의 레바논과 시리아 해안 지역에서 출발한 페니키아는 지중해 전역을 내 집 앞마당처럼 누볐다. 페니키아라는 이름은 '자줏빛 염료의 땅'이란 뜻이다. 그리스인들이 이곳 사람들을 '포에니키스자색의 사람'로 불렀던 것에서 유래했다. 페니키아인들이 값비싼 자줏빛 염료를 만드는 기술이 뛰어났기 때문이다. 이들은 이집트와 메소포타미아를 연결하는 중계무역으로 성장했다. 특히 양질의 레바논 삼나무를 이용한 선박 건조 기술과 원

거리 항해술로 지중해 전역에 진출해 키프로스, 시칠리아, 샤르데냐, 세비아, 카디스, 말라가 등 30여 개의 식민 도시를 건설했다. 지금의 이탈리아 반도와 북아프리카, 서지중해 끝인 이베리아 반도까지 진출한 것이다. 훗날 로마 제국과 세 차례 포에니전쟁을 벌인 카르타고(튀니지)도 페니키아인들이 기원전 800년에 세운 식민 도시였다.

페니키아인들은 당시 최고의 선진국인 이집트 파라오의 무역 대리인이 되면서 지중해 상권을 장악할 수 있었다. 페니키아의 도시 비블로스는 이집트의 파피루스(갈댓잎으로 만든 종이) 무역을 독점했다. 비블로스에서 유래한 단어가 '바이블'이다. 페니키아는 삼나무, 소나무 등 목재와 직물, 염료 등을 수출했지만 주된 활동은 지중해 연안의 각종 특산품을 사고파는 중계

%- Economic Keywords

★ 무역

개인이나 집단 간의 교환을 넘어 국가 간에 물건을 사고파는 것이 무역이다. 이는 도시 국가가 형성된 고대부터 시작된 인류의 매우 오래된 경제활동이다. 자국에 남는 것을 팔고 부족한 것은 사옴으로써 모두의 생활 수준을 높이는 윈-윈win-win 게임인 것이다. 역사적으로 무역은 왕과 귀족만이 누리던 사치품을 누구나 접할 수 있는 필수품으로 만들었다. 무역을 통해 개방 국가로 나간 한국과 폐쇄 국가로 치달은 북한은 같은 민족이면서도 분단 70년간 격차가 극명하게 벌어졌다. 시대별로 번성했던 그리스, 로마, 몽골, 에스파냐, 네덜란드, 영국 등은 하나같이 바다나 육로를 통한 무역이 활발한 나라였다. 자체 생산품은 변변치 않아도 다른 나라 간의 무역을 주선해 부를 얻는 중계무역으로 성공한 나라들도 있다. 고대의 페니키아나 네덜란드, 싱가포르 등이 그렇다. 오늘날의 무역은 상품뿐 아니라 기술, 서비스, 자본, 인력 등으로까지 확대되었다. 세계 경제의 호황과 불황도 국제무역의 증감을 통해 확인할 수 있다.

경제로 읽는 교양 세계사 ·

무역이었다. 페니키아인들은 금은 장식품, 삼나무, 구리, 주석, 도자기, 포도주, 올리브, 상아, 공예품 등을 각 특산지에서 사들여 필요한 지역에 공급했다. 심지어 노예까지 사고팔았다. '장사의 달인'이라 부를 만하다.

페니키아는 400여 년간 번영을 누렸지만 페르시아의 지배를 받으며 무역이 위축되어 몰락했다. 그러나 페니키아가 남긴 유산은 지중해 전역에 크나큰 영향을 미쳤다. 그들의 선박과 항해술은 지중해를 좁은 바다로 만들었다. 무엇보다 페니키아가 서구 문화에 기여한 것은 무역과 상업의 필요에 따라 고안한 그들의 문자이다. 페니키아인들은 이집트 상형 문자와 메소포타미아 쐐기 문자를 토대로 22자의 알파벳을 만들어 지중해 전역에 전파했다. 알파벳은 그리스와 로마로 전해져 오늘날 유럽의 모든 언어를 기록하는 문자로 발전했다. 국제무역은 상품과 더불어 문화를 전파하는 경로이다. 페니키아인의 활약으로 고대 세계사의 중심이 동방에서 지중해로 옮겨오게 된 것이다.

무역과 은광으로 축적한 경제, 고대 문화 꽃피우다

기원전 10세기경 그리스에는 소규모 도시 국가인 폴리스들이 형성되었다. 초기 폴리스는 인구가 수백, 수천 명에 불과했고 폴리스 숫자는 최대 1,000여 개에 달했다. 폴리스는 촌락 단위의 농업 중심지이면서 무역의 창구이자 방어의 거점이었다.

그리스는 산지가 많고 토양이 척박해 올리브와 포도 외에는 농업에 적합하지 않아서 인구가 늘자 식량 부족을 겪어야 했다. 따라서 폴리스들은 일찌감치 에게 해의 섬들과 소아시아 해안, 이탈리아 반도, 프랑스 해안 등지에 식민 도시를 건설했다. 시칠리아, 나폴리, 마르세유, 모나코, 이스탄불 등이 그리스의 식민 도시로 출발했다. 그리스는 식민 도시에서 식량을 공급받으면서 부가가치가 높은 올리브나 포도 재배, 공예품 생산에 특화할 수 있었다. 그리스 상인들은 페니키아인처럼 이집트 무역의 특권을 부여받기도 했다. 그리스가 페니키아에 이어 지중해 상권을 장악하게 된 배경이다.

대표적인 폴리스는 아테네와 스파르타였다. 아테네는 상업 중심지, 스파르타는 군사 중심지였다. 둘은 때로는 협력하고 때로는 대립하는 숙명의 라이벌이었다. 아테네는 활기찬 상업 도시답게 올리브, 포도, 도기를 수출하고 곡물과 노예를 수입하는 무역국가로 급성장했다. 여기에다 기원전 483년에 라우리온 은광이 발견되면서 전성기를 누리게 되었다. 전성기에 아테네 인구는 최대 30만 명에 달했다. 이 중 3분의 1은 노예로 은광, 건축, 수공업, 농업에 종사했다. 아테네는 기원전 7세기 소아시아 리디아 왕국에서 처음 사용된 금화를 본떠 상거래 시 은화를 사용하면서 무역을 더욱 활성화했다. 그 덕에 페르시아와의 전쟁 때 군함 수백 척을 건조해 맞설 수 있었다. 무역과 은광으로 축적한 경제적 기반은 철학·예술 등 수준 높은 고대 문화를 꽃피우는 토대가 되었다.

아테네와는 달리 스파르타는 출발부터 다수의 원주민인 아카이아인을 정복해 형성된 농업 기반의 도시 국가였다. 기원전 4세기 스파르타의 시민은 약 2,000명에 불과한 반면 상공업에 종사하는 반자유민페리오이코이이

2만 명, 원주민인 예속 농민헤일로타이이 5만 명으로 추정되고 있다. 시민 1명당 30~35명의 반자유민과 예속 농민을 거느린 '소수 지배, 다수 피지배'의 이원적 사회였던 것이다. 그렇기에 스파르타는 시민의 아이들이 7세가 되면 엄격한 집단 교육을 통해 전투 병사로 키워 국방과 치안을 유지하는 군사 국가였다. 아테네가 상업과 무역 중심의 개방적 폴리스였던 반면 스파르타는 농업과 군사 기반의 폐쇄적 폴리스였다.

두 라이벌이 서로 협력한 것은 흑해에서 인도 북부까지 대제국을 건설한 페르시아가 침공해 왔을 때다. 페르시아는 기원전 492년, 490년, 480년세 차례나 그리스 원정에 나섰다. 페르시아의 1차 원정은 폭풍으로 실패했고, 다리우스 대왕이 이끈 2차 원정은 마라톤 평원에서 아테네에 격퇴당했다. 3차 원정 때는 크세르크세스 1세가 수십만 대군을 이끌고 침공했다. 영화 「300」의 소재가 된 스파르타 레오니다스 왕의 결사대 300명이 비좁은 테르모필레 협곡에서 페르시아 육군을 저지했지만 전멸했다. 결국 아테네까지 점령당해 철저히 파괴되었다. 하지만 아테네 해군이 살라미스 해협에서 페르시아 해군을 격퇴하면서 그리스의 승리로 끝을 맺었다.

이후 아테네는 페르시아의 침공에 대비해 200여 개 폴리스와 함께 델로스동맹을 결성했다. 아테네의 지도자 페리클레스는 델로스동맹의 기금을 유용해 전쟁으로 파괴된 도시 재건에 나서 다시금 아테네의 전성기를 열었다. 델로스동맹이 아테네의 '제국'으로 변질하자 이를 견제하기 위해 스파르타를 중심으로 한 펠로폰네소스동맹이 결성되었다. 대립하던 두 동맹이 기원전 431~404년 전면전에 나선 것이 펠로폰네소스전쟁이다. 여기서 스파르타가 승리해 그리스의 주도권을 가져갔으나 스파르타는 다시 테베에 패했다. 그리스는 거듭된 패권 다툼 속에 내분이 심화되어 결국 기원전 338년 북방에서 일어난 마케도니아에 정복당한다.

경제 번영과 민주정이 남긴 그리스 문화유산

아테네는 상업 기반의 폴리스였고 지중해 무역으로 번영을 구가하면 서 철학, 문학, 예술 등 다양한 분야에서 화려한 그리스 문명을 꽃피웠다. 만물의 근원을 탐구한 탈레스, 데모크리토스 등 자연철학자들도 배출했 다. 특히 소크라테스, 플라톤, 아리스토텔레스는 서양철학의 토대를 마련 했다. 『역사』를 쓴 헤로도토스, 『펠로폰네소스전쟁사』를 남긴 투키디데스 같은 '역사의 아버지'들도 있다. 호메로스는 『일리아스』와 『오디세이아』 같은 대서사시를 썼다. 소포클레스의 『오이디푸스 왕』, 아이스킬로스의 『아가멤논』 등 33편의 그리스 비극은 그 이야기 구조가 현대의 소설이나 드라마와 비교해 봐도 놀랍도록 정교하다. 균형과 조화, 황금비율 1:1.618을 추구한 그리스의 조각상들은 훗날 르네상스 시대에 깊은 영감을 주었다. 그리스 문명은 고대의 '황금시대'라고 부를 만했다.

이처럼 그리스가 위대한 문화유산을 남긴 것은 경제적 번영이란 물질 적 토대 위에 시민의 자유를 인정하는 민주정 체제였기에 가능했다. 오리 엔트 국가들이 대개 왕이나 황제가 백성의 삶과 죽음을 결정하는 절대 권 력인 것에 비하면 그리스는 분명히 독특하고 선진적인 체제였다. 물론 그 리스의 민주주의는 누구나 선거권을 갖는 현대의 민주주의와는 큰 차이가 있다. 그리스의 여성, 거주 외국인, 노예는 아예 선거권이 없었다. '그들시민, 성인 남성'만의 민주주의였던 것이다.

그리스는 은화를 광범위하게 사용하면서 화폐경제 체제까지 갖추었다. 물물교환을 대체한 화폐경제는 지중해 무역을 장악한 그리스의 번영을 가속화시켰다. 하지만 그런 그리스에서 정작 상업을 천시하는 아이러니한 일이 벌어졌다. 그리스 신화에서 상업과 발명의 신 헤르메스는 로마 신화에서 '메르쿠리우스Mercurius'로 불린다. 이는 '장사하다'라는 뜻의 라틴어 '메르카리mercari'에서 나왔다. 영어 'merchant상인'의 어원이다. 헤르메스는 상업의 신인 동시에 도둑의 신이기도 했다. 상업과 도둑을 동격에 놓은 것을 보면 고대 그리스인들이 상업에 호의적이지 않았음을 알 수 있다. 무역과 화폐로 상업의 꽃을 피운 아테네조차 상공업은 노예들이 담당했다.

상업 천시 풍조는 기원전 350년경 활동한 플라톤과 아리스토텔레스의 사상에서도 엿볼 수 있다. 이들의 관심은 가정과 국가의 살림을 현명하게 운영하는 데 국한되었다. 경제란 뜻의 'economy'는 그리스어 '오이코노미아oikonomia'에서 왔다. 오이코노미아는 '오이코스oikos, 집'와 '노미아nomia, 관리하다'를 합친 말이다. 그리스 시대의 경제는 '가정관리' 정도의 개념에 불과했던 셈이다.

플라톤은 『국가론』에서 분업이 더 많은 부를 창출한다고 생각했지만 분업을 통한 생산성 향상이 아니라 각자의 재능에 맞게 사회에 공헌한다는 관점에서 바라봤다. 상업과 제조업은 사람을 타락시킨다고 보고 외국인에게 맡겨야 한다고 주장했다. 플라톤의 경제관은 기본적으로 집단 소

라파엘로 산치오의 「아테네 학당」(1509~1510). 서양철학의 토대를 다진 소크라테스, 플라톤, 아리스토텔레스는 아테네 학당에서 진리를 향한 이성적 탐구에 천착했다. 물물교환을 넘어 화폐경제의 중요성을 강조한 아리스토텔레스는 재화의 사용가치와 교환가치를 구분한 '원조' 경제학자였다

유와 자급자족이었다.

플라톤의 제자 아리스토텔레스는 교역, 사유재산, 화폐 등의 중요성을 강조해 많은 경제사가들이 그의 사상을 '경제학의 원조'라고 부르기도 한다. 아리스토텔레스는 플라톤식 자급자족은 실생활에 적절하지 못하며 교역이 대안이라고 주장했다. 물물교환을 넘어선 화폐경제의 중요성도 강조했다. 또한 재화의 사용가치와 교환가치를 구분했다. 그가 "금이 철보다 가치가 높지만 효용이 적다."라고 지적한 것은 당시에는 혁신적인

경제로 읽는 교양 세계사

사고였다. 후대 경제학자 슘페터는 아리스토텔레스의 생각이 "원칙적으로 애덤 스미스와 차이가 없다."라고 평가했을 정도이다.

하지만 아리스토텔레스도 시대적 한계를 넘지는 못했다. 그는 인간에게 궁극적 가치는 행복한 삶이며 재화는 그것을 위한 종속적 가치이고, 화폐는 그 재화를 얻는 수단으로 봤다. 그는 경제를 가계경제와 상업경제로 구분했다. 가계경제는 행복한 삶을 위해 화폐사용가치를 수단으로 재화를 획득하는 것인 반면 상업경제는 거꾸로 화폐교환가치 획득만이 목적이란 것이다. 가계경제는 자연스러운 것이지만 상업경제는 비정상적이어서 자연에 반한다는 게 아리스토텔레스의 생각이었다. 돈벌이를 위한 이윤 추구나 영리적 상업 행위를 불신한 것이다. 한쪽에서 이득을 보면 누군가는 손해 보는 제로섬 게임으로 여겼기 때문이다.

그리스에서는 특히 이자를 요구하는 행위를 비열한 치부와 폭리의 수단으로 여겼다. 이런 관점은 고대부터 중세까지 거의 2000년 동안 이어진다. 동양의 유교가 사농공상士農工商이라는 신분질서 속에 장사를 천시한 것과 동일한 사고방식이다. 그나마 아리스토텔레스 이후에는 경제에 관한 연구조차 거의 사라지고 말았다.

경제·문화를 통합한 알렉산드로스의 동방 원정

그리스 문명은 정작 페르시아 전쟁에서 승리한 후 몰락의 길로 접어들었다. 폴리스 간의 반목과 전쟁이 잦아지면서 번영의 원천인 상업과 농업이 위축되었기 때문이다. 잦은 전쟁이 기술혁신을 통한 상업경제의 발전을 막았던 것이다. 예나 지금이나 경제가 나빠지면 국민의 공익보다는 자신의 사익을 추구하는 선동정치가데마고그가 판치게 마련이다. 선동정치가들은 대중의 인기에 영합하는 포퓰리즘과 중우정치를 펴면서 그리스 문명의 수명을 단축시켰다. 이런 혼란을 틈타 북쪽의 신흥 세력인 마케도니아의 필리포스 2세가 기원전 338년 아테네, 테베 등의 연합군을 격파하고 그리스를 독차지했다.

마케도니아는 페르시아처럼 정복지에 대한 착취로 세력을 확장하는 전형적인 군사 국가였다. 군사 국가는 상업과 농업을 통해 스스로 부를 창출하지 못하므로 더 많은 땅을 정복해야만 나라의 활로가 열리는 구조였다. 필리포스 2세의 아들 알렉산드로스는 기원전 336년 불과 20세의 나이에 동방 원정에 나섰다. 당시 페르시아는 무너져가고 있었고 이집트는 페르시아의 지배를 벗어나려던 때였다. 그 틈을 타 알렉산드로스는 파죽지세로 페니키아와 이집트를 정복하고 4년 뒤인 기원전 330년 페르시아 제국을 멸망시켰다.

알렉산드로스는 단순히 영토 확장만이 목표가 아니라 보다 원대한 구상을 하고 있었다. 경제와 문화를 통합한 대제국을 꿈꾼 것이다. 정복지마다 그리스 화폐와 그리스어 사용을 장려했고, 자신을 비롯해 병사들을 페르시아 여성들과 결혼시켜 민족 간 통합도 시도했다. 정복지의 주요 거점 70여 곳에 그의 이름을 딴 도시 '알렉산드리아'를 건설하고 그리스인들을 대거 이주시켰다. 여러 거점 중에 가장 유명한 곳이 이집트 알렉산드리아다. 알렉산드로스는 지중해 상권을 국가 간 무역에서 제국 내의 교역으로 바꼈다.

하지만 알렉산드로스가 인도 원정을 다녀온 뒤 열병으로 33세에 요절하면서 지중해 세계는 다시 혼란에 빠졌다. 그의 제국은 틀을 갖추기도 전에 시리아, 이집트, 마케도니아로 분열되었다. 알렉산드로스 시대부터 마지막 남은 이집트가 로마에 정복된 기원전 30년까지 300년간을 헬레니즘 시대라고 부른다. 이 시기에 그리스는 몰락했지만 그리스 문명이 동방의 각지로 전파되어 큰 영향을 미쳤다. 인도의 간다라 미술도 헬레니즘의 영향을 깊게 받았다. 정복 군주였지만 결과적으로 고대 동서 문명의 융합을 가져온 것이 알렉산드로스의 최대 업적이다.

신화와 전설을 넘어 역사로 남다
호메로스의 『일리아스』

그리스·로마 신화를 이해하려면 4대 고전으로 꼽히는 호메로스의 『일리
아스』와 『오디세이아』, 로마 시대의 시인 베르길리우스의 『아이네이스』와
오비디우스의 『변신 이야기』를 읽어야 한다. 오늘날 교과서와 같은 토머스
불핀치의 『그리스·로마 신화』도 이 네 가지 고전을 종합한 것이다. 이 작품
들은 서양 문명의 시원으로서 서양 문학과 예술을 이해하는 데 필수이다.

『일리아스』는 기원전 8세기경 그리스 시인 호메로스가 구전으로 전하던
트로이 전쟁 이야기를 24권, 1만5,693행에 달하는 대서사시로 쓴 작품이다.
그리스의 세 여신최고의 여신 헤라, 지혜의 여신 아테나, 미의 여신 아프로디테이 아름다움을 다
툰 것이 전쟁의 원인이었다. 트로이 왕자 파리스가 아프로디테를 가장 아름
답다고 판정하자 아프로디테가 그 보상으로 가장 아름다운 여인 헬레네를
파리스가 차지하게 해주었다. 문제는 헬레네가 스파르타의 왕 메넬라오스
의 왕비였던 것이다. 메넬라오스의 형 아가멤논이 이끄는 그리스 연합군은
헬레네를 되찾기 위해 트로이 원정에 나섰다.

이처럼 『일리아스』는 신화와 전설이 얽히고설켜 가공의 이야기로만 여겨졌다. 그러나 실제 트로이 유적이 터키 북서부 지방에서 발굴되면서 역사적 사실로 입증되었다. 트로이Troy는 그리스 이름인 '트로이아Troia'의 영어식 표기다. 호메로스 시대에는 '일리오스', 로마 시대에는 '일리움'으로 불렸다.

『일리아스』는 기원전 13세기경 아가멤논이 이끄는 그리스 연합군과 트로이 간의 10년 공방을 그렸다. 트로이 성은 그리스군의 집요한 공격에도 난공불락이었다. 그러나 예언자 칼카스의 조언에 따라 그리스군은 가짜로 퇴각하는 척하고 목마를 남겨두었고, 그것이 끝내 트로이 멸망의 계기가 되었다. 아킬레스, 헥토르, 파리스, 오디세우스 등의 영웅들과 신들이 펼치는 이야기는 약 3000년이 지난 지금까지도 긴장감과 박진감이 넘친다.

호메로스의 또 다른 걸작 『오디세이아』는 그리스 장군 오디세우스가 고향으로 돌아가는 여정에서 겪은 역경과 모험을 담은 것이다. 호메로스의 작품은 유럽의 문화·예술에 지대한 영향을 미쳤다. 그리스 비극 작가 아이스킬로스는 『일리아스』의 등장인물을 소재로 『아가멤논』 『카산드라』 등을 썼고, 베르길리우스의 『아이네이스』도 호메로스에게 영감을 얻었다. 오늘날 유럽의 주요 박물관들은 그리스·로마 신화에 대한 지식이 없이는 제대로 감상할 수 없을 정도이니 말이다.

대중을 선동하는 정치꾼 데마고그와
그리스 사태

'데마고그demagogue'란 '데마를 퍼뜨려 대중을 정치적·감정적으로 선동하는 정치꾼'을 가리킨다. 여기서 '데마'는 '데마고기demagogy'의 약어로, '자극적인 변설이나 글 또는 선동적인 허위 선전'을 뜻한다. 유언비어나 괴담과도 통한다.

고대 그리스 민주정은 당시에는 선진적인 제도였지만 전성기를 지나 쇠퇴기에 접어들면서 데마고그로 인해 중우정치로 퇴색했다. 근대 의회 민주주의가 성립되기까지 약 2000년간 세계사에서 민주정은 사라지고 말았다. 매스미디어가 발달한 현대에는 가치의 혼돈으로 인해 데마고그가 활개 칠 위험성이 더욱 커졌다. 대표적인 데마고그가 나치스의 히틀러다.

고대 그리스를 망친 데마고그가 현대의 그리스에서도 여전히 활개를 친다. 그리스는 찬란한 고대 문명을 간직하고 있지만 지금은 디폴트채무불이행 위기를 겪는 유럽의 문제아로 꼽힌다. 최근 벌어진 그리스 사태는 정부의 방만한 재정지출, 탈세와 부정부패 만연, 무책임한 복지 포퓰리즘 등이 원인이다.

정치인들은 집권을 위해 헛된 공약을 남발했다. 국가부도 위기에 처해서도 땀과 눈물을 감수하는 구조개혁이 아니라 긴축 반대 국민투표를 실시하며 '배 째라' 전략을 펴기도 했다. 그리스 위기는 일단 봉합된 상태지만 언제 다시 터질지 모를 활화산과도 같다.

03

팍스로마나와 실크로드
_해가 지지 않는 제국 로마가 쇠퇴한 까닭은?

포용력과 유연성 갖춘 지중해 강자

로마는 고대 지중해에서 최대 제국을 건설했지만 그 출발은 극히 미미했다. 로마는 기원전 8세기 중반 이탈리아 반도 중부의 테베레 강 하류에 세워진 농업 기반의 도시 국가였다. 중장 보병을 앞세워 세력을 키운 로마는 기원전 270년 무렵에야 이탈리아 반도를 통일했다. 로마는 왕정으로 시작했으나 귀족들이 왕을 내쫓고 원로원과 집정관이 다스리는 공화정 체제로 전환했다. 공화정의 시민^{평민}으로 구성된 중장 보병은 그 소속감이 남달랐고 밀집대형으로 진군하는 전술도 당시에는 가장 강력한 것이었다. 로마는 건축과 도로 건설에 능한 에트루리아인을 비롯해 이탈리아 각지의 이민족들을 흡수하면서 서서히 힘을 키웠다.

농업 국가였던 로마는 점차 바다로 눈을 돌려 지중해 무역에 나섰다.

무역으로 부를 축적한 로마는 당시 서지중해 상권을 쥐고 있던 카르타고튀니지와 필연적으로 충돌하게 되었다. 로마는 200여 년간 세 차례 포에니전쟁을 벌였다. '포에니Poeni'는 페니키아인을 뜻하는 라틴어 '포에니쿠스Poenicus'에서 온 말이다. 카르타고가 페니키아의 식민 도시였기 때문이다.

기원전 264~241년 시칠리아 섬에서 벌어진 1차 포에니전쟁은 접전 끝에 로마가 승리했다. 그러나 한니발 전쟁으로 불리는 2차 포에니전쟁기원전 218~202에서는 코끼리를 몰고 알프스산맥을 넘은 카르타고의 명장 한니발의 기상천외한 진격 작전에 밀려 이탈리아 반도 전체가 유린당했다. 로마는 지구전과 게릴라전으로 전쟁을 장기화하면서 열세를 만회했고 끝내 자마 전투에서 한니발을 격퇴해 승리를 거두었다. 이 전쟁 이후 카르타고는 에스파냐스페인, 코르시카, 샤르데냐 등 해외 영토를 모두 잃고 몰락했다. 3차 포에니전쟁기원전149~146은 카르타고의 부를 탐낸 로마의 정복 전쟁이었다. 무려 200여 년에 걸친 포에니전쟁으로 로마는 북아프리카까지 영토를 넓혔다.

작은 도시 국가였던 로마가 기원전 2세기 지중해의 패자霸者가 된 이유는 한두 가지로 요약하기 어렵지만, 로마 시대에 활동한 그리스 출신 역사가들에게 그 해답을 얻을 수 있다. 일본 출신 역사가 시오노 나나미가『로마인 이야기』에 요약한 설명은 다음과 같다.

『플루타르코스 영웅전』을 쓴 플루타르코스는 패배한 민족까지 포용해 동화시키는 로마인의 포용성을 이유로 꼽았다. 고대 그리스는 이민족을 모두 야만인바르바로이으로 불렀고, 스파르타 출신이 아테네 시민권을 얻는 것은 상상도 못할 일이었다. 반면 로마는 이탈리아 반도의 라틴족에 대해서 출신지를 따지지 않고 시민권을 주었다. 심지어 적국 출신이라도 일정 기간 로마에서 살면 시민권을 얻을 수 있었다.

『역사』의 저자 폴리비오스는 로마의 성장 원인을 정치 체제의 유연성으로 꼽았다. 왕정, 귀족정, 민주정의 어느 하나만을 고집하지 않았다는 것이다. 즉, 로마는 집정관 제도로 왕정의 장점을 살리고, 원로원 제도로 귀족정의 장점을 살렸으며 민회를 통해 민주정의 장점을 살렸다. 『로마사』를 쓴 디오니시오스는 종교에 대한 로마인의 관점에 주목했다. 로마의 종교는 인간을 수호하는 형태여서 광신적이지 않고 다른 종교에도 배타적이지 않았다. 다른 종교를 용인하는 것은 곧 그 종교를 믿는 이민족을 인정했다는 이야기이다.

시오노 나나미는 약소국 로마가 대제국이 된 것은 위의 세 가지 요인이 모두 작용한 결과로 보았다. 고대 세계에서 로마처럼 포용력, 유연한 정치 체제, 종교적 관용을 두루 갖춘 경우는 거의 없다. 로마가 오히려 극히 이례적인 경우이다. 시오노는 이를 가능하게 한 요인으로 '지성에서는 그리스인보다 못하고 체력에서는 켈트족갈리아인이나 게르만족보다 못하며 기술력에서는 에트루리아인보다 못하고, 경제력에서는 카르타고인보다 뒤떨어졌던 로마인이 다른 민족보다 뛰어난 점은 개방성이 아닐까?'라고 지적했다. 민족, 종교, 인종, 피부색이 다른 수많은 이민족을 포용하고 동화시킨 관용이야말로 로마의 최대 강점이었다. 성서에서 예수가 로마의 지배 아래 처형되었지만 실제로 예수를 십자가에 못 박게 한 것은 로마 총독이 아닌 유대인들이었다.

팍스로마나, 로마로 통하는 모든 길

로마는 지중해 무역을 독점하던 카르타고를 제압하고 기원전 2세기에 그리스와 마케도니아를 정복했다. 이어 기원전 1세기에는 카이사르가 등장해 갈리아프랑스, 브리타니아영국, 게르마니아독일까지 확장했다. 기원전 30년에는 이집트의 클레오파트라를 굴복시키고 흑해 연안의 아르메니아까지 넓혔다. 이로써 절대 강자가 된 로마의 영토는 지중해를 감싸 안은 모양새가 되었다. 로마인들이 지중해를 '우리의 바다'란 뜻의 '마레 노스트룸'이라고 부를 정도였다.

정복 전쟁에서는 승승장구했지만 내부적으로는 오랜 전쟁으로 자영농민이 몰락하고 라티푼디움대농장이 성행하면서 빈부 격차가 숙제로 떠올랐다. 기원전 73년에는 검투사 노예들의 반란인 '스파르타쿠스의 난'이 벌어졌고 군인 정치가들이 권력을 장악해 공화정을 더 이상 유지하기 어려운 상황으로 치달았다. 광활한 영토를 다스리기 위해 일사불란하고 통일된 통치체제가 필요했다. 기원전 27년 아우구스투스 때 황제가 다스리는 제정으로 전환하게 된 계기다.

아우구스투스부터 5현제 시대96~180의 마지막 황제인 아우렐리우스까지 약 200년간 이어진 로마의 전성기를 로마의 평화, 즉 '팍스로마나'라고 부른다. 지중해 연안 전체를 정치·경제적으로 통합하고 군사력으로 태평성대를 이룬 것이다. 로마는 드넓은 영토를 관리하기 위해 촘촘한 도로망과 수많은 도시를 건설했다. 포장도로만 85,000km였고, 비포장도로도 40,000km에 달했다. 로마는 최전성기 때 113개에 달하는 속주이탈리아 반도 이

정복지의 수많은 이민족을 다스리려면 관용만으로는 불가능했다. 그 대안이 근대 법률의 뿌리가 된 로마법이다. 6세기 동로마 제국의 유스티니아누스 황제는 로마법을 집대성해 『로마법 대전』을 편찬했다

외의 로마 영토를 372개 간선도로로 연결했다. 거미줄 같은 도로망은 군대 이동, 물자 수송, 정보 전달을 원활하게 해 로마가 팽창하는 데 필수 인프라 역할을 했다. 지금도 유럽의 웬만한 도시에 가면 자갈이 깊고 촘촘하게 박힌 로마 시대의 탄탄한 도로들을 볼 수 있다. '모든 길은 로마로 통한다.'라는 서양 격언 그대로다.

또한 정복지의 수많은 이민족을 다스리려면 관용만으로는 불가능했다. 그 대안이 근대 법률의 뿌리가 된 로마법이다. 로마법은 기원전 450년 제정된 12표법12동판법에서 출발해 귀족과 평민의 권리를 규정한 시민법을 거쳐 3세기에는 만민법으로 발전했다. 만민법은 로마의 시민과 정복지 속 주민 모두에게 적용되는 법률 체계이다. 그 뒤 6세기 동로마 제국의 유스티니아누스 황제가 로마법을 집대성해 『로마법 대전』을 편찬했다. 로마법은 자연적인 원리를 따르는 자연법적 성격을 띠며 근대 법률의 기초가 되었다. 실용을 중시하는 로마인이 후세에 도로와 법을 남긴 것이다.

인플레이션으로 무너진 대제국

로마는 '영원히 해가 지지 않는 제국'으로 남을 것 같았다. 그러나 정복 경제로 팽창해온 로마는 더 이상 정복할 땅이 남지 않았다. 이때를 기점으로 로마가 쇠퇴하기 시작했다. 밖으로의 팽창이 멈추자 안에서 권력 다툼이 심화된 것이다. 5현제 이후에는 군대가 정치에 개입하며 수시로 황제가 교체되어 극심한 혼란에 빠졌다. 약 50년간235~284 황제가 26명이나 바

콘스탄티누스 황제는 로마 제국을 재건하기 위해 비잔티움으로 수도를 옮기고 이름을 콘스탄티노폴리스(콘스탄티노플)로 바꾼다. 사방이 트여 적의 공격을 쉽게 받았던 로마에 비해 콘스탄티노폴리스는 견고한 성이 바다에 면해 있어 방어가 용이한 천연 요새였다

꿰었을 정도였다.

'생선은 머리부터 썩는다.'라는 말 그대로였다. 귀족들은 사치스러운 생활에 몰입했고 평민들은 검투사 경기와 같은 서커스에 열광했다. 건국 초기에 강건하고 질박하며 지도층이 앞장서는 '노블레스 오블리주'를 실천했던 로마인의 미덕은 사라졌다. 군대는 용병으로 대체되고 속주들의 반란과 변방 야만족의 침입이 빈번해지면서 대제국은 서서히 무너져 내렸다.

로마 제국이 붕괴한 근본 원인은 4세기 들어 가속화된 경제의 붕괴에 있다. 대규모 군대를 유지하고 국민들에게 '빵과 서커스식량과 구경거리'를 제공하느라 로마는 극심한 재정 적자에 직면했다. 그 해결책으로 먼저 주화의 금은 함량을 낮추었다. 화폐 액면가는 그대로인데 제조 비용금은 함량을 낮추면 그만큼 화폐 주조 차익시뇨리지이 생긴다. '시뇨리지seigniorage'는 중세 봉건영주시뇨르, Seignoir들이 금화를 만들 때 값싼 구리를 섞어 넣어 그 차익을 챙긴 데서 유래한 말이다. 예컨대 1달러 금화의 원가가 50센트라면 주조 차익이 50센트지만, 금화에 구리를 섞어 원가를 30센트로 낮추면 70센트를 챙길 수 있다. 로마는 이런 식으로 재정 적자를 메웠지만 화폐의 신뢰가 떨어지고 물가가 뛰는 인플레이션은 당연한 귀결이었다. 권력자들이 화폐를 마구 찍어내 물가가 폭등하는 것은 인류 경제사에 수없이 재연된 악순환이다.

또한 구멍 난 재정을 메우기 위해 혹독한 세금을 물려 민간의 상거래가 위축되고 속주들의 반발이 빈번해졌다. 어느 사회나 생활이 어려워지면 민심이 흉흉해지고 정치에 대한 불만이 커진다. 이미 기강이 흐트러진 로마는 이를 제어할 능력을 상실했다. 급기야 군인 출신 황제 디오클레티아누스는 301년에 물가 동결을 명령하고 어기면 사형에 처하는 등 강경책을 폈다. 하지만 황제가 명령한다고 뛰는 물가가 안정될 리 만무했다. 오히려 경제 원리에 역행할수록 경제는 더욱 나빠지기 마련이다.

콘스탄티누스 황제는 로마 제국을 재건하기 위해 330년에 로마에서 비잔티움으로 수도를 옮기고 콘스탄티노폴리스콘스탄티노플로 이름을 바꾼다. 콘스탄티노폴리스는 견고한 성이 바다에 면해 있어 방어가 용이한 천연 요새였다. 지리적으로도 농업과 상업을 연결하는 데 유리했다. 그러나 황제는 수도를 옮기면서 금을 대량으로 가져가 로마의 재정과 화폐경제의 붕괴를 부채질했다.

또 농업에 종사하던 평민은 소작농콜로누스으로 전락했다. 변방 야만족의 약탈과 지중해 해적의 출몰로 제국 내 상업도 위축되었다. 정복과 교역으로 융성했던 로마의 강점이 사라진 것이다. 대토지를 소유한 특권 귀족의 세금을 면제해 주는 대신 평민에게는 더욱 무거운 세금을 물렸다. 빈부 격차가 커지고 물가까지 뛰자 제국은 뿌리째 흔들리게 된 것이다.

급기야 395년, 로마 제국은 동로마와 서로마로 분열되고 476년에는 게르만족의 침입으로 서로마가 멸망했다. 게르만족의 침입 이전부터 로마는 과거의 융성하던 로마가 아니었다. 동로마는 이후 비잔티움 제국으로 15세기까지 존속했지만 더 이상 로마의 영광은 재현되지 않았다. 로마가 하루아침에 건설된 게 아니듯이 하루아침에 멸망한 것이 아니다.

✖-Economic Keywords

★ 인플레이션

화폐가치가 떨어져 물가가 지속적으로 오르는 현상이 인플레이션이다. 돈이 너무 많이 풀렸거나 수요에 비해 상품 공급이 부족할 때 발생한다. 인플레이션은 마치 술에 취하는 것과 비슷하다. 처음 몇 잔은 기분이 좋아지지만 많이 마시면 몸을 못 가누고 심한 숙취를 앓듯이 인플레이션 초기에는 경제가 활기를 띠어 흥청망청하지만 물가가 계속 뛰면 경제가 악화되고 실업이 늘면서 극심한 나락으로 떨어진다.

그렇기에 인플레이션은 역사적으로 국가가 몰락하거나 왕조가 바뀌는 가장 흔한 원인이었다. 주로 전쟁 비용 조달, 왕실 재정 확보 등을 위해 돈을 마구 찍어내면 물가 폭등으로 민생이 어려워지고 정치가 불안해진다. 먹고 살기 힘든 시대에는 불만이 고조되어 매우 인화성이 강한 상태가 된다. 작은 불씨에 의해서도 폭동, 반란, 혁명 등 큰불로 번질 수 있다.

인플레이션과 반대로 물가가 계속 떨어지는 현상이 디플레이션이다. 주로 경기침체, 공급과잉일 때 일어난다. 경기가 침체 상태인데도 물가가 뛰는 현상은 스태그플레이션, 또는 악성 인플레이션이라고 부른다. 이밖에 디스인플레이션은 물가가 계속 오르지만 그 상승폭가 상승률이 점점 줄어드는 현상을 가리킨다.

경제로 읽는 교양 세계사

종교·기술·문물이 오간 동서 교통로

로마 시대 이전부터 유라시아 대륙의 사막과 초원에는 낙타로 머나먼 길을 이동하는 카라반대상들의 행렬이 있었다. 서역의 도자기와 귀금속, 유리그릇 등과 동양의 비단, 면화, 향신료 등이 거래 물품이었다. 이 길은 중국의 진秦과 당唐의 수도인 장안시안에서 둔황중국 북서부 간쑤성, 사마르칸트우즈베키스탄, 팔미라시리아까지 장장 1만 2,000km에 이르렀다. 이 길에는 오아시스 도시들이 마치 점을 찍어놓은 듯 이어져 있다. 대상들의 숙소는 낙타의 하룻길에 해당하는 20~30km마다 있었다. 한 번 오가는 데 5~6년이 걸리는 기나긴 여정이다.

이 같은 고대의 동서 교역로를 '실크로드비단길'라고 부른다. 실크로드로 명명한 사람은 독일 학자 리히트호펜이다. 로마 귀족들이 선호한 중국산 비단의 주된 교역로였기 때문이다. 실크로드는 네 갈래로 중앙아시아 고원과 사막지대를 지났다. 사마르칸트에서 만년설이 있는 톈산 산맥을 중심으로 톈산남로와 톈산북로, '붉은 사막'이라 불리는 타클라마칸을 돌아가는 서역북도와 서역남도가 그것이다. 이 길들이 카슈가르중국 신장 위구르 지역와 사마르칸트에서 다시 합류해 테헤란, 바그다드를 거쳐 팔미라까지 이어졌다. 팔미라에 모인 물품들은 콘스탄티노폴리스나 로마 또는 이집트로 퍼져 나갔다. 로마와 중국은 실크로드로 연결되어 있었던 것이다.

실크로드는 귀금속과 비단만 오간 것이 아니다. 조로아스터교, 이슬람교, 불교, 기독교 등 종교의 전파 경로였다. 당나라 현장법사도 이 길을 따라 인도로 갔다. 고구려 유민인 고선지가 당나라 장군으로 이슬람의 아바스 왕조와 싸운 탈라스 전투751에서 중국의 제지 기술자들이 포로로 잡혀가 종이가 서역에 전래되었다. 화약과 나침반도 실크로드를 통해 아라비아로 전해졌다. 실크로드는 물품뿐 아니라 종교와 기술, 문물이 오간 동서문명의 교통로였던 셈이다.

또 다른 동서 교역로인 초원길은 중국 만리장성 북쪽에서 몽골 고원, 알타이 산맥, 중가리아 초원을 지나 카스피 해, 흑해 북안에 이르는 길이다. 기원전 6~7세기 기마민족인 스키타이족이 초원길을 개척한 이래 흉노, 돌궐튀르크, 거란, 몽골 등 유목민들의 동서 교통로가 되었다. 특히 4세기 훈족흉노이 초원길을 따라 서역으로 이동하면서 게르만족의 대이동을 초래하기도 했다. 초원길은 유목민들의 정복 전쟁에 주로 이용되었지만 이 길을 통해 청동기 문화가 전래되었다.

바닷길은 계절풍을 이용한 항해술이 발달하면서 개척된 길이다. 이집트와 바빌로니아에서 인도, 말레이시아를 거쳐 중국까지 이어져 있다. 주로 중국인, 동남아인, 인도인들이 육지에서 가까운 연안을 항해하는 방식으로 이용했다. 8세기부터는 이슬람 상인들이 신라까지 왕래할 정도였다. 또한 이 길로 말레이시아, 인도네시아 등에 이슬람교가 전파되었다.『왕오천축국전』을 쓴 신라의 혜초가 인도천축를 다녀온 것도 바닷길을 통해서였다.

신라 사람들도 사용한 로만글라스

신라가 실크로드와 바닷길을 통해 서역과 교류한 흔적은 여러 가지

경제로 읽는 교양 세계사 •

로 확인할 수 있다. 우선 이슬람 상인들이 신라까지 왕래한 흔적의 하나로 「처용가」에 등장하는 처용을 꼽는다. 『삼국유사』에 전하는 처용 설화를 보면 헌강왕 5년879 왕이 바닷가로 놀러 갔다 돌아오는 길에 동해의 용이 일곱 아들을 데리고 춤을 추었다. 아들 중 하나가 왕을 따라오는데 그가 곧 처용이라는 것이다. 비록 설화 속 인물이지만 실제 교류가 없었다면 「처용가」가 널리 불리긴 어려웠을 것이다.

또 다른 흔적은 38대 원성왕재위 785~798의 무덤으로 추정되는 경주의 괘릉에 세워진 무인석武人石이다. 한 쌍의 무인석은 부리부리한 눈, 덥수룩한 턱수염, 근육질 팔 등 한눈에 봐도 서역인의 모습이다. 당시 실크로드를 주름잡던 소그드인으로 추정된다. 『삼국유사』에도 '하서河西 사람이 당나라 사신을 따라왔다 한 달간 머물렀다.'라는 기록이 있다. 여기서 '하서 사람'은 위구르인 또는 소그드인을 지칭한다.

이와 함께 신라 고분에서만 발견된 로마 제국의 유리그릇, 즉 로만글라스도 있다. 로만글라스는 실크로드를 통해 거래된 로마의 대표적인 수출품이었다. 5~6세기 신라 고분인 황남대총, 금관총, 금령총, 서봉총, 천마총 등의 부장품으로 20여 점의 로만글라스가 나왔다. 이 그릇들은 색깔 있는 소다 유리를 이용해 대롱 불로 모양을 성형했다. 로만글라스는 로마가 4~5세기 동방과 교역할 때 주로 수출했다. 이것이 실크로드나 바닷길을 통해 중국, 신라, 일본에까지 전해져 왕과 귀족들의 귀중품으로 애용된 것이다. 비행기도 없던 시절이었지만 신라에서 로마까지는 상상하는 것보다 멀지 않았던 셈이다.

생동감 있는 대하드라마의 탄생
시오노 나나미의 『로마인 이야기』

로마의 역사서는 18세기 영국 역사가 에드워드 기번의 『로마제국쇠망사』를 최고로 여겼다. 이 책은 로마제국이 등장한 1세기부터 1453년 비잔티움 제국 붕괴까지 1300년의 로마 역사를 다루었지만 그 이전의 역사가 빠졌고 내용이 워낙 방대해 대중들이 접하기에는 부담스러웠다.

이런 로마 역사를 일본의 아마추어 역사가인 시오노 나나미가 독학으로 30여 년간 연구해 15권짜리 『로마인 이야기』로 출간했다. 1937년생인 시오노는 55세1992부터 70세2007까지 해마다 한 권씩 15년간 『로마인 이야기』를 썼다. 일본인이 평생 로마사를 연구한 것도 이채롭지만, 한 해도 빠짐없이 방대한 저작을 완성해 낸 노력과 끈기도 놀랍다.

『로마인 이야기』는 역사적 사실에 바탕을 둔 역사 에세이다. 『삼국지』에 비유하면 진수가 쓴 정사正史『삼국지』보다는 역사를 토대로 작가의 주관적 해석을 가미한 역사소설인 나관중의『삼국지연의』와 닮았다. 시오노의 해석은 근대 역사관에 가까워서 현대 역사가들이 추가로 밝혀낸 사실들과는 다소 차이가 있다. 특히 시오노는 공화정이던 로마를 제정으로 이끈 카이사르와 제국으로서의 로마에 지나친 '편애'를 드러냈다는 비판도 많이 받는다. 심지어 시오노가 제국주의, 엘리트주의, 영웅주의적 관점에 치우쳤다는 비난도 있다.

그런 결함에도 『로마인 이야기』는 소설만큼이나 흥미진진하다. 그동안 딱딱한 역사서나 단편적인 사건을 다룬 역사소설 뿐이던 로마사를 생동감 있는 대하드라마로 되살려 놓았다. 시오노는 방대한 자료와 취재를 토대로 도전적인 역사 해석과 소설적 상상력을 가미해 역사서로는 보기 드문 베스트셀러를 만들어냈다. 동양인이 쓴 최초의 로마 역사서이기에 서양인이면 당연히 여길 것도 끝없이 의문을 제기하고 스스로 풀어가는 서술 방식이 독자들의 호기심을 자극한다.

시오노는 『로마인 이야기』에 로마 건국부터 476년 서로마의 멸망까지만을 담았다. 동로마는 로마적인 특성을 잃었다는 이유로 다루지 않았다. 1권의 부제처럼 로마는 하루아침에 이루어지지 않았다. 그러나 하루아침에 망하지도 않았다. 『로마인 이야기』를 통해 본 로마의 흥망성쇠는 지금도 커다란 교훈을 준다.

시진핑의 '일대일로'로 부활한
21세기 실크로드

21세기에 들어 실크로드가 되살아나고 있다. 지난 2013년 중국의 시진핑 국가주석은 이른바 '일대일로-帶-路' 전략을 내놓았다. 중앙아시아, 유럽을 잇는 육상 실크로드-帶와 동남아시아, 유럽, 아프리카를 연결하는 해상 실크로드-路를 구축하겠다는 구상이다. 고대의 비단길과 바닷길을 되살리겠다는 것이다. 중국은 이를 위해 인도양 연안 국가들의 항구를 빌려 연안항로를 연결하는 '진주 목걸이' 전략을 구사하고 있다. 항구들을 항로로 연결한 것이 마치 진주 목걸이같다고 해서 붙여진 이름이다. 이것이 남중국해에서 미국과 항행航行 문제로 마찰을 빚고 베트남, 필리핀 등 주변국들과 난사군도, 시사군도 등을 놓고 영토 분쟁을 벌이는 이유다.

이와 함께 현대판 실크로드로 꼽히는 것이 '아시안 하이웨이AH'다. 1959년 유엔 주도로 착공된 이 도로는 아시아에 8개 노선, 32개국을 연결하는 총연장 1만4,000km의 대장정이다. 이 도로의 동쪽 끝이 우리나라와 일본이다. 8개 노선 가운데 AH6 노선은 부산에서 출발해 7번 국도를 따라 강원도 고성으로 이어진 뒤 북한, 시베리아를 거쳐 모스크바, 벨라루스까지 연결된다. AH1 노선은 일본 도쿄에서 출발해 우리나라 경부고속도로, 북한, 중국을 거쳐 터키까지 이어진다. 경부고속도로나 7번 국도를 지나다 보면 표지판에 AH1, AH6이란 표시를 볼 수 있다. 그러나 북한은 자유로운 통행이 불가능하고 중앙아시아에는 아직 완공되지 않은 도로가 많아 온전한 고속도로에는 이르지 못했다.

2부

중세 경제,
종교 억압 속에
싹튼 상업

01

중세 봉건시대와 장원경제
_이자를 금지하면 어떻게 돈을 빌려 줄까?

동서와 남북으로 갈린 지중해 세계

로마 제국의 붕괴는 유럽이 중세 봉건시대로 정치 체제가 바뀐 것만을 의미하지 않는다. 지중해를 중심으로 하나의 역사이던 것이 동서로 나뉘고, 다시 남북으로 갈렸다. 동서로는 서로마를 계승한 게르만족 국가들과 동로마 제국으로 쪼개졌고, 남북으로는 지중해 북부의 범 기독교권과 7세기 이후 등장한 지중해 남부의 이슬람권으로 나뉘어 700년간 대립했다. 로마 제국의 통합된 시장경제가 붕괴하고 세 개로 쪼개져 대립하고 반목하면서 교역은 급속히 위축되었다. 로마의 자랑이던 도로는 황폐해졌고 사람들의 왕래와 물자, 정보 이동도 막혔다. 이는 요즘 경제학 용어로 개방경제에서 폐쇄경제로, 자유무역에서 자급자족으로의 후퇴를 의미했다.

우선 395년 동·서로마의 분열 이후 서쪽의 역사는 게르만족의 대이동에서 비롯되었다. 게르만족은 3세기경 로마의 변경인 라인 강과 도나우 강 유역에서 살며 용병이나 농민으로 제국에 편입되어 자체 사회를 형성하기 시작했다. 게르만족 족장들은 로마의 벼슬을 받고 로마 속에 스며들었다. 서로마의 멸망 이전부터 로마의 게르만화가 진행되고 있었던 것이다.

그러다 4세기 후반 아시아계 유목민인 훈족이 들이닥치면서 게르만족 세계에 일대 지각변동이 일어났다. 훈족은 한漢나라 때 자주 중국을 괴롭힌 흉노족의 후예인데 한무제의 토벌 정책으로 갑자기 유럽 동부에 나타나 게르만족을 압박한 것이다.

훈족에 쫓긴 게르만족이 대거 밀려들어 오면서 서로마의 붕괴도 가속화되었다. 급기야 476년 게르만 용병대장 오도아케르가 고작 두 살짜리 황제를 폐위하고 서로마를 멸망시켰다. 게르만 왕들은 동로마 황제의 신하가 되는 방식으로 제국의 권위를 이용해 왕국을 다스렸다. 게르만족의 여러 부족이 제각기 왕국을 세웠다. 프랑크족은 지금의 프랑스와 독일 북부, 부르군트족은 프랑스 남부, 롬바르드족은 이탈리아, 서고트족은 에스파냐, 동고트족은 발칸 반도 북부에 각각 왕국을 건설했다.

한편 라인 강 동쪽에 그대로 남은 게르만족은 훗날 슬라브족으로 불리게 되었다. 훈족의 후예인 마자르족은 지금의 헝가리 땅에 눌러앉았다. 헝가리라는 이름은 훈족의 땅이란 뜻의 '훈가리아'에서 유래했다. 이 마자르족이 우리나라 역사에도 자주 등장한 말갈족인지를 놓고 세계 역사학자들 간에 논란이 분분하다.

농노의 아들은 농노, 귀족의 아들은 귀족

서로마라는 단일 제국이 여러 왕국으로 분리되면서 유럽은 전쟁과 분열, 외침으로 약 600년간 혼란을 겪게 되었다. 크고 작은 왕국들이 세워졌다 망하기를 거듭한 끝에 496년 프랑크족의 프랑크 왕국이 서유럽을 지배하게 되었다. 프랑크족은 재산을 형제간에 분할 상속하는 관습이 있었다. 교황으로부터 로마 황제의 관을 수여받은 카를 대제가 죽자 프랑크 왕국은 843년 서프랑크 왕국프랑스, 동프랑크 왕국독일, 로타르 왕국이탈리아으로 분리되었다. 이 중 동프랑크는 962년 신성 로마 제국으로 전환해 유럽을 대표하는 나라가 되었다.

프랑크 왕국은 봉건제와 장원제라는 독특한 체제를 가졌다. 이는 북쪽으로 바이킹의 일족인 노르만족, 남쪽으로 이슬람 세력, 동쪽으로 마자르족의 위협을 받는 데 대처하기 위한 일종의 고육책이었다. 외부 침략을 막기 위해 군대가 필요했는데 왕권이 왕국 구석구석까지 미치지 못했다. 강력한 군대를 유지할 만큼 충분한 세금을 걷을 수도 없었다. 왕이 군대를 보내는 것보다 적이 침입해 오는 속도가 더 빨랐기 때문에 지방마다 자치권을 주면서 자체 방어를 하는 것이 더 나은 대처법이었던 셈이다.

따라서 왕은 기사들에게 영지를 주고 기사영주들은 왕에게 충성과 복종을 맹세하는 식의 주종관계를 맺었다. 각 영지는 하나 또는 여러 개의 장원으로 구성되었고, 장원마다 농사를 짓는 농민이 딸려 있었다. 농민은 일부 자유민도 있었지만 대부분 거주 이전과 직업 선택의 자유가 없는 농노였다. 영주는 농노를 보호하는 대신 그들에게 세금을 걷었다.

에두아르트 슈보이저의 「카노사 앞에 선 하인리히 4세」(1862). '카노사의 굴욕'은 사제 임명권 갈등
으로 신성 로마 제국의 하인리히 4세가 교황을 찾아가 눈 쌓인 성문 앞에서 맨발로 사흘간 사죄한 끝
에 겨우 파문에서 벗어난 사건이다. 중세 교회가 절대 권위를 가진 시기였음을 상징적으로 보여준 셈
이다

경제로 읽는 교양 세계사 ·——

중세의 신분계급은 왕과 주변의 가신, 군사적 역할을 맡은 기사, 생산을 담당하는 농노로 구성되었다. 신분은 매우 경직적이어서 한번 태어나면 직업이 평생 정해졌다. 즉, 기사의 아들은 기사, 농노의 아들은 농노, 대장장이의 아들은 대장장이인 식이다. 신분 이동, 거주지 이전이 막힌 데다 의식주마저 장원 단위로 해결했다. 길이 막혀 장원끼리 교역도 미미했다. 장원에서 만들 수 있는 재화가 형편없을 수밖에 없어 농민은 겨우 연명하는 수준이었다. 위쪽으로는 바이킹에 막히고 지중해 쪽으로는 이슬람 세력에 막힌 중세 유럽은 폐쇄적인 자급자족 경제로 전락한 것이다.

특히 이 시기는 교회가 절대 권위를 가졌다. 1077년 '카노사의 굴욕'은 교황의 힘을 보여준 상징적인 사건이다. 사제 임명권을 둘러싼 갈등 끝에 신성 로마 제국의 하인리히 4세가 교황 그레고리우스 7세가 있는 이탈리아 카노사 성을 찾아가 눈 쌓인 성문 앞에서 맨발로 사흘간 사죄한 끝에 겨우 파문을 벗어난 사건이다.

한편 고대 그리스나 로마의 수준 높은 문명은 중세로 계승되지 못했다. 로마 제국 말기에 문헌들이 대거 소실되거나 파괴된 탓이다. 중세에는 수도원의 수도자들이 지식의 명맥을 겨우 유지했을 뿐 대다수 농민들은 글을 읽지 못하는 문맹이었다. 6~14세기 중세는 경제적으로도 정신적으로도 발전이 이루어지기 어려운 구조였다. 중세를 '암흑시대'라고 부르는 이유이다.

1000년을 더 버틴 비잔티움 제국

서로마는 476년 멸망했지만 동로마에서 이름을 바꾼 비잔티움 제국은 1453년 오스만 튀르크에 의해 콘스탄티노폴리스이스탄불가 함락될 때까지 존속했다. 무려 1000년 가까이 더 살아남은 것이다. 비잔티움 제국이 이슬람의 공세를 막는 기독교 세계의 방파제가 될 수 있었던 것은 무엇보다 재정과 군사력이 안정되어 있었기 때문이다. 비잔티움 제국은 곡창지대인 이집트와 흑해 연안, 실크로드 종착지였던 시리아를 거느렸다. 식량 생산과 동방 교역을 통해 경제력을 갖춘 것이 장수 비결이었다. 또한 로마 제국의 발전된 군사 체제를 계승해 영토 전역을 31개 구역을 나눠 통치한 것도 1000년 가까이 제국을 유지한 비결이었다.

6세기 중엽 로마법전을 집대성한 유스티니아누스 황제 때는 사산 왕조 페르시아와 평화협정을 맺고 지중해 주변 게르만 왕국들을 차례로 복속시켜 로마 제국을 재건하는 듯했다. 이때 하루에 5만 명을 동원해 5년 동안 세운 것이 성 소피아 성당이다. 유스티니아누스 황제가 죽은 후에는 다시 위축되었지만 콘스탄티노폴리스는 12세기에도 인구 100만 명에 육박하는 세계적인 경제 중심지로 번영을 누렸다.

그러나 이슬람 세력이 정복 활동에 나서면서 비잔티움 제국은 이집트와 시리아를 차례로 잃었다. 최대의 곡창지대와 교역로를 빼앗기면서 경제적 기반이 무너진 것이다. 11세기 들어선 슬라브족이 남하했다. 서로마가 게르만화된 것이 몰락의 단초였듯이 비잔티움 제국도 슬라브화가 진행되기 시작한 것이다. 서유럽 국가들이 십자군 원정 과정에서 한때 콘스

오스만 제국의 전성기를 연 술탄 메메드 2세는 1453년 콘스탄티노폴리스를 점령하고 비잔티움 제국을 멸망시켰다

탄티노폴리스를 점령하기도 했다. 동지중해의 경제 패권은 베네치아, 제노바 등 이탈리아 도시 국가로 넘어갔고 제국의 영토는 발칸 반도의 일부로 축소되었다. 15세기엔 오스만 제국이 아라비아를 정복하고 소아시아로 세력을 확장하면서 비잔티움 제국의 최후가 다가왔다. 1453년 콘스탄티노폴리스 공방전을 끝으로 비잔티움 제국은 역사 속으로 사라졌다. 다행스러운 것은 오스만 제국이 콘스탄티노폴리스를 파괴하지 않고 이름만 이스탄불로 바꿔 수도로 삼은 것이다. 성 소피아 성당도 이슬람 모스크로 개조되었을 뿐 그대로 보존되었다.

성서와 쿠란이 금지한 이자

이자를 받는 대부업은 고대에 화폐가 출연하기 전인 5000년 전부터 존재했다. 곡물과 가축을 빌려주고 이자를 받은 것이다. 메소포타미아 문명이 설형문자를 발명한 이유는 채권 채무에 관한 거래 내용을 적기 위해서였다고 한다. 설형문자가 적힌 점토판을 보면 빌려준 사람이 돌려받을 은의 양과 지급기일을 기록하거나 이것점토판을 소지한 사람에게 추수 때 일정량의 보리를 지급한다는 내용이 새겨져 있다.

물물교환이 화폐경제로 진화하면서 돈을 빌려주고 빌리는 대부 거래는 더욱 활기를 띠었다. 상업으로 번성한 그리스에서는 금속화폐와 금융업이 발달했고 신용거래도 이루어졌다. 로마 제국도 그리스의 노하우를 전수받아 정복 전쟁과 해상무역으로 늘어난 자산 총량에 맞춰 화폐 유통

경제로 읽는 교양 세계사 ──

량을 늘렸다. 로마인들은 화폐를 주로 환전상^{대부업자}에게 맡겼다.

그러나 이자의 오랜 역사만큼이나 이자에 대한 부정적인 시각도 뿌리가 깊다. 이자를 금기시하고 심지어 '죄악'으로 규정한 것은 고대 페르시아의 조로아스터교까지 거슬러 올라간다. 조로아스터교는 유일신, 선악 대결 및 선의 승리 등의 종교관으로 유대교, 기독교, 이슬람교에 큰 영향을 미쳤다. 이자를 죄악시하는 사상도 자연스레 후대 종교에 스며들었다.

구약성서를 보면 창세기, 신명기, 레위기, 출애굽기 등 곳곳에서 이자를 죄악시하는 내용을 볼 수 있다. 같은 유대인끼리는 돈을 빌려주더라도 이자를 받지 말도록 가르쳤다. 신약성서에도 "돈을 빌려줄 때는 대가를 바라지 마라."라는 예수의 가르침이 나온다. 예수가 성전 뜰에서 장사하는 환전상들의 돈을 쏟아버리고 상을 뒤엎어 쫓아낸 장면도 있다.

고대 철학자들도 이자를 부정했다. 플라톤은 돈놀이와 이자를 비난하면서 "돈을 빌리는 것은 멍청함과 유약함의 극치다."라고 비난했다. 그의 제자 아리스토텔레스는 "화폐의 기능은 상품의 교환을 위한 것이므로 돈 자체를 사고파는 행위는 옳지 못하다."라고 보았다. 종교와 철학에서 모두 이자를 부정한 것은 고대인들의 보편적인 정서였다.

기독교 사상이 지배한 중세에는 아예 이자를 금지하기에 이르렀다. 준 것 이상으로 더 받는 것, 금리가 높고 낮음에 관계없이 이자를 요구하는 것을 '신에 대한 죄'로 간주했다. 중세 스콜라철학^{교부철학}은 '돈은 돈을 낳지 않는다.'라고 생각했다. 대표적인 신학자 토마스 아퀴나스는 이자 요구 행위를 범죄로 간주했다. 아퀴나스는 다만 돈을 빌려준 자가 위험부담을 떠안는 경우에는 예외적으로 이자를 허용했다. 원금에서 일정액을 떼고 빌려준 뒤 나중에 원금을 돌려받는 방식은 고리대금이나 착취와는 다른 차원으로 간주했다. 이는 당시 막대한 토지를 소유한 교회와 수도원의 이해관계를 대변하는 측면도 있다.

이슬람 세계에서도 부당하게 금전적 이득을 취하는 대표적인 사례로 이자를 지목했다. 이슬람 경전인 쿠란에는 이자 금지에 관한 내용이 12번 이나 등장한다. 이자는 사람이 신에게 하사받은 부를 빼앗는 것으로 간주했다. 용서받을 수 없는 사악한 행위이며 하느님의 엄벌을 받는다는 것이다. 이자로 인해 생긴 빈부 격차가 계층 갈등과 사회 불안을 유발하고 생산적인 노력 없이 얻는 불로소득으로 보는 관점이다.

기독교 사회에서 고리대금업은 주로 이교도인 유대인들이 담당했다. 이는 주기적으로 유대인을 박해한 원인이 되었다. 셰익스피어가 희곡『베니스의 상인』에서 유대인 샤일록을 악독한 고리대금업자로 그린 것도 이자와 대부업에 대한 뿌리 깊은 반감을 반영한 것이다. 단테의『신곡』에서도 고리대금업을 지옥으로 떨어질 중범죄로 그렸다. 정작 단테는 상업 도시 피렌체 출신이고 그의 부친은 임대와 대부업에 종사했다. 그러나 단테는 피렌체의 벼락출세자와 부자들을 경멸했다.

하지만 12세기 이후 경제 규모가 커지고 화폐경제가 살아나면서 도시 부르주아와 귀족들이 대부업에 뛰어들었다. 이제는 신의 이름으로 돈놀이와 이자를 무조건 단죄하기 어려워진 것이다. 가톨릭교회는 그 해법으로 천국과 지옥 사이의 '연옥'을 대부업자들에게 숨통을 열어주는 것으로 이용했다. 선악을 판단하기 모호한 사람은 사후에 연옥에 머물지만, 세상에 남은 사람들이 그를 위해 기도하고 선행을 많이 하면 그도 천국에 갈

수 있다는 것이다. 연옥이란 개념이 이자를 부정하는 중세와 이자를 인정하는 근대 사이의 간극을 메워준 셈이다.

근대에 들어서 자본주의와 금융업이 발전하면서 자연스럽게 이자도 합법화되었다. 종교개혁가 칼뱅은 성경에서는 고리대금의 폐해를 비난하지만 돈이 생산적인 일에 쓰인다면 이자를 허용해야 한다고 주장했다. 종교개혁은 자본주의 발전을 막고 있던 종교적 장애물을 뛰어넘는 계기가 되었다. 이자를 통해 돈이 필요한 사람^{상인, 제조업자}과 돈을 가진 사람^{대부업자, 은}

❋ Economic Keywords

★ 이자와 금리

이자는 돈을 빌려준 대가로 받는 돈의 사용료다. 경제학에서는 이자를 '현재의 소비를 포기하고 미래로 연기한 대가'라고 설명한다. 당장 소비할 경우 누릴 수 있는 효용을 유보저축한 데 따른 보상인 셈이다. 자금 대여자는 이자수익을 얻고, 자금 차입자는 이자 부담을 지게 된다. 금리는 원금에 대한 이자의 비율, 즉 %로 표시되는 이자율이다.

금리는 단리와 복리, 명목금리와 실질금리, 고정금리와 변동금리, 기준 금리와 시장금리 등으로 다양하게 나눌 수 있다. 단리는 원금에 대해서만 이자가 붙는 것이고, 복리는 원금은 물론 이자에도 다시 이자가 붙는 형태다. 복리로 원금이 두 배가 되는 기간은 '72÷이자율'로 계산하면 된다. 이를 72법칙이라고 부른다. 명목금리는 표시된 이자율 자체이고, 실질금리는 명목금리에서 물가 상승률을 뺀 실제 수익이다. 고정금리^{확정금리}는 처음 돈을 빌릴 때 정한 금리가 만기까지 가는 경우이고, 변동금리는 금융시장의 금리 변화에 따라 이자율이 변하는 경우다.

중앙은행^{한국은행}이 결정하는 기준 금리는 예금과 대출, 금융회사 간 콜거래, 채권 수익률 등 각종 금리를 정하는 기준이 되는 기본적인 금리다. 시장금리는 금융시장에서 자금 수요와 공급에 따라 결정되는 콜금리, 채권 수익률 등을 가리킨다. 이밖에 세금을 떼기 전 금리를 세전금리, 세금을 뗀 이후 금리를 세후금리라고 한다.

---

^행가을 연결함으로써 자본 증식이 정당한 행위로 격상된 것이다.

하지만 이슬람 사회에서는 지금도 대출 이자를 금지하고 있다. 대신 금융거래를 할 때 돈을 빌려주는 것을 투자로, 이자는 투자 수익에 대한 배당으로 간주해 지급한다. 대표적인 이슬람 금융상품인 수쿠크는 채권과 유사하지만 투자자에게 이자를 지급하는 대신 투자수익을 배당금 명목으로 준다. 화폐는 교환수단이지 거래 상품이 아니라는 쿠란의 가르침을 따른 것이다.

근대 이후 서구에서는 시간이 곧 돈이며, 이자는 '현재의 소비를 미래로 연기한 데 따른 대가'라고 인식한다. 반면 이슬람 사회에서는 시간의 가치로서 이자를 인정하지 않고, 투자를 통해 '공헌한 것에 보상'하는 것만 정당한 행위로 여긴다. 이자 하나를 놓고도 이슬람과 기독교는 이렇게 차이가 크다.

상권 부활시킨 이탈리아 롬바르드동맹과 독일 한자동맹

10세기 들어 폐쇄적이고 경직된 중세 봉건시대에도 변화가 일어난다. 인구가 늘면서 그동안 위축되었던 도시와 상업이 부활하기 시작한 것이다. 상업 활동에 유리한 해안이나 강변에 도시가 형성되고, 로마 시대에 건설된 도시가 되살아났다. 도시는 외적 방어를 위해 견고한 성^{burg}으로 둘러싸였다. 성안의 상인, 수공업자들은 신흥 중산층을 형성했다. '성 안에 사는 사람들^{burger}'이란 뜻의 부르주아가 유산자를 가리키는 말이 된 이유다.

십자군 원정도 도시들이 번성한 계기가 되었다. 십자군이 통과하며 로마 시대 도로가 되살아났고 이슬람 세력에 막혔던 지중해 무역도 재개되었다. 그러나 중세는 여전히 억압적인 체제였다. 왕이나 영주들은 상인들의 왕래를 제한했다. 이에 상인들은 두 개의 동맹을 맺어 대항했다.

지중해 상권을 부활시킨 이탈리아 북부 도시들은 롬바르드동맹을 결성한다. 교역을 통해 부를 얻은 롬바르드 지방의 도시 상인들은 공동이익을 지키기 위해 조합을 결성하고 상거래 분쟁을 스스로 해결했다. 자유로운 왕래와 자치권을 얻기 위해 왕 또는 영주들과 협상하고 때로는 대항했다. 상인 자치조직이 도시 국가로 발전한 것이 밀라노, 베네치아, 제노바, 피렌체 등의 공화제 도시 국가들이다. 도시 국가마다 의회가 구성되고 독자적인 법률, 재판에다 징세권을 가졌으며 군대도 보유했다. 대항해 시대가 열리면서 지중해 무역의 비교우위가 사라지자 이탈리아 도시 국가들의 전성기도 막을 내린다.

또 다른 움직임은 12~13세기 라인 강과 발트 해 연안 도시들이 결성한 상인조합 '한자Hansa동맹'이다. 한자는 독일어로 '집단, 무리'란 뜻이다. 뤼베크를 중심으로 함부르크, 브레멘, 베를린, 쾰른 등이 가세한 한자동맹은 공동 이익을 위해 해군을 보유하고 자체 법률과 법정도 운영했다. 전성기 때는 100개가 넘는 도시가 참여했다. 이들은 상권 확장을 위해 전쟁을 벌였다. 1361년에는 한자동맹 연합군이 덴마크와의 전쟁에서 이겨 발트 해 상권을 차지하기도 했다. 그러나 16세기 들어 신항로 개척으로 무역 중심지가 이동하고, 이들의 독점을 깨려는 영국, 네덜란드, 프랑스 등의 상인 세력과 스웨덴 제국의 압박에 밀려 급속히 쇠퇴했다.

한자동맹은 북해와 발트 해를 주무르며 라인 지방과 러시아를 이어 주고 북유럽의 수많은 도시를 연결한 대규모 독일어권 동맹이다. 독일 작가 한스 홀바인이 그린 이 작품은 런던의 스틸야드에서 한자동맹 상인으로 일하던 「게오르크 기체의 초상」(1532)이다

12세기 들어 이탈리아 도시들과 북유럽 한자동맹은 프랑스 동북부 샹파뉴 지역에 모여 거래했다. 샴페인샹파뉴의 영어식 발음의 본고장인 샹파뉴 지역의 여러 도시들이 교대로 시장을 열었는데 이를 '샹파뉴 정기시'라고 부른다. 지중해 무역과 북방 무역의 만남이다. 6주 간격으로 열린 정기시에서는 북유럽의 특산물인 모피, 꿀, 생선, 곡물, 목재, 모직물, 양모 등과 동방 교역으로 확보한 향료후추, 정향, 계피 등, 견직물, 면직물, 도자기 등이 거래되었다. 무역이 활성화되면서 지중해 연안뿐 아니라 런던, 단치히, 노브고로드 같은 변방 지역도 함께 번성했다.

샹파뉴가 유럽 상업의 중심지가 된 것은 프랑스 왕이 다스리는 것이 아니라 샹파뉴 백작령이었기 때문이다. 샹파뉴 백작은 통행세를 받기 위해

경제로 읽는 교양 세계사

상인들의 안전과 자유를 보장했다. 그러나 1284년 프랑스 필리프 4세의 통치를 받게 되면서 높은 세금과 규제가 가해졌다. 또한 프랑스가 영국 및 플랑드르와 벌인 백년전쟁1337~1453도 직접적인 타격이었다. 잦은 전쟁에다 해상교역로의 발달로 상인들이 떠나면서 샹파뉴 정기시도 붕괴하고 말았다. 하지만 샹파뉴 정기시는 다양한 화폐의 환전, 환어음, 어음 결제를 위한 청산제도, 담보대출 등 금융제도를 발전시켜 근대 자본주의를 싹틔우는 데 일조했다.

함께 보는
문　　학

중세 교회의 독선과 편견
움베르토 에코의 『장미의 이름』

　　중세는 종교가 정치, 사회, 문화 등 모든 분야의 우위에 섰던 시대였다. 대다수 농노들은 까막눈이었고 지식은 교회와 수도원에 의해 독점되었다. 이런 중세의 모습을 간접 체험할 수 있는 작품이 움베르토 에코의 『장미의 이름』이다. 에코는 이탈리아의 철학자, 기호학자 겸 작가로서 20세기의 '르네상스인'으로 불렸지만 아쉽게도 2016년 3월 타계했다.

　　『장미의 이름』은 에코가 1980년에 쓴 첫 장편소설이다. 40여 개국 언어로 번역되어 세계적인 베스트셀러가 되었다. 소설은 1987년 장 자크 아노 감독의 영화로도 만들어져 큰 인기를 끌었다. 이 작품은 추리소설을 연상케 하는 기법으로 중세 이탈리아의 한 수도원에서 벌어진 의문의 연쇄 살인사건을 다루었다. 이 소설이 '현대의 고전' 반열에 오를 수 있었던 것은 신학, 철학, 고전을 종횡무진 넘나들며 중세 역사와 중세 사회, 사람들의 사고방식을 형상화했기 때문이다. 에코가 처음 생각한 제목은 『수도원의 범죄사건』이었다. 단테의 『신비스러운 장미』나 장미전쟁, 장미십자회처럼 중세 역사에서 자주 보이는 장미의 상징성을 감안해『장미의 이름』으로 제목을 바꿨다고 한다.

　이 소설은 노련한 윌리엄과 젊은 아드소 등 두 수도사가 베네딕트회 수도원에서 벌어진 연쇄 살인 사건을 풀어가는 일주일간의 이야기다. 수도사들이 혀와 손가락이 검게 변하며 차례로 죽어가는 사건과 윌리엄의 추적 과정 묘사는 셜록 홈스가 등장하는 추리소설보다 더 손에 땀을 쥐게 한다. 이 과정에서 중세의 생활상과 세계관, 이단 논쟁과 종교재판, 수도원의 장서관 등을 매우 사실적으로 묘사해 흥미를 더한다. 마치 중세 수도원의 구석구석에 카메라를 들이댄 듯하다.

　중세에 금서가 된 아리스토텔레스의『시학』두 권을 수도원 장서관의 의혹과 연결 짓고, 웃음조차 인정하지 못한 중세 교회의 독선과 편견을 적나라하게 드러낸다. 14세기 유럽에서 종교적 도그마가 인간을 어떻게 속박했는지를 간접 체험할 수 있다. 에코는 빈틈없는 기호학적인 추리력과 해박한 인류학적 지식을 절묘하게 조화시켰다.

　특기할 만한 점은『장미의 이름』이 아르헨티나의 환상주의 작가 호르헤 루이스 보르헤스1899~1986의 영향을 강하게 받았다는 것이다. 소설 속에서 시각장애인 수도사 겸 사서인 '부르고스 사람 호르헤'는 실제로 도서관 사서로 일했고 시력을 잃은 보르헤스가 모델이다. 보르헤스는 백과사전 읽기가 취미일 만큼 방대한 독서 편력과 탁월한 기억력으로 유명했다. 또한 수도원의 서고는 보르헤스의 작품『바벨의 도서관』에 나오는 도서관을 모티브로 삼았다. 에코는 "보르헤스가 없었다면 이 작품을 쓸 수 있었을까 자문해 본다."라고 고백한 바 있다.

뭉치면 살고 흩어지면 죽는다
한자동맹과 해운동맹

한자동맹은 오늘날 독일 항공사인 루프트한자라는 이름에서도 발견된다. 루프트한자는 영어로 'Air Hansa', 즉 한자항공이란 의미다. 한자동맹은 과거 독일 도시 간의 폐쇄적인 카르텔로서 회원 도시들의 공동 이익을 위해 담합하고 동맹 밖의 경쟁자를 규제했다. 따라서 한자동맹에 소속되지 않은 외국인은 선박 건조와 소유, 선장이 되는 것도 금지했다. 이런 한자동맹의 관습이 영국, 네덜란드 등에 영향을 미쳤고 해상거래와 관련된 법률의 기초가 되었다.

최근 우리나라에서 해운 회사 구조조정과 관련해 해운동맹이란 용어가 자주 등장하고 있다. 해운동맹은 그 뿌리가 한자동맹에 있다. 최초의 해운동맹은 1875년 영국과 인도 콜카타 간 물품 운송을 담당했던 영국 해운 회사 12개가 모여 결성한 콜카타동맹이다. 당시 영국 경제가 불황으로 물동량이 줄어 해운 회사들이 파산지경에 이르자 서로 과당경쟁을 피하기 위해 운임, 운송조건 등을 담합한 것이다. 그 뒤 무역이 세계로 확장되면서 해운동맹도 점차 커져 여러 나라 해운 회사들 간의 해운동맹으로 발전했다.

해운동맹에 가입하는 것은 해운 회사의 사활이 걸린 문제다. 예를 들어 우리나라 컨테이너선이 부산에서 로테르담까지 화물을 싣고 갔을 때 해운동맹에 가입되어 있다면 아시아로 오는 다른 화물을 싣고 올 수 있다. 그러나 해운동맹에 가입하지 못한 해운 회사는 짐을 싣고 갔다가 빈 배로 돌아오게 되어 운임 경쟁력을 갖기 어렵게 되는 것이다.

02

십자군 전쟁과 무역 도시
_중세 유럽과 이슬람, 어느 쪽이 더 앞서 있었을까?

떠오르는 해, 이슬람 제국

유럽이 중세 봉건시대에 접어든 이후 중동에서는 어떤 일이 있었을까? 페르시아가 알렉산드로스에게 패망한 이후 오늘날 이라크, 이란 지방인 메소포타미아 지역에는 한동안 강력한 왕국이 등장하지 못했다. 3세기에 이란 북부에 파르티아안식국, 安息國가 건국해 로마에 대항했다. 뒤이어 226년 사산 왕조 페르시아가 출현해 파르티아를 복속시켰다. 사산 왕조 페르시아는 아르다시르 1세가 조로아스터교를 믿는 페르시아인들을 끌어모아 세운 나라다. 사산 왕조란 이름은 아르다시르 1세가 자신이 전대 왕조 사산의 손자임을 강조하며 국명에 사산을 붙인 데서 비롯되었다.

사산 왕조 페르시아가 메소포타미아에서 비잔티움 제국을 압박하면서 동서 교역로가 끊길 위기에 처했다. 대신 이곳을 지나지 않고 홍해나 아라

이슬람교 창시자 무함마드는 630년 메카에 입성할 때 카바 신전의 우상을 모두 파괴하면서 "진리는 왔고, 거짓은 멸망하였다."라는 말을 남겼다. 다신교의 상징이었던 카바 신전은 무함마드가 메카를 정벌한 후 전 세계 이슬람교도들의 중심이 되었다

비아 해에 이르는 새 교역로가 활성화되면서 메카 같은 상업 도시가 성장했다. 이슬람교의 창시자 무함마드는 바로 메카의 상업 귀족 가문 출신이다. 610년 천사 가브리엘의 계시를 받고 유일신 알라를 섬기는 이슬람교를 세웠다. 무함마드는 아담아랍명 아담, 노아누흐, 아브라함이브라힘, 모세무사, 예수이사 등 25명의 예언자 중 자신이 가장 위대한 마지막 예언자이며 최후의 심판 날까지 예언자는 나타나지 않는다고 설파했다. 이렇듯 이슬람교는 유대교, 기독교와 한 뿌리로 많은 부분을 공유한다.

무함마드는 포교 초기부터 지배층의 종교적 박해가 가해지자 622년 신도들과 메디나로 도주했다. '성스런 도주헤지라' 이후 교세가 급성장해서 이해를 이슬람력의 원년으로 삼았다. 8년 뒤인 630년에는 메카를 점령하며 이슬람의 영향력을 확대해 나갔다. 632년 무함마드 사후에 그의 대리인이자 후계자인 칼리프가 다스리는 정통 칼리프1~4대 시대가 열렸다. 불과 30년 만에 아랍 제국은 성전지하드을 내걸고 시리아, 이집트, 사산 왕조 페르시아를 정복했다.

661년 4대 칼리프 알리가 암살되고 반대파였던 시리아 총독 무아위야가 스스로 칼리프예언자(무함마드)의 후계자라고 칭하며 우마이야 왕조661~750를 열었다. 선출직이던 칼리프를 아들에게 세습해 왕조가 된 것이다. 이때 칼리프의 정통성을 둘러싸고 수니파와 시아파로 분리되었다. 우마이야 왕조는 이어 7~8세기 전반까지 '한 손에 칼, 한 손에 쿠란'을 들고 대정복에 나섰다. 동쪽으로 중앙아시아와 인도, 서쪽으로는 북아프리카와 이베리아 반도에 이르는 세 대륙에 걸친 대제국을 형성했다.

시아파의 반발로 우마이야 왕조가 혼란에 빠지자 750년 알아바스가 정권을 잡고 바그다드를 수도로 한 아바스 왕조750~1258를 세웠다. 아바스 왕조는 아랍인의 특권을 없애고 모든 이슬람교도의 평등을 강조해 민족성이 강했던 아랍 제국을 종교로 한데 묶는 이슬람 제국으로 발전시켰다. 이를 '아바스 혁명'이라고 부른다. 한편 우마이야의 일파는 이베리아 반도의 코르도바에 후後우마이야 왕조756~1031를 열어 지중해 무역을 통해 경제적 번영을 누렸다. 한편 아바스 왕조와 대립하던 시아파는 북아프리카에 파티마 왕조909~1171를 열었다.

이슬람 세력은 세계사에 발자취를 남긴 두 차례 큰 전투를 벌였다. 먼저 711년 이베리아 반도의 서고트 왕국을 멸망시킨 이슬람군이 732년 피

아랍인의 특권을 없애고 아랍 제국을 이슬람 제국으로 발전시킨 아바스 왕조 시대의 수학자 알콰리즈미는 '대수학의 아버지'로 '알고리즘'이란 단어도 그의 이름 '알콰리즈미'에서 나왔다. 그는 이차방정식에 대한 해법을 처음으로 연구했다

레네 산맥을 넘어 프랑스로 침략해 들어왔다. 프랑크 왕국은 투르-푸아티에 전투에서 간신히 저지해 기독교 세계의 이슬람화를 막았다. 또 하나는 아바스 왕조가 751년 중앙아시아 탈라스 강카르기스스탄 유역에서 당나라와 싸워 이긴 것이다. 여기서 제지기술자들이 포로로 잡혀가 중국이 국가기밀로 감춰온 종이가 이슬람 세계로 전해졌고, 중앙아시아에 이슬람교가 전파되는 계기가 되었다.

그 뒤로 아바스 왕조가 약해진 틈을 타 946년 온건 시아파인 부와이 왕조가 실권을 장악했다. 한편 9세기부터 수니파 튀르크족이 이슬람 제국으로 이주해 용병맘루크으로 활동했는데 1055년 튀르크족이 바그다드에 입성해 부와이 왕조를 무너뜨리고 셀주크 튀르크 왕조를 열었다. 칼리프는 튀르크인을 환영해 그들의 왕에게 술탄세속 군주이라는 칭호를 내렸다. 셀주크 튀르크는 농부들에게 땅을 나눠 주기 위해 비잔티움 영토인 소아시아를 자주 공격했다. 그러나 비잔티움 제국은 이에 맞설 여력이 없어 그동안 반목해온 로마 교황에게 지원을 요청했다. 이것이 십자군 전쟁이 일어난 원인이다.

열정과 탐욕의 십자군 원정

11세기 후반 이슬람 제국을 지배한 셀주크 왕조는 기독교와 이슬람교의 공동 성지인 예루살렘을 점령하고 비잔티움 제국에 압박을 가했다. 특히 기독교도의 성지순례를 금하면서 유럽에는 반이슬람 정서가 확산했다. 다급해진 비잔티움 황제 알렉시우스 1세는 로마 교황 우르바누스 2세에게 구원을 요청했다. 우르바누스 2세는 야심만만한 인물이었다. 1095년 클레르몽 공의회에서 '성지 수복'을 명분으로 십자군 원정을 결의했다. 교황은 "신이 그것을 원하신다."라며 화려한 웅변으로 왕과 영주들을 부추겨 원정을 성사시킨 것이다. 그러나 교황의 진짜 속셈은 1054년 분리된 동서 교회를 재통합하고 유럽에서 교황권을 강화하는 데 있었다.

십자군 원정 직전 유럽은 농기구 개량과 삼포농법으로 농업 생산성이 높아져 인구가 늘었다. 수차, 풍차, 말이 끄는 쟁기 등이 개발되어 노동력이 절감되었으며 경작지를 세 개로 나눠 3년에 한 번씩 휴경하는 삼포농법으로 노동 활용도를 높이고 기근 가능성을 줄였다. 대신 더 많은 농지가 필요했다. 인구 증가와 농지 부족을 해소하기 위한 대외팽창 압력이 커지던 시점이었다.

이렇게 여러가지 원인이 맞물려 1096년 드디어 200여 년에 걸친 십자군 원정이 시작되었다. 기병 5,000명, 보병 3만 명의 1차 십자군은 1099년 제노바 해군의 도움을 받아 예루살렘을 점령하고 예루살렘 왕국을 세웠다. 그러나 십자군은 처음부터 점령 도시들을 약탈하고 이슬람교도와 유대인을 학살하며 '전혀 성스럽지 못한 성전聖戰'을 치렀다. 이슬람 제국에 아이유브 왕조1169~1250를 연 살라딘은 십자군의 학살에 보복하기 위한 성전을 지휘해 1188년 예루살렘을 탈환했다. 그리고 이듬해 최대 규모의 3차 십자군이 성지로 향했으나 중도에 신성 로마 제국의 프리드리히 1세가 사망하고 프랑스의 필리프 2세가 귀국하면서 실패로 끝났다. 이때 활약한 인물이 영국의 '사자심왕' 리처드 1세와 이슬람 제국의 술탄 살라딘

auls fuuct rreonquifes Des vprene
fur les pris. vf. olus.

Mam feout qui fut De
uaut romme Eude ift

교황 우르바누스 2세가 클레르몽
공의회에서 십자군 출발을 명하는
장면. 200여 년에 걸쳐 무려 일곱
번의 전쟁을 일으킨 십자군 전쟁은
점령 도시들을 약탈하고 이슬람교
도와 유태인을 학살하며 전혀 성스
럽지 못한 성전으로 치달았다

이다. 둘은 적이면서도 서로 영웅으로 존중했던 일화들이 많다. 양측은 평
화협정을 체결해 십자군이 물러가고 살라딘은 기독교도의 성지 순례를
보장했다.

십자군의 종교적 열정이 완전한 탐욕으로 변질한 것은 4차 원정이었
다. 1202년 출발한 십자군은 배와 식량을 제공한 베네치아의 제안을 받아
들여 헝가리의 점령지를 공격하고, 비잔티움 제국의 콘스탄티노폴리스를
약탈했다. 십자군 원정이 성지나 이슬람 제국의 영토에는 들어가지도 않
고 같은 기독교권을 공격한 것이다. 1204년 십자군과 베네치아는 비잔티

경제로 읽는 교양 세계사 ●━━━

움 제국을 분할해 라틴 제국을 세웠다.

이렇게 변질한 십자군은 5~7차 원정에 모두 실패했고 예루살렘에 가보지도 못했다. 1291년 십자군의 마지막 거점인 아크레이스라엘 **북부 항구도시**가 함락되면서 200여 년에 걸친 십자군 전쟁은 막을 내렸다. 당시 이슬람 병사들은 "신이시여, 그들이 두 번 다시 이 땅에 발을 딛지 못하게 하소서." 라고 기도했을 만큼 보복과 보복의 연속이었다. 뉴 밀레니엄을 맞은 2000년에 로마 교황청은 십자군 원정 때 예루살렘, 콘스탄티노폴리스, 베이루트 등지에서 교회가 저지른 부끄러운 과거를 인정하고 용서를 구했다. 오도된 종교적 열정과 야만적 만행을 참회하는 데 700년이 걸린 셈이다.

십자군 원정은 유럽에 남는 장사

십자군 원정은 성지 탈환이 명분이었지만, 시간이 흐를수록 정치·경제적 이해관계가 더 큰 요인으로 작용했다. 가장 절실했던 것이 이슬람 제국에 막힌 교역로를 확보하는 것이었다. 특히 실크로드를 통해 들어오는 후추 같은 향료는 당시 유럽인들에게 진귀한 필수품이었다. 냉동 기술이 없던 시대여서 후추는 육류의 부패를 막고 조리하는 데도 꼭 필요했다. 중국 비단과 인도 면직물도 유럽인이 선호하는 교역품이었다. 이탈리아 도시 국가들이 십자군 원정에 적극적으로 가담한 이유다.

십자군 전쟁 200년의 손익계산서를 뽑아보면 유럽이 여러 면에서 이득을 봤다고 할 수 있다. 당시 이슬람 제국은 이미 절정기에 이른 선진문명이었다. 반면에 유럽이 이슬람에 보여준 것은 전쟁과 학살, 약탈 말고는 없었다. 특히 유럽은 폐쇄적이고 저급한 자급 경제인 장원을 벗어나 드넓은 세상이 있다는 사실을 깨달았다. 십자군 원정 과정에서 도시와 교통로가 되살아나고 샹파뉴, 한자동맹 등의 상업이 활성화되었다. 침체한 중세 경제가 '십자군 특수'로 살아난 것이다. 또한 봉건영주들이 몰락하면서 왕권과 시민권이 강화되어 근대국가로 이행할 토대가 형성되었다. 또한 십자군 전쟁의 실패로 교황의 권위가 실추되어 중세의 억압적 구조에서 벗어나 종교개혁으로 이어지는 단초를 만들었다.

이탈리아 상인연합으로 출발한 제노바, 베네치아, 피사 등 도시 국가들은 당시 왕이나 영주들에게 십자군 원정 경비를 제공하는 대신 자치권을 얻어냈다. 이들은 십자군 수송과 보급, 무기조달 등을 담당하며 지중해의 새로운 강자로 부상했다. 특히 베네치아와 제노바는 강한 해군력을 바탕으로 4차 십자군 원정 때 비잔티움 제국의 지중해와 흑해 무역권을 빼앗아 전성기를 누렸다. 이는 해군력의 중요성을 일깨워 유럽 각국이 조선, 항해술, 해상로 개발에 열을 올리게 했다. 근대 이후 서양의 우위를 확고히 한 계기다.

뿐만 아니라 생활 방식에서도 유럽은 이슬람에 톡톡히 빚을 졌다. 중세 기사들은 낭만적인 주인공으로 그려졌지만 실제로는 무거운 철갑을 두르고 제대로 씻지도 않아 질병과 피부병에 시달리기 일쑤였다. 기독교와 이슬람 세력 간에 점령과 탈환이 되풀이된 아크레에서 발굴된 병원을 보면 비교가 된다. 당시 유럽인들은 병원을 숙박이 가능한 쉼터 정도로 쓴 반면 이슬람은 진짜 환자를 치료하는 곳으로 이용했다. 리처드 1세가 병에 걸렸을 때 살라딘이 의사를 파견한 적도 있다. 유럽인에게 개인 청결과 위생의 중요성을 깨닫게 해준 것도 이슬람이었다. 유럽인은 중동 원정을 가서야 싱싱한 과일과 고기를 맛볼 수 있었다. 반면 십자군이 전해준 것은 그 이전에는 중동에 없던 기생충이었다.

유럽 일깨운 이슬람의 선진 과학 문명

중세 시대에 유럽이 농업 사회였을 때 이슬람 제국은 영토 확장에만 급급한 정복 국가가 아니었다. 무함마드가 상인 계급 출신이었기에 상업을 천시하지 않았고 상도의신용를 중시했다. 당시 이슬람 상인들은 중국과 고려의 벽란도까지 드나들었을 정도다. 이슬람 상인들은 금화나 은화로 거래했고 교역 규모가 커지자 수표, 어음까지 사용했다. 심지어 바그다드에서 발행한 수표를 아프리카 북서부 끝인 모로코에서 현금으로 바꿀 수 있었다고 한다.

상업이 발달한 사회였기에 이를 뒷받침하는 다양한 지식도 왕성하게 발전했다. 우선 계산을 간편하게 할 수 있도록 인도 숫자를 개량해 아라비아 숫자를 만들었다. 편리한 숫자를 토대로 복식부기와 수학도 발달했다. 고대 점성술을 이어받아 천문학이 발달했고, 별의 고도로 위도를 측정하는 천체 항법을 통해 먼바다까지 항해할 수 있었다. 심지어 갈릴레이보다 몇 세기나 앞서 지동설을 주장한 학자도 있다. 14세기 이슬람 역사학자인 이븐 파들란이 "기독교도는 널빤지 한 장도 지중해에 못 띄운다."라고 했

'지혜의 집'은 칼리프 마문이 그리스어로 된 철학과 과학책을 번역할 목적으로 바그다드에 세운 학술원이다. 1258년 몽골족이 바그다드를 습격할 때 이곳에 있던 500여 년에 걸쳐 수집한 수만 권의 책이 티그리스 강에 던져졌다

듯이 16세기까지 이슬람은 지식 면에서 유럽에 절대우위였다.

이슬람의 대도시에는 종합 번역연구소라고 할 만한 '지혜의 집'이 세워져 그리스, 인도, 페르시아의 문헌들을 아랍어로 대거 번역했다. 외부의 지식을 이슬람의 지식으로 만든 것이다. 아랍어로 된 아리스토텔레스의 저작들이 11세기 이후 라틴어로 재번역되어 유럽에 전해졌다. 또한 이슬람의 상업과 화학·의학·천문학의 발전은 오늘날 언어에서도 확인할 수

경제로 읽는 교양 세계사 ·

있다. 알코올alcohol, 알칼리alkali, 십진법algorism, 대수algebra, 거즈gauze, 견우성altair, 직녀성vega, 설탕sugar, 면cotton, 수표check, 제독admiral 등이 모두 아랍어에서 유래했다고 한다. 이슬람의 축적된 지식은 유럽을 깨우는 강한 자극제였다. 그런 점에서 이슬람은 근대 유럽의 스승이라고 할 만하다.

이슬람 문명의 전성기 담다
『천일야화』의 「신드바드 이야기」

아랍의 구전 설화들을 집대성한 『천일야화』는 이슬람 유일의 이야기책
이다. 셰에라자드가 샤리아 왕에게 1001일 밤 동안 들려주는 주요 이야기
180편과 짧은 이야기 108편이 담겼다. 사산 왕조 페르시아의 설화들을 토
대로 바그다드 중심의 이야기들이 추가되었고, 15세기 카이로의 이야기가
더해져 완성되었다. 작자는 미상이다. 실제와 가상이 뒤섞여 명확한 구분도
어렵다. 이 책은 프랑스 번역가 앙투안 갈랑이 프랑스어로 번역해 유럽에
전해졌다. 널리 알려진 「알리바바와 40인의 도둑」과 「알라딘과 이상한 램
프」는 원전에 없던 것인데 갈랑이 이슬람 설화를 추가로 수집해 넣었다.

『천일야화』 중 「신드바드 이야기」는 8세기 아바스 왕조의 5대 칼리프 하
룬 알 라시드의 지배 아래 이슬람 문명이 전성기를 맞았을 때가 배경이다.
인구 100만 명의 세계 도시 바그다드에 사는 부유한 상인 신드바드가 젊은
시절 인도양으로 7번의 항해를 하며 겪은 모험담이다. 신드바드는 상인이었
던 아버지의 유산을 방탕하게 탕진하고서 뒤늦게 정신을 차리고 바다로 나

간다. 가는 곳마다 거대한 바다괴물 로크괴물새의 공격을 받아 배가 침몰하고 홀로 표류하다 식인종을 만나는 등 고난의 연속이었다. 그때마다 타고난 기지와 알라신의 가호로 위기를 극복하고 막대한 재산을 모은다는 줄거리다.

두 번째 항해와 다섯 번째 항해에 등장하는 로크는 구름이 해를 가리는 것처럼 크고, 로크의 알은 멀리 보이는 흰 원형지붕으로 묘사되어 있다. 마르코 폴로의 『동방견문록』에서도 마다가스카르 등 아프리카 동부 연안의 섬들을 설명할 때 로크가 등장한다. 세 번째 항해의 외눈박이 거인은 호메로스의 『오디세이아』에 등장하는 괴물 키클롭스를 차용했다. 고대와 중세에도 문명 간의 교류가 활발했음을 짐작하게 한다.

신드바드의 항로는 곧 이슬람 상인들의 해상 교역로였다. 이슬람 상인들은 아프리카 동쪽 해안에서 인도, 말레이시아를 거쳐 중국 연안까지 1년 반만에 왕복했다. 이슬람 선원 중에는 심지어 40년간 육지를 밟지 않은 사람도 있었다. 대항해 이전까지 1000여 년간 인도양 해상교역은 이슬람 상인들이 지배했다.

중국에서는 15세기 명나라 때 대선단을 이끌고 인도양을 7차례 항해한 환관 겸 제독 정화가 신드바드의 모델이라고 주장한다. 아랍계 이슬람교도였던 정화의 어릴 적 이름이 '싼바오'인데, 이것이 아랍에 전해져 신드바드가 되었다는 것이다. 반면 오만은 고대부터 아라비아와 동아프리카를 주름잡던 오만 상인들이 신드바드의 원조라고 주장하고 있다. 이렇듯 「신드바드 이야기」는 중세에 인도양을 중심으로 한 해상교역이 얼마나 왕성했는지를 보여 준다.

중세의 암살단체 하시신과
무차별 테러 조직 이슬람국가[IS]

이슬람 수니파 극단주의 무장단체인 이슬람국가[IS]는 테러, 납치, 암살에다 고대 유적 파괴까지 야만적인 행동을 서슴지 않는다. 기독교와 뿌리가 같은 이슬람교 역시 사랑과 관용의 종교인데 극단주의자들의 행태는 정반대다.

중세에도 이 지역에 하시신Hashishin이라는 암살 단체가 있었다. 하시신은 '하시시대마를 먹은 사람', 즉 암살을 위해 마약에 취한 사람이란 의미다. 이슬람 시아파의 분파인 하시신은 청년들을 암살자로 키워 마약으로 환각 상태에 빠지게 한 뒤 유력 인사들을 공격하게 한 자살 테러의 원조다. 영어의 'assassin'암살자과 'hashish'대마초가 하시신에서 유래했다.

1090년 하산 사바흐가 세운 하시신은 십자군 전쟁의 이슬람 측 영웅인 살라딘도 제압하지 못했을 정도로 강력했지만 1256년 몽골에 의해 괴멸되었다.

중세 하시신과 지금의 IS는 유사점이 많다. 시리아에 본거지를 두고, 계획적인 테러를 벌이며, 단검을 사용하고, 내세의 보상을 기대한 자살 테러를 벌이는 것 등이 그렇다. 차이점도 뚜렷하다. 하시신은 다수인 수니파의 박해를 받으면서 주로 이슬람 제국의 지배층을 공격했다. 반면 수니파인 IS는 시리아의 시아파 반군과도 싸우고 무고한 민간인에게도 무차별 납치, 살상과 테러를 가하는 것이 특징이다. IS는 성전聖戰을 빙자한 테러 범죄 집단일 뿐이다.

03

중국 문명과 4대 발명
_선진 문명 중국이 유럽보다 근대화가 늦은 이유는?

정착민과 유목민 간의 수천 년 각축전

지금까지 지중해와 중동, 근동 중심의 세계 역사를 소개했다. 그러나 중국을 빼놓고는 반쪽짜리 역사가 될 수밖에 없다. 중국은 인류 역사의 대부분 기간에 최대 선진국이었다. 인구와 경제 규모에서 줄곧 세계의 4분의 1이상을 차지해 왔다. 로마 제국이 번성했다 해도 동시대의 중국보다 낫다고 단언하기 어렵다. 세계사의 다른 한 축인 중국의 역사를 간략히 살펴보자.

현재 중국은 한족과 55개 소수민족으로 구성되어 있다. 약 14억 인구 중 한족이 90% 이상을 차지한다. 그러나 중국 역사는 한족이 홀로 이룬 역사가 아니다. 한족이 지배한 왕조는 전설시대를 제외하면 한漢, 송宋, 명明 정도가 있다. 전한과 후한 사이의 신新은 너무 짧고, 진晉은 곧바로 양쯔

강 이남의 동진東晉으로 쪼그라들어 위·진·남북조 시대의 일부가 되었을 뿐이다. 춘추전국시대기원전 770-221를 비롯해 5호 16국, 5대 10국 등 중국의 분열 기간은 한족과 북방민족이 뒤섞인 역사였다. 때문에 한족이 지배한 기간은 기원전 202년 한나라 건국 이후 지금까지 총 2217년 가운데 1100여 년으로 절반이 채 안 된다는 주장도 있다. 전한 209년, 후한 195년, 북송 167년, 남송 152년, 명나라 276년을 합쳐 999년이다. 여기에 신해혁명 1911 이후 현대 중국의 105년을 합쳐도 총 1104년으로 50% 미만이다.

실제로 변방의 '오랑캐'들은 교대로 중원을 지배하고 확장과 정복으로 세계사에 큰 영향을 미쳤다. 서쪽 오랑캐를 지칭하는 서융西戎족이 세운 진秦을 비롯해 선비족에 기원한 수隋와 당唐, 거란족의 요遼, 여진족의 금金, 몽골족의 원元, 만주족의 청靑이 모두 그런 사례다. 무수한 이민족들이 중원을 지배했지만 대부분 중국의 선진 문물에 동화되어 사라졌다.

중국 역사는 '중원의 역사'이자 정착민한족과 유목민북방민족의 끊임없는 각축의 역사였다. 농경 지대 정착민은 부를 축적해 문화와 생활 수준이 높았지만 초원 지대 유목민은 삶이 곧 자연과의 투쟁이었다. 그들은 주기적인 한파, 가뭄 등으로 살기 어려워지면 남하했다. 유목민과 정착민의 교류와 대립이 곧 중국 역사인 셈이다.

유럽에서 로마 제국이 지중해를 제패한 시기에 중국은 최초로 통일국가를 형성한 진한秦漢 시대였다. 당시 중국인은 로마의 존재를 알았다. 로마를 '서쪽의 커다란 진나라'란 뜻으로 '대진국大秦國'이라고 불렀다. 두 제국은 북방민족 때문에 골치를 썩었다는 공통점이 있다. 로마 제국이 하드리아누스 방벽을 쌓았듯이 중국 역대 왕조는 만리장성을 쌓았다.

만리장성은 흉노족의 침입을 막기 위해 진시황이 증축하면서 쌓은 산성으로 명나라 때 몽골의 침입을 막기 위해 대대적으로 확장했다. 총 길이가 2,700km에 달한다

　　기원전 3세기 고대의 가장 강력한 유목 집단인 흉노족이 대제국을 건설하고 중국을 압박했다. 이때 정착민이 유목민을 통제하는 방법은 군사력으로 맞서거나 선물로 회유하는 것이었다. 진시황은 만리장성을 쌓았고, 한나라도 수시로 흉노 토벌에 나섰다. 한나라는 한고조 유방이 흉노족 토벌에 나섰다가 도리어 포로가 되었는데 공주를 흉노 왕에게 주고 해마다 비단과 쌀 등을 보내 무마해야 했다. 7대 한무제는 다른 이민족과 동맹을 맺어 흉노에 대한 협공을 시도했다. 오랑캐로 오랑캐를 다스린다는 중국의 전형적인 이이제이 전략이다. 이때 신장 지역 너머 서역으로 파견

경제로 읽는 교양 세계사

된 인물이 장건이다. 장건은 흉노의 적들과 손잡기 위해 기원전 138년부터 20여 년간 서역의 36개국을 여행했다. 장건을 통해 중국은 고원과 사막 너머에 월지, 대하박트리아, 대완페르가나, 강거, 오손, 건독인도, 안식파르티아 등이 있다는 것을 알게 되었다.

장건은 동맹을 맺는 데에는 실패했지만 동서 교류의 물꼬를 튼 인물로 역사에 기록되었다. 그가 외교를 위한 선물로 가져간 비단은 중앙아시아 지배층을 사로잡았다. 이후 한나라와 서역의 각국이 해마다 사신을 교환하며 비단을 교역했다. 중국 입장에서 실크로드는 경제적 이익보다는 군사적 목적이 더 중요했다. 반면 박트리아, 소그드, 페르시아, 북부 인도의 상인들은 비단 교역으로 재미를 봤다. 아예 중국에 가서 비단을 가져다 아라비아, 로마로 넘기는 중계무역이 활성화된 것이다. 특히 중앙아시아 소그드인은 4~8세기 중국 장안에서 사마르칸트우즈베키스탄까지 오가며 비단, 약재, 금은, 놋쇠 등을 거래해 동서 교역의 주역으로 떠올랐다. 이것이 '실크로드'라고 부르는 고대 동서교역로다.

세계 문명사를 바꾼 4대 발명품

서양이 중세 봉건시대 정체기에 있을 때 중국은 4대 발명품을 가진 최첨단 문명국이었다. 4대 발명품은 종이, 인쇄술, 화약, 나침반이다. 먼저 종이는 후한의 환관 채륜이 105년에 발명했다고 전해진다. 채륜이 혼자 발명한 것은 아니고 예부터 전해온 각종 기술을 종합해 식물 셀룰로스를 주원료로 하는 개선된 종이를 만든 것으로 보인다. 그전까지는 거북 등껍질이나 짐승 뼈에 새긴 갑골문甲骨文, 청동기에 새긴 종정문鐘鼎文이 있었고, 춘추시대에는 대나무죽간나 목판목간에 기록했다. 전한 시대에는 비단이나 얇은 천에 썼다. 중국의 제지기술은 수·당隋唐 시대에 한국, 일본에 전래되었고 8세기 아라비아, 12세기에는 유럽에 전해져 지식을 널리 전파하는 필수품이 되었다.

나머지 세 발명품은 송나라 때 본격 등장한다. 화약은 불로장생의 단약을 만드는 도가의 연단술에서 유래했다. 위·진魏晉시대 연단술사들은 초석, 유황, 숯을 혼합하면 폭발이 일어난다는 사실을 발견했다. 이를 '불이 붙는 약'이란 뜻의 '화약'이라고 불렀다. 연단술은 이슬람에 전해져 연금술과 화학 발전에 지대한 영향을 미쳤다. 11세기 초 송나라 때 화약 제조 방법을 이용해 병기 장인들이 군사적 용도의 화약을 만들었다. 화약과 화포는 13세기 몽골의 서아시아 정복 과정에서 이슬람 세계에 전해졌고 14세기에는 유럽에도 퍼져 중세 전쟁의 양상을 바꿨다. 유럽의 견고한 성들이 화포에 의해 쉽게 무너지면서 봉건시대의 붕괴를 앞당겼다.

나침반은 발명된 시기가 분명하지 않지만 중국에서는 오래전부터 천연 자석으로 만든 '지침'이 항상 남북을 가리킨다는 사실을 알고 있었다. 1세기 후한 때 '지남차'를 제작했다는 기록이 있다. 지남차는 마차 위에 항상 남쪽을 가리키는 인형을 세워 방향을 알려주는 장치다. 그러다가 11세기 송나라에 와서 24방위로 나뉜 나침반이 등장했다. 나침반이 군사, 측량뿐 아니라 항해에도 응용된 것이다. 명나라의 정화가 아프리카까지 항해할 수 있었던 것이나 유럽에서 대항해 시대가 열린 것도 모두 나침반

덕택이다.

　인쇄술 역시 중국에서 발명했다. 중국에 남아 있는 가장 오래된 조판 인쇄술 판본은 당나라 불경 『금강반야바라밀경』868이다. 그러나 이 판본은 이미 상당한 수준이어서 이보다 훨씬 전에 인쇄술이 발명된 것으로 보인다. 신라의 『무구정광다라니경』이 중국보다 100년 앞섰지만 조판인쇄술의 원조는 역시 중국이다. 활판 인쇄술은 1041년에서 1048년 사이에 송나라 인종 때 조판 인쇄의 불편을 개선하는 과정에서 개발되었다. 점토에 활자를 새겨 불에 구운 활자를 붙여 활자판을 만들었다. 이후 목판 활자와 납, 구리 등 금속활자로 발전해 주변국에 전파되었고 실크로드를 거쳐 이슬람에도 전해졌다. 서양에서는 1455년에 구텐베르크가 납 활자본으로 성경을 인쇄했다. 중국의 4대 발명품이 세계문명사를 바꿔 놓았음은 부인할 수 없는 사실이다.

유럽보다 4세기 앞선 중국의 대항해

　8세기 이후 중동과 아시아의 해양에서는 이슬람의 1차 대항해 시대가 열렸다. 신드바드 같은 이슬람 상인이 바다를 주름잡은 것이다. 이슬람 상인들은 다우선3각 돛을 단 목조선을 타고 계절풍을 이용해 홍해와 페르시아 만에서 인도양, 남중국해를 지나 광저우 등 중국 남부 연안까지 약 1만㎞의 바닷길을 누볐다. '사막의 배'라는 낙타 한 마리가 270㎏을 운반했던 것에 비해 다우선은 180톤을 적재할 수 있었다. 다우선 한 척이 낙타 600마리에 맞먹은 것이다. 바닷길을 통한 수송 능력이 사막길실크로드을 추월했다. 교역이 활발해지면서 중국 해안에는 이슬람 상인들의 거류지도 여러 곳에 생겨났다. 당나라 말기 '황소의 난' 때 반란군이 광저우에서 이슬람 상인 등 12만 명을 살해했다는 기록이 있을 정도였다. 그즈음 신라와 일본도 이슬람 세계에 알려졌다.

11~12세기에는 중국인에 의한 2차 대항해 시대가 열렸다. 15~16세기 유럽의 대항해 시대에 비하면 4세기나 앞선 것이다. 농업에 치중했던 중국이 나침반과 정크선바닥이 평평한 원양 범선을 앞세워 바다로 눈을 돌렸다. 중국 상인들은 플라카 해협, 인도양에 진출해 대식국이슬람 제국까지 왕래했다. 왕복에 2년가량 걸리는 긴 항해였다. 이때 중국의 주된 수출품은 비단, 금은, 도자기였다. 도자기를 영어로 '차이나'라고 부르듯이 바닷길은 '세라믹 로드도자기의 길'로도 불렸다. 송나라의 동전은 동남아는 물론 동아프리카에서도 발견된 것으로 미루어 볼 때 당시 교역이 얼마나 왕성했는지 짐작할 수 있다. 송나라에서는 무역에 사용하느라 동전이 부족해 세계 최초의 지폐인 '교자交子'를 만들기에 이르렀다.

몽골이 세운 원나라는 글로벌 무역 네트워크를 구축하면서 초원길, 사막길과 더불어 바닷길을 더욱 활성화했다. 마르코 폴로도 바닷길을 따라 베네치아로 되돌아갔다. 이슬람의 여행가 이븐 바투타는 술탄이 파견한 사절단의 일원으로 바닷길을 따라 중국의 항저우, 베이징까지 갔다. 원나라 때 항해가 빈번해지면서 플라카 해협과 수마트라 섬을 기준으로 동양과 서양이라는 구분도 생겨났다. 원나라 말기에 왕대연이 쓴 『도이지략』에는 동남아, 실론스리랑카, 인도, 아라비아, 몰디브에다 아프리카의 지명까

경제로 읽는 교양 세계사

지 나온다. 중국과 이슬람의 바다 왕래가 얼마나 활발했는지를 보여준다.

세계사를 바꿀 뻔한 정화의 대원정

14세기 몽골 제국이 급속히 쇠퇴하면서 중국에는 1368년 한족 출신 주원장의 명나라가 들어선다. 명나라는 개방적인 무역 국가인 원나라와는 정반대로 '중화 제국'을 지향하는 폐쇄적인 농업 국가였다. 심지어 민간의 대외 무역을 금지하고 1371년엔 해금령을 내려 바다로 나가는 것조차 막았다. 밀수를 하다 적발되면 곤장 100대, 무기나 국가 기밀을 반출하면 사형이었다. 큰 배를 만드는 것도 금지했다. 바닷길은 급속히 위축될 수밖에 없었다.

이런 배경에서 명나라는 중화제국의 위엄을 과시하고 주변국들의 조공을 요구하기 위해 300여 척에 달하는 대규모 선단을 조직했다. 3대 황제인 영락제는 1405년 34세의 환관이자 장군인 정화에게 선원, 군사 등 2만 8,000명을 주고 원정을 떠나게 했다. 1492년 콜럼버스가 3척, 120명으로 출발한 것과 비교하면 100배가 넘는 규모다.

정화는 중국 운남의 은 광산이 개발된 뒤 중국으로 이주해온 이슬람교도의 후예다. 이른바 색목인이다. 정화는 키가 9척180㎝에 달하는 대장부였다고 한다. 본래 성이 이슬람인에게 흔한 마 씨마호메트(무함마드), 마무드 등에 마 씨를 붙였음였고 본명은 마화였다. 그는 황제의 신임이 두터워 정鄭 씨 성을 하사받고 정화가 되었다. 색목인에게 우호적이던 원나라가 몰락한 뒤 부득이

명나라는 중화 제국의 위엄을 과시하기 위해 300여 척의 대규모 선단을 조직했다. 정화가 이끄는 함대는 총 7차례에 걸쳐 33개국을 방문했다고 한다. 정화의 '남해 대원정'은 바스쿠 다 가마보다 80년 이상 앞선 것이었다

하게 환관이 되었지만 출중한 능력으로 장군 겸 제독까지 오른 인물이다.

정화가 이끄는 함대는 1433년까지 28년간 총 7차례에 걸쳐 '남해 대원정'을 다녀왔다. 그의 항로는 오늘날 베트남, 인도네시아, 말레이시아, 태국, 스리랑카, 몰디브, 인도 해안을 거쳐 이란의 호르무즈가 종착역이었다. 4차 항해 때는 호르무즈를 지나 아라비아 반도의 아덴예멘, 도파르오만와 아프리카 대륙의 모가디슈소말리아, 말린디케냐까지 갔다. 포르투갈의 바스쿠 다 가마가 1498년 인도로 가는 길에 말린디에 기항한 것보다 약 80년 이상 앞선 것이다. 마지막 7차 항해 때는 홍해로 들어가 이슬람 성지인 메카와 제다사우디아라비아에도 갔다. 정화는 모두 30여 개국을 방문했다고 한다.

경제로 읽는 교양 세계사

정화는 1433년 사망한 것으로 전해지지만 사망 원인, 장소, 시기는 아직도 불명확하다.

정화가 이끄는 함대의 기항지마다 교역이 번성해 인도양 일대에 띠처럼 무역 벨트를 만들었다. 국가 독점의 조공무역이 활성화된 것이다. 동남아 일대의 화교들은 그 당시 이주한 중국 상인들의 후예다. 정화는 중국의 주된 수출품인 비단, 도자기를 대량으로 가져갔고 기린, 사자, 타조 등 진귀한 동물과 아라비아 말, 낙타, 보석, 진주, 향료 등을 가지고 돌아왔다.

정화의 사후 중국 정세는 급변했다. 농민 반란이 일어났고 북방의 몽골족은 여전히 국경을 위협했다. 명나라는 만리장성을 증축해 방어했다. 오늘날 남아 있는 만리장성은 대부분 명나라 때 보수한 것이다. 국가의 역량

✂-Economic Keywords

★ 조공무역

조공무역이란 하나의 강대국을 중심으로 주변국이나 제후가 강대국 황제에게 공물을 바치고 답례로 하사품을 받는 물물교환 형태의 무역 방식이다. 주로 중국과 인근 국가들 사이에서 행해졌다. 중국에 인접한 조선, 일본, 여진, 베트남 등은 수시로 중국에 사신을 보내 자국 특산품을 전달했고, 중국에서 비단, 책자, 도자기 등을 받아왔다. 이를 통해 주변국들은 중국의 선진 문물을 수입할 수 있어 좋고, 중국은 종주국의 권위를 세우면서 각국의 특산물을 향유할 수 있어 좋은 윈-윈 게임이었다.

조공무역은 국가나 조정이 독점했고 민간 차원의 무역은 철저히 규제되었다. 국경에서 밀무역을 하다 적발되면 사형에 처하기도 했다. 이런 이유로 대항해 시대 이후 서양이 해상무역으로 번성한 것과 달리, 동양에서는 무역으로 국부를 늘리고 생활 수준을 높이는 효과가 미미했다. 역사의 대부분 기간 동안 선진 세계였던 동양이 근대 이후 서양에 압도당하게 된 원인이 바로 무역의 자유에 있었다.

이 북방에 쏠리면서 중국의 대항해는 금방 끝이 났다. 심지어 1464년에는 정화의 항해기록과 문서를 태워버리기까지 했다. 정화의 배들은 해체되어 땔감이 되었고 또다시 해금령이 내려졌다. 16세기에 만주족이 청을 건국해 압박하자 더 이상 해양 진출을 언급하는 사람조차 남지 않았다.

정화가 그토록 엄청난 해상 원정을 다녀왔지만 그의 업적은 후대에 계승되지 못했다. 정화의 위대한 업적이 '불모의 위업'이 된 것이다. 서양이 막 대양으로 나가려던 시점에 중국은 내륙으로 움츠러들었다. 이렇게 시대의 흐름을 역행한 중국은 역사상 최고의 선진국에서 근대 이후 후진국으로 몰락하는 원인이 되었다. 만약 정화의 업적이 계승되었다면 근대 역사는 완전히 뒤바뀌었을 것이다.

중국의 강점이자 약점이 된 과거제도

수나라는 고구려 원정에 실패하며 불과 40년 만에 망했지만 중국 역사에 크나큰 영향을 미친 과거제도를 남겼다. 남북조 시대 화북 지방의 5호 16국 중 하나인 북주의 양견은 589년 중국을 통일해 수나라를 세웠다. 양견이 바로 수문제다. 문제는 문벌 귀족들을 견제하고 자신의 정치적 입지를 다지기 위한 새로운 관리 선발제도를 고안했다. '과거'는 '과목별 선거제'의 줄임말이다. 문과, 무과, 잡과 등 과목별로 관리를 선발선거한다는 의미다. 당나라 때 정기시험으로 발전했고 송나라 때는 관리 선발 제도로 보편화되었다. 과거 응시자들의 서적 수요가 늘면서 인쇄술의 발전도 가져왔다.

과거제 이전에는 귀족 자제나 공로자, 지방 호족 또는 그들이 추천한 사람을 아홉 등급의 관리로 뽑는 9품중정제였다. 고려에서도 958년 과거를 도입하기 전까지는 귀족, 호족 등 유력자의 자제를 선발하는 음서제였다. 즉, 관리가 되려면 출신 성분이나 연줄이 좋아야 했다. 반면 과거는 노비, 천민, 전과자 이외에는 누구나 볼 수 있는 국가고시다. 최종 과거 시험은 황제가 직접 주관해 마음에 드는 사람을 골랐다. 따라서 과거를 통해 임용된 관리들은 황제의 든든한 지지 세력을 형성했다.

과거는 능력 위주의 선발이라는 획기적인 제도였다. 엘리트 관료들은 중국 역사에서 큰 비중을 차지한다. 하지만 아무리 제도 취지가 좋아도 현실에서는 시간이 지날수록 변질되기 마련이다. 과거는 2500년간 중국 사회를 지배한 유교적 신분 질서와 맞물려 근대 이후 중국의 정체를 가져온 주범이라는 비판을 받는다.

유교적 신분 질서란 한마디로 사농공상예전에 백성을 나누던 네 가지 계급인 선비, 농부, 장인, 상인과 관존민비관리는 높고, 백성은 낮고 천하다는 생각였다. 인구가 과밀한 사회일수록 계급과 서열을 엄격하게 매긴다. 벼슬한 선비관리는 백성 위에 군림했지만 정작 국가를 부강하게 할 상공업자는 농민보다 푸대접을 받았다. 상업은 생산이 아니라 기생하는 계급으로 천시되었다. 따라서 상인이 장사로 돈을 벌더라도 더 큰 사업을 펴기 보다는 땅을 사서 지주가 되는 데 급급했고, 자식은 장사꾼이 아닌 관리가 되길 원했다.

과거제도는 관리로서 필수적인 실무 능력을 보는 게 아니라 유교 윤리와 작문 능력을 보는 시험이었다. 유교 경전만 달달 외우면 출세의 길이

수문제 양견은 중국을 통일하며 문벌 귀족을 견제할 수 있는 과거제도를 고안했다. 기존의 9 품중정제가 출신 성분이 좋아야만 관리가 될 수 있는 제도라면 과거는 선비라면 누구나 볼 수 있는 국가고시였다

경제로 읽는 교양 세계사 ——

열린 것이다. 관리로 출세하면 부는 저절로 따랐다. 관리들의 권한이 막강해 언제든 착취가 가능했기 때문이다. 따라서 중국에서는 매년 과거 응시자가 100만 명에 달했고, 부정행위와 매수도 빈번했다. 이런 폐단은 과거제를 도입한 고려와 조선도 별로 다르지 않았다.

중국은 1000년 전에 세계적인 4대 발명품을 갖고서도 근대화에 실패했다. 사유재산이 보장되지 않고 발명과 혁신의 성과를 황제나 소수 지배계급이 독점하는 사회였기 때문이다. 관리들은 "네가 네 죄를 알렸다." 식의 원님 재판으로 백성을 착취했다. 서양에서 구텐베르크가 금속인쇄술로 『성경』을 인쇄해 큰돈을 번 것과 극명하게 대조된다. 4대 발명품 이후 중국에서 세계 문명사를 바꿀 만한 획기적 발명이 더 이상 나오지 않은 이유이기도 하다.

부패에 저항하는 호걸 108명의 이야기
시내암의 『수호지』

　중국을 대표하는 4가지 고대소설로 『삼국지연의』 『수호지』 『서유기』 『금병매』를 꼽는다. 네 가지 기이한 이야기라 해서 '4대 기서奇書'라고 부른다. 나관중의 『삼국지연의』는 위·촉·오 세 나라의 영웅들을 다루었다. 역사서인 진수의 정사正史 『삼국지』를 뼈대로 나관중이 허구를 섞어 재구성한 팩션이다. 오승은의 『서유기』는 현장법사의 『대당서역기』를 토대로 한 가상의 불교 설화로 SF소설의 원조로 꼽히기도 한다. 소소생의 『금병매』는 유한계급과 부패관료들의 타락한 생활을 그린 성애소설이다. 반면 시내암의 『수호지』는 다른 기서들과 달리 신분이 낮지만 정의로운 인물들의 무용담을 그린 책이다.

　4대 기서가 출현한 시기는 대개 원나라 말부터 명나라 때다. 왕조 교체기의 혼란스런 시대상과 관료주의의 부패가 기승을 부리던 시절이다. 그런 점에서 하층민을 주로 다룬 『수호지』는 당시 사회상의 거울과도 같다. 물론 과장도 많겠지만 중세 중국 사회에서 민중의 삶이 어떠했고 관료들의 부패가 어느 정도였는지를 상상해볼 수도 있다.

『수호지』는 원나라 말기에 시내암이 민간의 고사들을 모아 쓴 것을 명나라 때 나관중이 다시 손질한 것으로 알려졌다. 그러나 작품의 내용을 보면 작가 혼자 썼다기 보다는 300여 년에 걸친 민간 설화들이 발전하고 정리되어 지금의 작품으로 완성되었다고 봐야 할 것이다. 북송 말기 산둥 지방에서 송강 등 36명이 일으킨 송강의 난119이란 역사적 사실을 소재로 했으며 양산박 산채에 모인 108명의 호걸이 조정과 관료의 부패에 저항하는 이야기를 담고 있다. 여러 설화가 가미된 탓에 전반적인 일관성은 떨어진다. 그러나 등장인물의 출신, 경력, 이미지, 성격 등이 다채롭고 실감 나게 묘사되어 있어 시대를 막론하고 일반 대중의 큰 사랑을 받고 있다.

『수호지』는 농민 반란을 찬양하는 이야기다. 이런 이유로 중화인민공화국을 건국한 마오쩌둥이 즐겨 읽고 권장도서로 삼기도 했다. 오늘날의 독자들은 내용이 폭력적이고 여성 비하적인 내용이 거슬릴 수 있지만 중세 시대 중국의 사회상을 파악하는 데 도움이 된다. 『수호지』는 후대의 문학에도 크나큰 영향을 미쳤다. 『금병매』는 『수호지』의 서문경과 반금련 이야기를 확대해 창작한 것이다. 명·청 시대 무수한 희곡들이 『수호지』에서 이야기를 따왔다. 우리나라 작가 벽초 홍명희의 『임꺽정』도 『수호지』의 영향을 받았다.

현대판 과거제도
공무원 시험과 공시족

　　우리나라에는 유독 '고시 폐인' '공시족' 같은 신조어가 있다. 고시 폐인
은 사법고시, 행정고시 등 국가고시에 목을 매는 사람들, 공시족은 공무원
시험을 준비하는 사람들을 가리킨다. 20~30대 젊은이들이 비좁고 열악한
고시원에서 땀 흘려 공부한다. 어렵게라도 합격하면 다행이지만 그렇지 못
하면 청춘을 허비한 셈이 된다.

　　그런데도 고시와 공무원 시험에 매달리는 것은 합격했을 때의 기대 이익
이 그간 들인 시간, 금전, 노력 등의 비용보다 크기 때문이다. 공무원의 처우
가 개선되어 웬만한 중견 기업보다 연봉이 높고 은퇴 후 연금이 두둑하며
육아휴직, 연차휴가 등 근무 조건도 민간기업보다 유리하다. 요즘처럼 경기
침체로 고용불안이 커진 상황에서 공직만큼 안정적인 직장도 없다. 이런 까
닭에 국가고시는 물론 7급, 9급 공무원 시험에도 수십만 명이 몰려 경쟁률
이 100대 1을 넘나드는 게 현실이다.

　　이런 현실적인 요인 외에도 역사적 배경을 무시할 수 없다. 1000년 넘게

이어온 과거제도와 사농공상, 관존민비의 오랜 폐습이 한국인의 의식 저변에 깔려 있다. 공직에 나가야만 출세한 것이고, 죽어서도 묘비와 제사 지방에 '학생생전 벼슬이 없는 남자에게 붙이는 호칭'을 면할 수 있다는 생각이 뿌리 깊다. 규제가 많을수록 공직이 민간보다 우위에 서게 마련이다. 오늘날 중국에서는 공무원보다 창업을 더 선호한다. 반면 한국에서는 어린 학생들의 꿈이 공무원이 된 지 오래다. 정해진 법규에 따라 일하는 공무원을 최고의 직업으로 여기는 나라에서는 혁신과 진보가 일어날 수 없다.

04

몽골 제국과 무역의 세계화
_번영의 실크로드가 쇠락의 길로 전락한 이유는?

신의 채찍과 바람에 새긴 역사

인류의 4대 문명은 엄밀히 말해 정착민들의 문명이다. 수렵·채집 생활을 하던 인류가 정착해 농업혁명을 통해 생산성을 높여 도시와 국가로 발전해온 과정이다. 그러나 지구 상에는 황량한 초원 지대에서 삶을 이어간 또 다른 인류가 있었다. 이들은 유라시아 대륙을 종횡으로 가로지르며 역사의 한 축을 담당했다. 바로 유목민이라고 불리는 북방의 다양한 민족이다.

유목민은 중앙집권적이고 밀집해 사는 정착민과 달리 씨족, 부족 단위로 드넓은 초원에 드문드문 퍼져 살았다. 정착민의 수직적 권력, 착취, 화려함과는 반대로 유목민은 수평적 권력, 정복, 검소함이 특징이다. 정착민이 자신의 계급으로 불릴 때 유목민은 칭기즈칸조차 이름으로 불렸다. 정착민이 평야에 성을 쌓을 때 유목민은 불모지에 길을 만들었다.

유목민의 삶은 혹독한 기후와 척박한 환경에 대한 투쟁 그 자체였다. 한파와 가뭄이 심해지면 수시로 이동해야 했다. 그렇기에 유목민은 제대로 된 문자나 역사를 남기지 못했다. '바람에 새겨진 역사'라는 멋들어진 비유도 있다『결단의 리더 쿠빌라이칸』, 김종래. 정착민의 기록 속에 유목민은 잔혹하고 야만적이고 파괴적이었다. 하지만 유목민은 때때로 역사의 중심에 섰다. 정착민들은 그런 유목민을 '신의 채찍'이라고 불렀다. 심지어 말을 탄 그들의 모습을 보고 켄타우로스그리스 신화에 나오는 괴물. 상반신은 인간, 하반신은 말인 야만적인 종족 같은 반인반수로 여길 정도였다.

역사에 기마 민족이 처음 등장한 것은 기원전 17~18세기 히타이트인과 힉소스인이다. 히타이트는 말과 전차로 바빌로니아를 정복했고, 힉소스는 이집트를 지배하며 바퀴를 전해주었다. 인도에서는 아리아인이 나타나 인더스 문명을 정복하고 갠지스 강 유역으로 진출했다. 이들은 기마 유목민으로, 정착 문명의 파괴자로 그려졌지만 동시에 새로운 문명의 전파자였다.

기원전 8세기 중앙아시아에 다시 기마 민족이 등장해 500여 년간 초원을 지배했다. 서양에서 '스키타이', 페르시아에서는 '사카'라고 불리는 사람들이다. 스키타이는 초원길을 개척했고 흉노에 청동기 문화를 전했다. 그들의 신출귀몰하는 기마 전술에 페르시아의 다리우스 대왕과 마케도니아의 알렉산드로스 대왕도 고전을 면치 못했다.

기원전 3세기 강력한 제국을 건설한 흉노는 수시로 중국의 목을 죄었다. 중국인들은 흉노에게 공주를 보내고 비단, 금은을 바치며 평화를 구

훈족은 중앙아시아에 거주하던 튀르크계 유목 기마민족이다. 당시 유럽인들은 훈족을 신이 벌하기 위해 내려친 '신의 채찍'으로 여기며 잔혹하고 야만적인 모습으로 묘사했다

경제로 읽는 교양 세계사

걸해야 했다. 유럽에서는 흉노의 일파인 훈족이 벼락처럼 나타나 역사를 송두리째 바꿔놓았다. 당시 유럽인들은 훈족을 신이 벌하기 위해 내려친 '신의 채찍'으로 여겼다. 게르만의 서사시 『니벨룽겐의 반지』에서는 훈족의 왕 아틸라를 카리스마 넘치면서 잔혹하고 야만적인 모습으로 그리고 있다.

흩어져 반목하던 유목민이 세력을 결집하면 인구 압력에 직면해 정복 전쟁에 나서게 마련이다. 반대로 정착민이 강력한 국가를 건설하면 유목민은 초원으로 밀려나 다시 예전 생활로 돌아갔다. 수·당시대 중원의 제국에 밀린 돌궐족은 멀리 몽골고원으로 흩어졌다. 서양에서는 훈족 이후에 이렇다 할 기마민족이 없었다.

유목민이 초원을 달렸다면 북구의 바이킹은 바다를 통해 약탈과 정복으로 살아간 민족이다. 뛰어난 조선과 항해술로 바이킹은 서유럽은 물론 콘스탄티노폴리스, 러시아까지 쳐들어갔다. 중세 초기의 바이킹은 공포의 대상이었다. 또한 콜럼버스보다 500년이나 앞서 아메리카 신대륙 땅을 밟고 그린란드, 아이슬란드까지 진출한 모험가이기도 했다. 그러나 11세기 들어 바이킹은 정착민의 문화에 흡수되었다. 부족과 결핍을 약탈이 아닌 교역을 통해 해소하게 된 결과다. 이제 세계 역사는 정착민의 승리로 귀결되는 듯했다. 13세기 초 몽골 제국이 등장하기 전까지는 말이다.

잔혹한 정복 뒤 찾아온 관용과 평화

12세기까지 북방의 초원은 유목민족 간의 전쟁이 끊이지 않던 전국시대였다. 여진족이 세운 금나라가 북방에 강력한 제국이 등장하는 것을 막기 위해 전쟁을 부추긴 탓이었다. 이때 등장한 테무친은 몽골 고원의 여러 부족을 통일하고 1206년 몽골 제국의 칸^왕에 올랐다. 그가 바로 칭기즈칸이다. 칭기즈칸은 10만 명의 기마 부대를 이끌고 정복 전쟁을 시작하여 1220년에는 40만의 군사력을 거느린 튀르크계 코라즘 제국을, 1227년엔 실크로드 동쪽의 서하를 정복했다. 이로써 몽골 제국이 초원길과 실크로드를 장악하게 되었다.

칭기즈칸이 서하 정복 후 사망한 뒤에도 몽골의 정복 활동은 멈추지 않았다. 2대 오고타이칸은 1234년 금나라를 무너뜨렸고, 바투의 원정군은 1240년 러시아를 복속시키고 폴란드까지 쳐들어갔다. 칭기즈칸의 손자 훌라구는 1258년 바그다드를 장악하며 아바스 왕조를 붕괴시켰다. 1271년 칭기즈칸의 손자 쿠빌라이칸이 원나라를 세우고 8년 뒤 남송을 멸망시켰다. 이 시기에 유럽은 십자군 전쟁 후반기였다. 당시 로마 교황은 몽골이 강성해진 것을 알고 이슬람을 협공하기 위해 동맹을 타진했다. 이때 포교와 몽골 정세 탐색을 위해 카르피니 수도사를 몽골에 파견했다.

그 뒤 몽골은 태평양에서부터 아시아, 동유럽, 지중해에 걸친 역사상 가장 넓은 영토를 가진 대제국을 건설한다. 지배한 땅은 당시 문명 지역의 80%에 이른다. 몽골의 잔혹한 정복 전쟁 뒤에 찾아온 평화를 '팍스 몽골리카^{몽골의 평화}'라고 부른다.

칭기즈칸이 죽고 난 뒤에도 2대 오고타이칸이 금나라를 무너뜨리는 등 몽골은 태평양에서부터 아시아, 동유럽, 지중해에 걸친 역사상 가장 넓은 영토를 가진 대제국을 건설했다

몽골인은 전성기 때도 100만~200만 명에 불과한 소수 민족이다. 반면 정복지 주민은 1억~2억 명에 달해 그 비율이 1대 100이었다. 그런 몽골 제국이 150년이 넘게 존속했다. 서구 역사서에 기록된 것처럼 몽골족이 정복과 파괴, 약탈, 살육으로 일관했다면 불가능했을 것이다. 로마와 알렉산드로스 제국이 그랬듯이 몽골 제국도 정복 뒤에는 관용과 포용으로 다스렸다. 저항하는 국가와 도시는 철저히 파괴했지만 그렇지 않으면 자치권을 주고 제국 안으로 끌어들였다. 심지어 적의 장수와 병사들도 자국 군대에 편입시켰다. 정복 지역의 종교를 배척하지 않아 몽골의 수도에는 10여개 종교 사원들이 공존했다고 한다. 그 결과 인종, 피부색, 민족, 종교가 달라도 몽골 제국의 신민_{군주국에서 관원과 백성을 아울러 이르는 말} 이 될 수 있었다.

유라시아 대륙의 거대 자유무역 지대

세계사에서 처음으로 동서양을 통합한 몽골 제국의 최대 업적은 상업의 세계화, 화폐경제 통합을 통해 글로벌 무역네트워크를 구축한 것이다. 요즘 말로 하면 글로벌 자유무역 지대이자 단일 화폐경제권인 셈이다. 몽골은 중국과 이슬람의 도로망, 실크로드, 초원길을 거미줄처럼 연결해 무역을 활성화했다. 몽골은 도로 어디에서나 안전을 보장했다. 험준한 중앙아시아의 교역로에서도 "황금 판자를 머리에 이고 다녀도 안전하다."라고 할 정도였다.

또한 간선도로에는 약 $40km$마다 역을 두어 말과 식량을 비축하고 상인

경제로 읽는 교양 세계사 •

들이 쉬어갈 수 있었다. 이런 제국의 교통 및 통신 시스템이 역참제驛站制이다. 역참제를 통해 긴급한 소식을 전할 때면 사신과 말을 바꿔가며 하루 400km를 주파했다고 한다. 도로마다 사람과 물자, 정보가 끊임없이 오갔다. 중세 유라시아 대륙에 아우토반이자 초고속통신망을 건설한 셈이다.

이런 토대 위에서 몽골은 송나라 때부터 쓰이던 지폐를 제국 내의 공식 화폐로 통용하게 했다. 오늘날 미국 달러화처럼 세계 어디서나 쓰이는 기축통화가 생긴 것이다. 이로써 유럽보다 400년이나 빠르게 지폐를 사용

✗-Economic Keywords

★ 규모의 경제, 범위의 경제

규모의 경제란 생산판매량의 증가에 따라 제품 단위당 생산판매비용이 감소하는 현상을 말한다. 대량생산의 이익으로도 불린다. 대량으로 생산하면 원재료비, 임금, 이자, 토지비용 등 생산비용의 총액은 커지지만 한 제품당 생산비용은 줄어든다. 이는 대량 구매를 통한 원재료비 절감, 운임과 단위 노동비용 및 감독비용 절감, 분업에 의한 생산 전문화 등을 꾀할 수 있기 때문이다.

이와 대칭되는 개념이 범위의 경제다. 한 가지를 생산판매할 때보다 여러 가지를 생산할 때 오히려 생산비용이 절감되는 경우다. 예컨대 세제를 만드는 회사가 같은 원재료로 섬유유연제, 세정제, 소독제 등을 생산하면 생산비용이 줄어든다.

특정 품목을 취급하는 전문점은 규모의 경제, 한 곳에서 다양한 품목을 파는 잡화점은 범위의 경제를 추구하는 것이라 할 수 있다. 유동인구가 많은 대도시에 장안평 중고차 시장, 낙원동 악기 상가 등 전문점 상권이 활성화되고, 인구가 적은 소도시나 시골은 잡화점이 더 효과적인 이유다.

로마와 몽골 제국도 규모의 경제로 이해할 수 있다. 제국 자체가 국경 없는 거대 시장을 형성해 상거래를 통한 이익을 극대화했다. 여러 국가로 나뉘면 국경을 넘을 때마다 사고 위험, 통과세 등의 추가 비용이 들지만 제국 안에서는 그럴 필요가 없기 때문이다.

하게 되었다. 사용하지 않으면 사형에 처하겠다는 칸의 강력한 의지도 있었지만 그만큼 상거래에서 신용 기반이 확실했다는 의미이기도 하다. 자유로운 이동, 신뢰할 수 있는 거래, 안전한 결제를 통해 몽골은 상업의 황금시대를 연 것이다.

제국의 상업은 8세기 이래 해상과 육상의 동방교역을 지배해온 이슬람 상인들이 담당했다. 이들은 육지와 바다의 교역로를 하나의 네트워크로 통합해 제국 내의 교역을 번창하게 한 주역이다. 몽골은 이슬람인을 색목인色目人으로 부르며 몽골인 다음으로 우대했다. 칸들은 상업이 부를 가져다준다는 것을 알았기 때문이다. 반면 상업을 천시한 유학자는 창녀보다도 낮은 신분으로 격하시켰다. 중세 유럽과 중국에서 천대받던 상인들이 몽골 제국에서 비로소 제대로 대접받게 된 것이다.

이슬람 상인들을 통한 동서 교역은 문명의 교류로 확산되어 유럽에 중국의 화약, 나침반, 인쇄술과 인도의 수학을 전했다. 다양한 이민족의 문명이 공유되고 교류되며 곳곳에 화려한 문화가 꽃피웠다. 특히 중국 당나라 때 생긴 '섭한葉韓 설화'는 실크로드와 바닷길을 타고 유럽까지 전래되어 '신데렐라 이야기'로 전해 내려온다. 계모의 핍박, 고난 끝에 행복을 누린다는 신데렐라와 유사한 구조의 설화들이 유라시아 대륙에 띠처럼 분포하며 무려 1000여 종에 달한다는 사실이 그 근거다. 섭한 설화는 우리나라에 들어와 콩쥐팥쥐 이야기로 각색되어 전해지고 있다. 이 시기에 중국 원나라로 온 베네치아 상인이 마르코 폴로다. 몽골 제국 덕에 이탈리아 북부 도시들과 북유럽 도시들도 덩달아 번영을 누렸다.

페스트와 총이 무너뜨린 대제국

그러나 몽골 제국이 건설한 글로벌 무역 네트워크는 역설적으로 제국의 붕괴를 몰고온 부메랑이 되었다. 실크로드를 타고 퍼진 페스트가 무역을 위축시키고 막대한 인명 피해를 초래했기 때문이다. 페스트는 한 번 걸리면 온몸에 검은 반점이 퍼지며 죽는다고 해서 '흑사병'으로도 불렸다. 발병 원인을 몰라 오랫동안 대역병으로만 생각했다.

페스트의 유래에 대해서는 논란이 분분하다. 일설에는 몽골 킵차크한국의 군대가 페스트 환자의 시신을 투석기로 흑해 연안의 카파제노바의 무역 거점 성안에 던져 넣어 퍼졌다고 한다. 일종의 생물학무기라는 것이다. 하지만 사실 여부가 논란이고, 이미 흑해 연안에는 페스트가 퍼져 있었다. 십자군 원정 때 중동에서 묻혀간 것이라는 설도 있다. 역사학계 연구에 따르면 14세기 페스트는 중국 운남 지방의 쥐벼룩에 기생하던 페스트균이 실크로드를 거쳐 1347년 유럽에 상륙했다고 보는 게 정설이다. 중국에는 이미 1330년대 초에 페스트가 퍼져 3분의 1이 사망했고 1338년 중앙아시아에, 1347년에는 이집트와 유럽에 번졌다. 전파 경로가 점차 서쪽으로 이동했음을 보여준다. 실크로드와 바닷길이 교역과 더불어 페스트의 전파 경로가 된 셈이다.

페스트는 불과 5년 사이에 영국, 스칸디나비아 반도, 러시아 등 유럽 전역을 강타했다. 당시 유럽 인구 7,500만 명 가운데 3분의 1이 사망했다. 6세기에 동로마에서도 페스트가 퍼졌고 이후에도 국지적으로 발생했다는 기록이 있다. 14세기에 페스트는 인구 증가와 흉작, 기근 등의 복합적

페스트는 글로벌 무역네트워크를 마비시켰다. 몽골은 제국을 번성하게 한 상업이 페스트로 막히면서 몰락하기 시작했다. 불과 5년 사이 유럽 인구의 3분의 1이 페스트로 사망하고 중국, 중앙아시아, 이슬람권도 그에 못지않은 피해를 입었다

인 이유로 퍼졌다고 봐야 한다. 페스트는 중국, 중앙아시아, 이슬람권에도 유럽 못지않게 피해를 입혔다.

페스트는 당장 몽골 제국의 글로벌 무역네트워크를 마비시켰다. 농업 국가는 가뭄, 홍수 등 기후 변화에 따른 흉작에 휘청이지만, 상업 국가는 사람과 상품의 왕래가 멈추게 되면 치명적이다. 몽골을 번성하게 한 상업이 페스트 때문에 막히면서 몰락하기 시작한 것이다.

또한 몽골 제국이 이슬람을 거쳐 유럽에 전해준 화약 역시 부메랑이 되었다. 몽골 군대의 비교우위는 기동성에 있었다. 그러나 유럽이 화약을 이

경제로 읽는 교양 세계사

용해 총포를 발명하면서 칼과 활로 무장한 기마 부대의 위력이 사라졌다. 또한 후계 다툼이 치열했고 여러 개 나라^{한국}로 분리되어 잦은 전쟁을 치렀다. 게다가 몽골 귀족들이 사치스런 생활에 젖어 국가 재정이 나빠졌다. 한파, 홍수, 가뭄 등으로 인한 대기근으로 하층민의 삶이 파괴되어 유민들이 생겨날 만큼 사회 기반도 흔들렸다. 이런 요인들이 복합적으로 작용해 제국의 붕괴를 가져왔다.

일찍이 칭기즈칸은 "자손들이 비단옷을 입고 벽돌집에 사는 날 제국이 망할 것이다."라고 경고했다. 검소한 생활, 기동성, 개방성, 포용성이란 강점이 비단옷과 벽돌집에 갇히는 순간 유목민의 정체성이 상실된다고 본 것이다. 1368년 원나라가 무너졌고 다른 한국들도 차례로 붕괴했다. 칭기즈칸의 예언은 정확히 들어맞았다.

대항해 시대 모험가에게 사랑받은
마르코 폴로의 『동방견문록』

　『동방견문록』은 베네치아공화국 출신 상인 마르코 폴로가 24년간 세계를 여행하며 보고 겪었던 풍물과 사건을 기록한 책이다. 폴로는 17세였던 1271년 아버지와 숙부를 따라 항해를 떠났다가 41세인 1295년에야 돌아왔다. 귀국 후 베네치아와 제노바 간의 해전에 참전했다가 포로가 되어 감옥에서 구술한 것을 루스티첼로가 책으로 낸 것이다. 원래 제목은 『세계의 기술記述』이었다. 유럽과 미국에서는 『마르코 폴로의 여행기』로 출간되었는데 일본과 우리나라에서만 『동방견문록』으로 번역했다. 그러나 내용에는 동방의 이야기만 들어 있는 게 아니다.

　폴로 일행은 페르시아 만 호르무즈에서 육상 실크로드를 거쳐 원나라까지 갔고, 돌아올 때는 바닷길을 이용했다. 갈 때 3년 반, 올 때 2년이 걸렸다. 폴로는 원나라의 수도로 가서 17년간 머물면서 중국 여러 지역을 여행했고 높은 관직에 임명되기도 했다. 폴로는 고향으로 돌아가고 싶었으나 칸황제의 허락을 받지 못하다 1290년 일한국의 칸에게 시집가는 왕녀를 수행하라는 명령을 받아 떠날 수 있었다. 그는 남중국해를 지나 믈라카, 수마트라, 실론, 인도를 거쳐 1293년 호르무즈에 도착해 왕녀를 인계했다.

이 책에는 아시아뿐 아니라 동남아, 중동, 아프리카와 폴로가 직접 가보지 않은 곳의 이야기도 들어 있다. 이 때문에 폴로의 여행이 사실이 아니라고 주장하는 학자들도 있다. 그러나 당시 실크로드와 중국, 남해 등에 관한 내용이 정확하고 길거리와 긴 뿔 양, 사향노루와 정향, 육두구 등 동식물을 관찰한 기록은 정교하다. 그래서 이 책은 폴로가 일부 과장이나 전해 들은 이야기를 담긴 했어도 실제 경험을 바탕으로 작성한 것으로 인정받고 있다.

폴로의 여행기는 두 세기 뒤에 콜럼버스, 바스쿠 다 가마 등 대항해 시대의 모험가들에게 강한 자극제가 되었다. 콜럼버스는 폴로가 소개한 황금의 섬 '지팡구일본'에 가고 싶다는 욕망을 실천에 옮겼다. 폴로보다 50년쯤 먼저 몽골을 여행한 수도사 카르피니, 루브루크 등도 여행기를 남겼다. 유럽인들은 이런 여행기들을 보면서 동방 세계를 신화나 전설이 아닌 현실로 인식하게 되었다.

특히 십자군 전쟁을 벌이면서 동방의 '사제왕 요한'을 찾아내 이슬람을 협공하겠다는 헛된 꿈에서도 헤어날 수 있었다. 한때는 칭기즈칸과 대립했던 옹칸이 사제왕 요한이라고 여겼던 적도 있다. 그러나 폴로는 몽골 제국의 칸이 사제왕 요한과는 무관하다는 점을 분명히 전했다. 대신 동방에 수많은 기독교도가 살고 있다는 사실을 확인해주었다.

군대 전투식량은
기마 부대 몽골군이 원조

몽골 군대가 불과 60여 년 만에 유라시아 대부분을 차지할 수 있었던 것은 기동성과 치밀한 전술 덕이다. 몽골군은 하루 150*km*나 이동한 것으로 추정된다. 당시 유럽 기사들은 갑옷과 무기가 70*kg*에 달해 둔하기 짝이 없었지만, 몽골 전사들의 장비는 고작 7*kg*에 불과했다. 화살은 최대한 가볍게 만들었다. 작지만 날렵한 말을 여러 필 데리고 다니며 기동성을 극대화했다. 돼지나 오리 같은 느린 가축은 키우지도 않았다. 군대의 빠른 기동성은 보급이 취약점이다. 바람처럼 달리는 기마 부대를 느린 보급 부대가 따라갈 수 없다. 이런 숙제를 몽골군은 비상식량으로 해결했다. 오늘날 군인들이 야전에서 식사 대용으로 먹는 전투식량의 원조인 셈이다.

몽골군은 먼저 소를 도축해 오랫동안 말린 뒤 가루로 빻아 3~4*kg*으로 줄였다. '보르츠'라고 불리는 이 가루를 소나 양의 방광에 넣어 다니다가 필요할 때 물에 타 먹으면 병사 한 명의 반 년 치 식량이 되었다. 또 소나 양고기를 말안장 밑에 깔아 놓고 달리면서 납작하고 부드럽게 만들어 유사시에 먹었다. 병사 한 명당 여러 마리 말을 거느리고 이동하다 매일 조금씩 말의 피를 마시며 원기를 회복하기도 했다. 몽골군의 비상식량은 오늘날의 육포, 고기 패티 등으로 계승되었다. 또 몽골군이 행군 도중 투구에 물을 끓여 얇은 고기와 채소를 넣고 건져 먹던 방식은 샤부샤부 요리로 발전했다.

3부

근대 경제,
패권 다툼에서
살아남기

01

대항해 시대와 해양 패권
_작은 후추 알갱이가 어떻게 세계사를 바꿀 수 있었을까?

무엇이 중세를 붕괴시켰을까

한 시대를 마감하고 새로운 시대가 열릴 때는 뚜렷한 변화 조짐이 있다. 고대에서 중세로 넘어간 시기에는 정치 체제가 바뀌었다. 로마 제국의 붕괴로 유럽과 지중해가 여러 갈래로 분열되면서 각자도생의 길로 치달았다.

중세 1000년을 마감하고 근대로 전환하는 과정에서는 정신적인 변화가 두드러졌다. 바로 종교개혁과 르네상스다. 종교적 억압에서 벗어나 신에서 인간으로 회귀하려는 시도가 다양하게 벌어진 것이다. 하지만 이런 정신의 변화는 그냥 갑자기 일어나는 게 아니다. 그 이전에 경제적, 사회적으로 크나큰 변혁이 있었다.

중세를 붕괴시킨 근본 요인은 크게 세 가지로 요약할 수 있다. 첫째, 인구의 극단적인 변화다. 14세기 페스트로 유럽 인구는 갑자기 3분의 1이 줄었다. 농노에 의존했던 봉건 장원 경제는 인구 감소로 심각한 인력 부족에 직면했다. 이는 임금 상승, 즉 사람의 몸값이 비싸졌다는 의미다. 영주들은 농노들을 장원에 묶어 두기 어렵게 되었다.

집단생활을 하던 수도사들의 인명 피해도 컸다. 성직자들을 새로 보충하려면 성직자에 입문하는 커트라인을 낮출 수밖에 없었다. 이미 타락할 대로 타락한 교회가 수준 낮은 성직자들로 채워진 것이다. 이는 종교개혁의 씨앗을 뿌리고 비료까지 잔뜩 준 셈이 되었다. 16세기 에라스무스의 『우신예찬』1511, 토머스 모어의 『유토피아』1516에 그려진 교회와 성직자들의 모습은 부조리 그 자체이다.

둘째, 상업의 활성화로 부유해진 도시와 신흥계급이 생겨난 점이다. 동방무역으로 재미를 본 유럽의 도시마다 상인, 수공업자, 기술자 등 신흥 중산층, 즉 부르주아성안 사람들이란 뜻가 두텁게 형성되었다. 이들은 분업과 특화, 지역 간 거래로 더 많은 부를 쌓았다. 그럴수록 보다 자유롭게 활동할 수 있는 경제적 자유에 대한 열망도 커졌다.

십자군 원정과 잦은 전쟁으로 돈이 필요했던 영주들은 이들의 지원을 받는 대가로 자유와 자치를 인정하지 않을 수 없었다. 이는 영주와 기사 계급이 몰락하고 왕권이 강화되는 계기가 되었다. 세르반테스의 『돈키호테』1605는 몰락한 중세를 상징하는 우화였다. 또한 메디치 가家, 푸거 가家 등 거상들이 후원자로 등장하며 화가들은 신이 아닌 인간과 자연을 그리게 되었다. 잊고 지냈던 그리스·로마의 고전들도 이슬람에서 다시 수입되어 빛을 보게 되었다. 이런 배경에서 르네상스가 일어났다.

십자군 원정으로 영주와 기사 계급이 몰락하고 왕권이 강화되었다. 세르반테스의 『돈키호테』는 몰락한 중세를 상징하는 문학 작품이다

셋째, 장원 밖에 드넓은 세상이 있다는 것을 알게 된 점이다. 세상으로 나가는 길은 바다였다. 마르코 폴로의 여행기는 유럽인들의 호기심에 불을 질렀다. 이슬람이 전한 나침반, 화약, 천문학, 항해술 등의 과학기술이 먼바다로 항해할 수 있는 기반이 되었다. 이는 막힌 육상 교역로를 대체할 해상 교역로를 확보하기 위한 15~17세기 대항해 시대로 이어졌다. 금값에 맞먹는 후추 등 향신료와 금은보화를 노린 모험자본이 형성되었다. 권력을 강화하기 위해 새로운 부가 필요했던 왕들은 모험을 떠나는 탐험가들의 강력한 후원자였다. 상업과 금융, 회계기법이 발달하면서 돈이 모여 자본이 형성되었다. 단순한 동업을 넘어 위험을 분산시키기 위한 기업과 보험도 생겨났다. 자본주의가 본격적으로 싹트기 시작한 것이다.

세 가지 요인을 종합해 보면 더 이상 봉건시대의 낡은 틀로 사람들을 묶어둘 방법이 없어진 것이다. 여기에다 중세를 사로잡던 종교는 과학과 철학으로 대체되었다. 이런 일련의 변화들은 천동설이 지동설로 바뀐 것만큼이나 혁명적인 변화였다.

'마법의 약'이자 최상의 사치품, 후추를 찾아라

지금이야 흔해 빠진 게 후추이지만 600년 전만 해도 후추는 금값에 맞먹었다. 인도에서 나는 후추는 '천국의 알갱이'로 불릴 만큼 귀했다. 특히 1453년 동방무역의 중심지인 콘스탄티노폴리스가 오스만 제국에 함락되면서 후추 등 향신료를 공급했던 지중해 교역이 심각한 위기에 직면했다.

지중해와 육상을 통해 후추를 구하기 어렵게 되자 유럽 상인들은 인도로 가는 항로 개척이 절실해졌다.

유럽인들이 후추에 목을 맨 것은 후추가 고기 부패를 막고 매콤한 맛으로 요리의 풍미를 더하는 데 없어서는 안 될 필수 양념이었기 때문이다. 냉장고가 없던 시절이어서 고기를 소금에 절이거나 훈제하는 것 외에는 보관할 방법이 없었다. 더구나 귀족들은 이미 향신료의 매운맛에 매혹된 터였다. 귀할수록 더 먹고 싶어지는 법이다. 머나먼 동방에서 들어온 후추는 진귀한 '마법의 약'이자 최상의 사치품이었다. "중세 사람들은 후추만 먹고 산 것 같다."라는 후대 역사가들의 비유가 과장만도 아니다.

고대 페니키아 상인들이 전한 후추는 그간 실크로드와 바닷길을 거쳐 지중해 세계에 공급되었다. 이런 경로를 '스파이스로드Spice Road'라고 부른다. 이 스파이스로드가 이슬람에 의해 차단되었고, 베네치아 상인들이 이슬람 상인과의 뒷거래로 공급해온 후추마저 귀해졌다. 가격이 천정부지로 치솟아 금값에 육박했다. 15세기 말 인도, 인도차이나, 인도네시아에서 나는 후추, 계피, 정향, 육두구 등 '동양의 4대 향신료'는 소비지 가격이 원산지 가격의 최고 360배에 달했다고 한다. 향신료를 구하는 것은 금광을 발견하는 것이나 마찬가지였다.

하지만 지중해에서 대서양으로 나갈 수 있는 길은 서쪽 끝 지브롤터 해협뿐이었다. 바위산으로 이루어진 이 좁은 관문은 '헤라클레스의 기둥'으로 불렸고, 고대 페니키아 상인들이 드나들던 곳이다. 그러나 중세 이후 자급자족 경제로 후퇴하면서 1000년 가까이 잊고 살았다. 더구나 지브롤터 해협은 양쪽 지역을 오랜 기간 이슬람이 장악했다. 용감한 제노바 무역

『동방견문록』에 묘사된 후추 수확 모습. 유럽인들이 후추에 목을 맨 것은 고기의 부패를 막을 뿐 아니라 매콤한 맛으로 요리의 풍미를 더하는 데 꼭 들어가는 필수 양념이었기 때문이다. 후추는 진귀한 '마법의 약'이었다

선들이 1277년 이 항로를 뚫고 나간 게 그나마 다행이었다. 제노바인들은 북유럽의 북해가 목적지였지만, 15세기 모험가들은 미지의 대서양 먼바다로 나아갔다.

지중해 세계에서 변방 중의 변방인 포르투갈이 먼저 대서양 항로 개척에 앞장섰다. 자원이 변변치 않은 포르투갈은 15세기 들어 바다에 승부를 걸었다. '항해왕' 엔리케는 조선소와 항해 전문가를 키우고 항로 개척에 주력했다. 첫 결실이 1488년 바르톨로메우 디아스가 아프리카 최남단^{남아프리카공화국}의 희망봉을 발견한 것이다. 1497년에 바스쿠 다 가마가 희망봉을 돌아 이듬해 후추 산지인 인도 캘리컷에 도착했다. 그가 가져온 인도산 후

경제로 읽는 교양 세계사 •

추는 항해 비용의 60배에 달하는 이문을 포르투갈 왕실에 안겨주었다. 또한 포르투갈 리스본의 후추 가격은 곧바로 베네치아의 절반 밑으로 떨어졌다.

인도 항로 개척은 수천 년을 이어온 지중해 무역이 대서양 무역으로 전환되는 대사건이었다. 후추 교역으로 탄력이 붙은 포르투갈은 호르무즈, 고아, 모카, 말라카, 마카오 등 아시아 곳곳에 무역 기지를 세우고 향신료 무역을 주도했다. 당시 일본에도 진출한 포르투갈은 일본에 조총을 전해주었다. 조총은 1592년 임진왜란 때 위력을 발휘해 동아시아의 전쟁 양상을 바꿨다.

2번 타자는 포르투갈의 해양 진출에 자극받은 이웃 에스파냐였다. 1469년 아라곤의 페르난도와 카스티야의 이사벨라 여왕이 정략결혼을 했다. 그리고 1479년 페르난도가 아라곤의 왕으로 등극하면서 부부는 통일 왕국 에스파냐를 세웠다. 게다가 1492년에는 그라나다를 탈환해 800년 만에 이슬람 세력을 이베리아 반도에서 몰아냈다. 그해에 제노바 출신 콜럼버스는 에스파냐 왕실의 후원을 받아 대서양을 가로질렀다. 콜럼버스의 범선에는 '태양의 빛을 따라가자, 우리는 구세계를 벗어났다.'라는 글귀가 새겨졌다. 그가 도달한 곳은 지금의 서인도 제도 산살바도르였다. 콜럼버스는 죽을 때까지 아메리카 대륙을 인도라고 생각했다.

마젤란은 1519년 남미, 태평양, 인도양을 거치는 항해를 시작했지만 필리핀 원주민과의 전투에서 사망하고 말았다. 하지만 살아남은 그의 선원들이 항해를 계속하여 최초로 세계일주를 했다. 그들의 항로로 지구가 둥글다는 사실이 새삼 입증되었다. 5척으로 출발한 마젤란의 함대에서 무사히 귀국한 것은 한 척뿐이었다. 하지만 그 한 척이 말루쿠 제도에서 싣고 온 30여 톤의 향신료로 투자한 돈을 다 뽑고도 막대한 이익을 남겼다. 이는 성공 확률이 낮지만 한번 성공하면 초대박이 나는 오늘날 벤처 투자와 유사하다.

대서양 무역을 제패한 에스파냐는 신대륙 대부분을 식민지로 삼으며 그들의 시대를 열었다. 아스텍, 잉카 등 신대륙 문명은 불과 수백 명의 에스파냐 군대에 쉽사리 정복되었다. 이때 에스파냐 군대보다 무서운 것이 이른바 '콜럼버스의 교환'이었다. 구대륙에서 옮긴 홍역, 장티푸스, 말라리아 등의 전염병은 에스파냐 군대가 살상한 원주민보다 수천, 수만 배의

✄ Economic Keywords

★ 모험자본

모험자본벤처캐피털은 실패할 위험이 크지만 성공했을 때의 이익은 일반적인 사업에 비해 월등히 큰 사업을 지향하는 투자금을 가리킨다. 신기술, 신약, 신물질 등을 개발하는 사업은 실패할 확률이 높지만 한 번 성공하면 그간 쏟아부은 모든 비용을 상쇄하고도 남을 만큼 큰 수익을 안겨준다. 미국 벤처기업의 메카인 실리콘밸리는 무수한 기업들이 생겨나고 사라지지만 한 번 성공한 기업은 세계시장을 제패하는 거대기업으로 성장하는 경우가 많다. 하버드대 중퇴생빌 게이츠이 집 차고에서 시작한 마이크로소프트, 괴짜 사생아 스티브 잡스의 애플, 검색엔진의 최강자 구글, 전자상거래 시대를 본격화한 아마존 등이 그런 사례다.

대항해 시대에 기나긴 원거리 항해를 감수해야 하는 해상무역도 전형적인 모험자본의 사례다. 드넓은 바다를 항해할 때 태풍, 사고, 해적 등 무수한 위험이 도사리고 있지만 교역품을 무사히 싣고 오면 몇십 배의 이윤을 얻을 수 있었다. 이런 해상무역의 투자 위험을 줄이는 방안을 모색하는 가운데 보험, 주식회사, 분산투자 등의 기법이 개발되었다.

경제로 읽는 교양 세계사

사람들을 죽게 했다. 반면 '신대륙의 복수'로 불린 매독은 유럽에서 널리 유행하며 큰 피해를 끼쳤다.

근대는 대항해라는 모험과 탐험, 그리고 정복과 전쟁으로 출발했다. 해양 패권을 잡는 나라가 곧 세계를 지배하는 시대가 열린 것이다. 당시 왕권이 강화되며 등장한 절대왕정 시대에 각국은 해양 패권을 잡기 위한 무한경쟁에 돌입했다. 역사의 큰 물줄기를 바꾼 것은 아이러니하게도 아주 작은 후추 알갱이였다.

네덜란드의 연못이 된 세계 바다

에스파냐의 전성기는 오래가지 못했다. 신대륙에서 유입된 대량의 금과 은이 에스파냐에 인플레이션을 가져왔기 때문이다. 물가 상승으로 에스파냐에서는 수입이 늘어나고 수출은 약화되었다. 에스파냐가 지배했던 네덜란드의 독립도 에스파냐의 쇠퇴를 부추긴 요인이다. 당시 네덜란드는 지금의 네덜란드와 벨기에, 플랑드르**프랑스 동북부**를 아우르는 지역이었다. 모직업과 어업, 중계무역으로 번영을 누려 '에스파냐의 보물'이라고 불리기도 했다. 그러나 종교 갈등으로 에스파냐는 그 보물을 잃게 되었다.

철저한 구교**가톨릭** 국가인 에스파냐는 네덜란드의 신교를 탄압하고 자치권을 박탈했다. 그러자 네덜란드의 번영을 이끌던 신교 칼뱅파 상공업자들이 강하게 반발했다. 이들은 오렌지 공 빌럼을 중심으로 에스파냐에 대한 독립전쟁에 돌입했다. 초기에 네덜란드는 에스파냐의 공세에 밀려 플랑드르 등의 남부 주가 이탈하며 고전을 면치 못했다. 그러나 북부는 항전을 계속하며 1581년 독립을 선언하고 네덜란드연방공화국을 세웠다. 또한 1588년 아르마다로 불린 에스파냐의 무적함대가 네덜란드 독립을 지지하는 영국에 패배하면서 네덜란드는 독립할 수 있었다.

에스파냐가 약해진 틈을 타 네덜란드가 해상무역에 본격 진출했다. 네덜란드는 연간 2,000척을 저렴한 비용으로 건조할 수 있는 조선 능력을 갖췄다. 네덜란드의 보유 선박 수는 영국, 에스파냐, 포르투갈, 프랑스, 독일의 배를 다 합친 것보다 많을 정도였다. 이를 토대로 유럽의 중계무역과 해상운송을 장악한 네덜란드는 포르투갈과 에스파냐가 후추 교역을 독점하며 수시로 가격을 올리는 것을 방관할 수 없었다. 아예 직접 원산지에 가서 후추를 실어온 것이다. 에스파냐에서 추방당한 유대인들이 대거 암스테르담으로 이주해 후추 교역을 주도했다.

17세기는 네덜란드의 시대였다. 네덜란드는 1602년 다국적기업인 동인도회사를 설립했다. 설립 시기는 영국의 동인도회사보다 2년 늦었지만 자본금은 5배나 컸다. 네덜란드는 에스파냐, 포르투갈 등 경쟁국에 맞서기 위해 동인도회사에 군사, 행정 등 특권을 부여했다. 동인도회사는 향신료 산지인 말루쿠 제도를 비롯해 일본과 아프리카 케이프 식민지까지 진출했다. 1619년 자바 섬 바타비아자카르타를 중심으로 인도네시아 식민지를 건설했다. 이를 통해 향신료와 인도의 면화, 중국의 비단과 차, 도자기 등을 유럽에 공급하며 네덜란드 정부에 막대한 이윤을 안겨주었다. 동인도회사가 일본에서 수입한 은은 연간 200톤에 달해 신대륙에서 유럽으로 들여온 은의 총량에 버금갈 정도였다. 1653년 일본으로 가다 조선제주도으

17세기는 네덜란드의 황금기였다. 네덜란드의 동인도회사는 영국 동인도회사보다 자본금이 5배나 컸다. 「우유를 따르는 여인」(1632)은 네덜란드 화가 베르메르의 그림으로 베르메르는 17세기를 대표하는 대가 중 한 명이다

로 표류해 13년간 억류된 헨드릭 하멜도 바로 동인도회사 직원이었다.

1621년에는 서인도회사를 설립해 북아메리카에 모피 무역 거점인 뉴네덜란드 미국 허드슨 강 유역를 세웠다. 포르투갈이 지배하던 브라질까지 공략해 설탕 사업에도 진출했다. 네덜란드는 자유무역의 기치를 내걸고 대서양, 인도양 무역을 장악한 것이다.

기존의 강자였던 에스파냐는 네덜란드가 눈엣가시였다. 따라서 인도 항로는 수시로 격전장이 되었고, 후추 가격이 뛰자 뒤따라 영국과 프랑스도 동방무역에 달려들었다. 특히 영국은 경쟁국들과의 전쟁에서 잇따라 승리하며 인도를 차지해 최후의 승자가 되었다. '바다를 지배하는 자, 그리고 후추를 지배하는 자가 세계를 지배한다.'라는 것이 17~18세기의 국제 질서였다. 약육강식의 중상주의 시대가 열린 것이다.

영국의 항해조례, 가열되는 무역전쟁

16세기 중반 북유럽에는 소빙하기가 닥쳐 발트 해가 얼어붙었다. 이 때문에 독일 한자동맹의 주요 수출품이던 발트 해의 청어가 대거 북해로 이동해왔다. 네덜란드가 기후 변화의 최대 수혜자가 된 것이다. 당시 네덜란드 인구의 20~30%가 청어 잡이에 종사했을 정도로 청어는 네덜란드에 번영을 가져다 주었다. 반면 청어를 잃은 한자동맹은 힘이 빠지게 되었다.

청어에다 향신료 무역까지 장악한 네덜란드는 17세기 전반이 최전성기였다. 그러나 곧 강력한 경쟁자가 나타났다. 네덜란드의 독립전쟁을 지

영국과 네덜란드는 1652년부터 22년에 걸쳐 세 차례나 영란전쟁을 벌였다. 세 번 모두 영국이 네덜란드를 제압하고 해양무역의 새로운 지배자가 되었다

원했고, 에스파냐의 무적함대를 제압한 영국이다. 당시 영국은 수요가 급증한 모직물의 원료인 양모의 주산지로 호황을 누리고 있었다. 영국은 1651년 항해조례를 제정해 네덜란드 해상무역을 견제하고 나섰다. 그 주역이 청교도혁명 이후 의회를 해산하고 독재자ㅎ국경가 된 크롬웰이었다.

크롬웰의 항해조례는 영국과 영국 식민지로 상품을 수송할 때는 반드시 영국 상선이나 상품의 원산지 배를 이용해야 한다는 것이 골자였다. 이는 네덜란드의 해상무역에 족쇄를 채우려는 의도였다. 당시 인도양과 대서양을 오가는 배의 절반 이상이 네덜란드 배였다. 항해조례에 따라 영국 해군이 네덜란드 무역선을 나포하는 일이 잦아졌다.

양국 간 갈등의 해결책은 전쟁뿐이었다. 1652년부터 22년에 걸쳐 영국과 네덜란드는 세 차례 영란전쟁을 벌였다. 이 전쟁에서 영국이 네덜란드를 제압하고 해양무역의 새로운 지배자가 되었다. 전쟁 과정에서 네덜란드의 설탕 사업은 브라질에서 쫓겨나 서인도 제도와 가이아나_{수리남}로 옮겨갔다. 그곳에서도 프랑스와 각축을 벌여야 했다. 그리고 2차 영란전쟁 1665~1667 결과 네덜란드는 북아메리카의 뉴암스테르담_{뉴욕}을 영국에 넘겨주었다. 영국이 북미 대륙을 식민지로 만든 배경이다.

당시 주된 교역품은 후추와 설탕이었다. 후추는 유럽 각국이 경쟁적으로 들여와 공급이 늘자 가격이 뚝 떨어졌다. 중세 귀족의 사치품이었던 후추가 일반인의 기호품 수준으로 대중화된 것이다. 수익성이 떨어진 후추의 위치를 대신한 것이 설탕이다. 설탕도 후추와 마찬가지로 육지를 통한 동방무역이 막혀 있던 터였다. 15세기 설탕 1kg은 소 한두 마리 값에 달했다.

유럽 열강들이 설탕의 원료인 사탕수수를 서인도 제도와 브라질에서 재배하면서 설탕이 대서양 무역의 최대 교역품으로 떠올랐다. 영국의 항해조례도 실은 네덜란드의 설탕 교역이 표적이었다. 설탕 가공의 중심지는 네덜란드 암스테르담에서 영국 런던으로 옮아갔다. 커피도 이와 유사한 경로로 16세기부터 유럽에 공급되기 시작했다.

사탕수수를 재배하려면 대량의 노동력이 필요했다. 이 노동력이 아프리카 흑인 노예로 충당되면서 노예무역이 극성을 부렸다. 이를 계기로 유럽의 유리, 술, 면직물 등 공산품을 아프리카에서 흑인 노예와 바꾸고, 노예를 신대륙에 데려가 팔거나 사탕수수, 면화 등 원료와 교환하고, 이 원료를 다시 유럽에 파는 '대서양 삼각무역'이 본격화되었다.

아메리카 대륙의 흑인들은 이때 노예무역으로 강제 이주한 사람들이다. 달콤한 설탕이 실은 흑인들의 비참한 노동의 결과였던 셈이다. 18세기 말 프랑스혁명의 영향으로 비인도적인 노예를 금지하는 쪽으로 여론이 기울자 흑인 노예는 임금이 싼 중국인 노동자쿨리로 대체되었다. 수많은 중국인이 하와이와 서인도 제도로 이주하게 된 계기다.

영국이 헤게모니를 잡은 대서양 무역에 뒤늦게 제동을 건 것은 프랑스였다. 프랑스는 '태양왕' 루이 14세가 절대왕권을 휘두르며 해상무역과 식민지 개척에 적극적으로 나섰다. 루이 14세는 캐나다 퀘벡, 미국 미시시피 강 유역에 식민지를 건설했다. 1664년 콜베르는 왕실 재정을 강화하기 위해 프랑스 동인도회사를 설립해 인도 동부 해안을 차지했다. 영국과 프랑스의 대결이 불가피해진 것이다. 두 나라는 9년전쟁1688~1697을 시작으로 에스파냐 왕위계승전쟁1701~1715, 7년전쟁1756~1763, 1800년대 초 나폴레옹전쟁까지 126년간 제2차 백년전쟁을 벌였다. 특히 7년전쟁에서 영국이 압도적인 해군력으로 승리를 거두면서 인도를 완전히 장악했다. 19세기 '해가 지지 않는 나라'라는 대영제국의 출발이다. 프랑스는 전비 부족으로 현재 미국 영토의 3분의 1에 달하는 광활한 루이지애나루이 왕의 땅이란 뜻 지역을 미국에 팔고 인도에서도 손을 떼야 했다.

프랑스가 해외무역과 식민지 쟁탈전에서 뒤처졌지만 영국도 후유증이 적지 않았다. 영국은 잦은 전쟁으로 국가 부채가 급증해 북아메리카 식민지에 설탕세1764, 인지세1765를 부과했다. 1773년에는 차조례를 제정해 동인도회사에 식민지의 차 판매 독점권을 주었다. 세금 부담이 커진 식민지인들은 급기야 보스턴차사건으로 폭발했다. 식민지인들은 곧이어 독립선언1776과 독립전쟁에 돌입해 세계 최초의 민주주의 국가인 미국을 탄생시켰다.

주식회사의 등장과 투기 거품

먼바다로 나가는 해상무역은 매우 위험하고 모험적인 사업이었다. 무역선단을 보냈는데 태풍이나 해적 때문에 실패하면 투자자들은 투자금은 물론 전 재산을 날리고 파산할 수도 있었다. 과거 지중해나 북해 연안의 무역과는 비교도 안 되게 위험 부담이 커 무역량을 늘리는 데 걸림돌이 되었다.

이런 위험을 분산시키기 위해 고안된 것이 주식회사다. 주식회사는 투자자들이 투자한 금액만큼 주식을 나눠주고 실패해도 손실이 투자액 범위 내로 한정되는 기업 형태다. 주식만 포기하면 그만인 것이다. 각국이 설립한 동인도회사들은 이런 주식회사 형태로 무역의 독점권을 부여받아 해상무역에 뛰어들었다.

또한 해상무역을 하려면 배와 상품 구매를 위한 막대한 초기 투자금이 필요했다. 자금 조달을 위해 채권을 발행했다. 이런 주식회사의 주식과 채권을 거래하는 증권거래소가 설립되었다. 초기 자본주의가 모양새를 갖춰나간 것이다. 금융업에도 주식회사와 같은 형태의 위험분산 방법이 고안되었다. 해상무역의 손실 위험을 다수에 분산시키는 보험이 등장한 것이다. 당시 영국 런던의 보험 거래는 상인과 선주들에게 인기가 높던 커피하우스에서 주로 이루어졌다. 해상보험으로 유명한 영국 로이드보험은 1688년 창립자 에드워드 로이드가 자신의 커피하우스에서 출범시킨 것이다.

그러나 1720년경 영국과 프랑스에서 동시에 쌍둥이 같은 초대형 투기 사건이 터졌다. 영국 남해회사는 남미의 에스파냐 식민지와의 무역거래를 위해 설립된 주식회사였지만 실상은 전쟁 비용으로 누적된 영국 정부의 부채를 해소하는 게 목적이었다. 영국 왕실과 의회가 남해회사에 각종 특혜를 주어 승승장구하던 남해회사의 주가가 갑자기 폭락하면서 수많은 사람이 큰 피해를 입었다. 피해자 중에는 물리학자 아이작 뉴턴, 『로빈슨 크루소』의 작가 다니엘 디포 등도 포함되어 있었다. 뉴턴은 큰돈을 날린 뒤 "나는 천체의 무게는 계산할 수 있어도 사람들의 광기는 계산할 수 없다."라고 토로했다고 한다.

같은 시기에 프랑스에서는 미시시피상사라는 주식회사의 주가가 폭등했다가 10분의 1로 폭락하는 '미시시피 버블' 사건이 터졌다. 미시시피상사가 해외 식민지 개발로 돈방석에 앉을 것이라는 환상에 수많은 사람이 투기에 가담한 것이다. 이 과정에서 파산 직전이던 프랑스 정부는 재정 문제를 해결했지만 무수한 피해자를 낳았다. 두 사건으로 인해 초기 자본주의의 핵심인 주식회사에 대한 불신이 극에 달했다. 주식회사 제도는 철도 건설로 대규모 자본과 위험 분산의 필요성이 고조된 1830년대 이후에야 자리를 잡았다.

충격과 반전의 막장 사극
윌리엄 셰익스피어의 「헨리 8세」

　　영국의 대문호 윌리엄 셰익스피어1564~1616를 인도와도 바꾸지 않겠다고
한 것은 영국 역사가 토머스 칼라일이었다. 인도는 영국이 19세기까지 세계
제국이 되는 데 결정적으로 기여한 식민지였는데 셰익스피어의 값어치는
이보다 높다는 의미이다. 하지만 칼라일은 인도의 경제적 가치보다 셰익스
피어의 정신적 가치를 강조하려는 의도였다고 한다.「윌리엄 셰익스피어」 박중서

　　영국인들은 그만큼 셰익스피어가 남긴 문화적 유산을 소중히 여긴다. 조
선시대의 선조, 광해군 시기에 활동한 셰익스피어는 38편의 희곡과 여러 시
집, 소네트14행 1연으로 이루어진 서정시의 한 형식를 남겼다. 「햄릿」 「리어왕」 「오델로」
「맥베드」 등 4대 비극과 「말괄량이 길들이기」 「십이야」 「베니스의 상인」
「뜻대로 하세요」 「한여름 밤의 꿈」 등 5대 희극이 대표작들이다. 「로미오와
줄리엣」도 빼놓을 수 없다.

　　셰익스피어는 1600년 전후한 시기에 지금 보아도 탁월한 작품들을 남
겨 그가 가공인물이란 설이 끊이지 않았고, 당대의 유명한 이야기들을 모

방한 표절 작가라는 비판도 있었다. 하지만 셰익스피어는 인간의 원초적 본성을 입체적 인물을 통해 극화시키는 데 탁월할 재능을 발휘했다. 400년이 지나서도 그의 작품들이 끊임없이 공연되고 수백 편의 영화, 음악, 미술로도 각색되고 있는 이유이다. 특히 셰익스피어가 구사한 화려하고 풍부한 신조어들은 유럽의 변방 언어였던 영어를 풍성한 고급 언어로 탈바꿈시켰다. 그의 작품 속 표현들은 현대 영어의 관용구로 굳어졌다. 이를테면 올더스 헉슬리의 『멋진 신세계』는 셰익스피어의 「템페스트」에서 따온 표현이다.

셰익스피어는 그가 살던 엘리자베스 1세 여왕 이전의 300년에 걸친 역사를 담은 8편의 사극도 남겼다. 그중 마지막 작품인 「헨리 8세」는 튜더 왕조의 헨리 8세를 소재로 한 것이다. 헨리 8세는 6번이나 결혼하고 중앙집권화를 이룬 강력한 군주였다. 헨리 8세는 첫째 왕비인 아라곤의 캐서린과 이혼하고 앤 불린과 결혼하기 위해 영국 국교회를 만들었지만 나중에는 앤 불린마저 모반과 간통죄로 처형했다. 비운의 왕비 앤 불린의 이야기는 영화 「천일의 앤」1969으로도 유명하다. 헨리 8세는 앤 불린 이후에도 제인 시모어 등 4명의 왕비를 더 갈아치웠다.

헨리 8세와 앤 불린 사이에서 낳은 딸이 여왕 엘리자베스 1세이다. 엘리자베스 1세는 에스파냐 무적함대를 격파하고 대영 제국으로 발돋움하는 토대를 마련했다. 반면 이복 언니인 메리 여왕캐서린의 딸은 '블러디 메리'라는 별명으로 부를 정도로 구교가톨릭 부활을 위해 공포정치를 폈다. 엘리자베스는 런던탑에 유배되는 등 고난 끝에 1558년에 왕위에 올랐다. 엘리자베스 1세는 메리 여왕과는 달리 온건한 중도 노선으로 경제·사회·종교 갈등을 해소하는 데 주력했다.

이처럼 「헨리 8세」는 헨리 8세와 그의 여성 편력, 배다른 두 딸메리와 엘리자베스까지 워낙 극적인 반전의 연속이어서 영화와 드라마의 단골 소재가 됐다. 미국 드라마 「튜더스」도 역시 헨리 8세를 그렸다. 셰익스피어의 「헨리 8세」는 우리나라의 숙종과 장희빈처럼 막장 사극의 원조쯤 되는 셈이다. 이 작품은 엘리자베스 1세가 사망1603한 뒤의 작품이어서인지 헨리 8세의 첫째 왕비인 아라곤의 캐서린을 청순가련형으로 그린 점이 이채롭다.

경제가 나빠지면 교묘하게 나타나는
비관세장벽

국가가 국내 생산품과 국외 생산품을 차별하여 수입을 억제하기 위해 펴는 정책을 무역장벽이라고 부른다. 무역장벽은 관세율을 인상하는 관세장벽과 관세 이외의 방법으로 수입을 규제하는 비관세장벽으로 구분된다. 예나 지금이나 무역적자 국가는 무역장벽을 치게 마련이다. 특히 경제가 나빠지면 국내 생산자들이 수입 규제를 요구하고 의회가 이를 수용하는 경우가 많다. 그러나 수입상품을 직접 차별하는 관세율 인상은 세계무역기구WTO 협정에 위배되어 요즘에는 교묘하게 비관세장벽을 친다.

중국은 우리나라에 대한 무역적자를 줄이기 위해 위생, 검역을 빌미로 한국산 김치, 우유 등의 수입을 억제했다. 수입 통관 때 더 많은 서류를 요구한다든지, 수입신고나 인허가 절차를 마냥 지연시키는 등의 수법도 있다. 최근 미국은 한·미 FTA 자유무역협정 체결 이후 한국에 대한 무역적자가 커졌다며 한국산 자동차를 미국에 수출할 때는 미국 국적 배로 운반할 것을 요구하고 있다. 17세기 영국의 항해조례와 다를 바 없다.

02

절대왕정과 중상주의
_금은이 많아야 부강한 나라일까?

'전쟁의 시대', 중상주의와 경제 패권

15~17세기 대항해 시대의 정치 체제는 왕권이 강력한 절대왕정이었다. '짐이 곧 국가다.'라는 루이 14세의 말은 절대왕정의 위세를 상징적으로 보여준다. 유럽의 절대왕정은 '왕의 권력은 신에게 받았다.'는 왕권신수설을 지배이념으로 삼고 왕에게 복종하는 관료와 강력한 상비군으로 유지되었다. 중세는 봉건영주의 자급자족 시대여서 왕권이 미약했고, 영국과 프랑스 간 백년전쟁1337~1453이 116년을 끈 것은 군대가 1년에 4개월 정도만 복무했기 때문이다. 그러나 절대왕정 시대의 군대는 쉬엄쉬엄 싸우는 군대가 아니었다. 항시 전쟁에 대비해 명령만 내리면 출동할 수 있는 육군과 해군을 갖춘 상비군이었다. 직업 군인도 생겨났다. 또한 상공업으로 부를 축적한 신흥 시민계급은 봉건영주의 속박에서 벗어나기 위해 왕

'짐이 곧 국가다.' 라는 말을 남긴 루이 14세는 절대왕정의 위세를 상징했다. 유럽의 절대왕정은 '왕의 권력은 신에게 받았다.' 는 왕권신수설을 지배 이념으로 삼았다

을 적극적으로 지원했다.

하지만 상비군을 유지하려면 엄청난 비용이 든다. 왕은 통치자금이 필요했다. 통치자금은 세금과 해외무역에서 나왔다. 절대왕정 시대에 각국이 앞다퉈 해외무역을 주도하고 소금세, 창문세 등 온갖 명목의 세금을 걷은 이유다. 또한 국가가 수출 독점권이나 사치품 공급, 소금 채취권, 화약 독점생산 등의 특권사업을 팔아 수입을 올리는 것도 흔했다. 관료들은 세금 징수와 특권사업 등으로 왕실 재정을 키우는 게 주된 임무였다.

해외무역으로 국부國富를 쌓으려면 해양 패권을 차지하고 더 넓은 식민지와 무역거래선을 확보하는 것이 필수다. 식민지는 원료 공급지이자 상품시장이며 금광, 은광 등으로 국부를 늘려주는 '노다지'였다. 식민지 확보는 곧 국가가 하는 정복과 약탈을 의미했다. 이를 합리화하는 경제사상이 바로 중상주의다. 중상주의는 16세기 유럽의 팽창주의를 뒷받침하는 경제정책이기도 했다.

중상주의는 한마디로 화폐金銀가 국부이고, 금은이 많을수록 부강한 나라라는 사고방식이다. 나라에서 금은이 빠져나가는 것은 국부를 잃는 것으로 간주했다. 총량이 한정된 금은을 더 많이 차지하지 못하면 뺏기는 제로섬 게임으로 여긴 것이다. 이럴 경우 최대한 많이 수출하고 적게 수입해 무역수지 흑자를 극대화하는 것이 지상과제가 된다. 수입품에 높은 관세를 물리는 것도 기본이다. 그 결과 제각기 수출시장을 넓히고 값싼 원료를 확보하려다 충돌하는 사례가 빈번했다. 17~18세기는 '전쟁의 시대'라고 할 만큼 유럽 각국이 수시로 패를 갈라 싸웠다. 그 배경에 중상주의에 입각한 경제 패권이 도사리고 있었다.

태양왕 루이 14세와 그의 가족들은 절대왕정의 위세를 상징하듯 마치 그리스·로마 신화에 나오는 신들처럼 그려졌다

중상주의는 체계적인 학설은 아니었다. 절대왕정 시대에 왕과 지배층이 국부에 대해 가졌던 다양한 생각을 뭉뚱그린 것이다. 중상주의라는 명칭도 애덤 스미스가 『국부론』에서 금은이 국부라는 사고방식을 강력히 비판하면서 붙인 것이다. 중상주의가 지향하는 방향이 제각각이었고 한 나라 안에서도 동인도회사 등 상업의 이익을 대변하느냐, 모직업 등 산업의 이익을 대변하느냐에 따라 차이가 컸다. 따라서 중상주의는 15세기 후반 대항해 시대부터 18세기 후반 산업혁명 이전까지 나타난 경제정책과

이론들의 총칭인 동시에 그 시대 자체를 가리키는 개념이다.

수출은 늘리고 수입은 막아라

중상주의는 국가 통치자와 지배 계급을 위한 경제사상이자 정치철학이었다. 이 시기에는 국민의 생활 수준보다는 국가 금고를 가득 채우는 것만이 관심사였다. 초기의 중상주의는 모든 나라에서 통용되는 금은 같은 귀금속이 곧 국부라고 봤다. 따라서 국가가 무역을 강력히 통제하고 개별 거래마다 금은의 유출을 막고 유입을 장려해 금은 보유량을 늘리려는 중금주의 성격을 띠었다. 이 시기의 철학자 존 로크1632~1704는 '소멸하지 않는 유일한 화폐금은가 국부를 재는 유일한 척도'라고 주장했다. 화폐 유출만 억제하면 국가가 빈곤해지지 않으며, 화폐 축적을 통해 무제한의 자본 축적이 가능해 국가를 부강하게 한다고 본 것이다.

17세기 들어 단순히 금은을 쌓는 것이 아니라 '무역의 차액수출액-수입액으로 국가의 부를 늘려야 한다.'라는 무역차액설이 등장했다. 무역차액설을 확립한 것은 영국 동인도회사 이사이자 성공한 무역상인 토머스 먼1571~1641이다. 먼은 그의 사후에 출간된 『무역에 의한 영국 국부』1664에서 화폐와 자본을 구분하고, 개별무역차액설이 아닌 종합무역차액설을 제시했다. 종합무역차액설은 개별 무역거래에서 금화가 유출되어도 국가의 총 수출이 총수입을 넘어서면 이익이라고 주장한다. 더 많은 금을 벌어들일 수 있다면 금 유출도 문제될 게 없다는 것이다. 이런 중상주의 정책은 한

국가에서는 유용할 수도 있지만 다른 국가들의 정책과 어떻게 조화시킬지에 대해서는 전혀 고려가 없었다.

중상주의자 가운데 가장 영향력이 컸던 인물이 윌리엄 페티1623~1687였다. 옥스퍼드 대학교 해부학 교수 겸 의사였던 페티는 1652년 올리버 크롬웰이 아일랜드를 공격할 때 군의관으로 종군했다. 영국이 승리한 뒤 크롬웰은 페티에게 아일랜드의 경제적 가치를 계산할 것을 주문했다. 페티는 국민소득, 토지, 사회간접자본, 주식, 인구 등의 가치를 모두 합해 6억 6,700만 파운드로 계산했다. 이후 영국의 국민총생산도 계산하며 경제사회의 각종 현상과 관계를 실증적으로 파악하고 이를 지배하는 법칙을 밝히려고 시도했다. 그런 점에서 페티는 거시경제학과 통계학의 선구자로 일컬어진다. 노동가치설도 처음으로 페티가 주장했다.

페티는 『조세공납론』1662을 통해 국가재정을 장기적으로 확보할 수 있도록 경제성장과 고용 증대의 중요성을 강조했다. 과감한 공공사업으로 실업자를 고용할 것도 제안했다. 그의 공공사업 아이디어 중에는 고대유물인 스톤헨지를 런던으로 옮기는 방안도 들어 있었다.

페티가 활동하던 시기는 영국이 네덜란드와 해양 패권을 놓고 전쟁을 벌이던 때였다. 그는 경쟁국 네덜란드가 부유한 요인을 농업보다 상업과 제조업에 종사하는 사람이 많은 데서 찾았다. 농업보다는 제조업이, 제조업보다는 상업의 이윤이 더 크다고 생각했다. 의사가 병을 고치려 할 때 환자에게 너무 간섭하는 것은 좋지 않듯이 국가가 상공업을 키우려고 지나치게 간섭하면 역효과가 난다고 봤다. 따라서 경쟁과 자유방임이 필요하며 국가는 독점 방지, 외화 통제, 상품 수출에만 개입하면 된다고 주장했다. 페티의 조세 모델과 자유방임주의는 애덤 스미스에게 계승되었다.

중상주의 반대하는 프랑스 중농주의

뒤늦게 해상무역에 뛰어든 프랑스도 중상주의에 충실했다. 루이 14세 때 재무장관이자 해군장관이었던 장 바티스트 콜베르1619~1683가 그 중심에 있었다. 그는 세금을 걷는 것을 거위 털을 뽑는 것에 비유한 것으로도 유명하다. 콜베르는 수입을 막고, 수출을 장려했다. 프랑스만 생산할 수 있거나 가격 생산성 등에서 절대우위에 있는 물자를 수출할 때 비싼 가격을 매겼다. 비옥한 프랑스 땅에서 생산되는 곡물이 대표적인 수출상품이었다. 또한 동인도회사를 통해 커피, 목화, 설탕, 후추, 모피 등을 수입했다. 길드동업자조합 중심의 자국 산업을 보호하기 위해 수입 상품에 높은 관세를 부과했고 일부 상품은 아예 수입을 금지했다.

1666년 제정된 직물조례는 그 시절 중상주의가 어떤 모습이었는지를 보여준다. 이를테면 디종 지방에서 생산하는 직물에는 반드시 1,408올의 실이 들어가도록 못 박았다. 1,407올도, 1,409올도 안 된다고 규정해 새로운 기술 개발을 원천적으로 봉쇄했다. 심지어 직물 산업을 위협하는 인도 면직물캘리코 수입을 금지하면서 이를 어긴 1만 6,000명을 희생시켰을 정도다. 금지된 면직물을 거래했다는 죄목으로 발랑스 한 곳에서만 135명을 사형에 처하고 631명을 갤리선돛과 노로 움직이는 전투선의 노예로 만들었다고 한다.

프랑수아 밀레의 「이삭 줍는 여인들」(1857). 케네는 영세농민이 농산물로 이윤을 남길 수 있도록 적정 가격을 보장해 농업자본을 축적할 수 있게 국가가 도와야 한다고 주장했다. 중농주의 정책은 귀족과 길드 등 특권층의 반대로 실패하고 말았다

　하지만 중상주의는 근본적으로 '구성의 오류'를 안고 있었다. 각자 최선을 다하는데 나쁜 결과를 초래한 것이다. 각국이 무역수지 흑자를 내기 위해 관세를 높이고 보호무역에 치중하자 교역이 위축되어 경제가 침체됐다. 특히 국민의 90%가 농업에 종사했던 프랑스는 농산물 수출이 어려워지자 그 피해가 특히 심했다. 프랑스의 중농주의는 국민의 대다수인 농민의 희생을 초래한 콜베르의 중상주의에 대한 반발에서 출발했다.

중농주의는 인간이 자연과 더불어 땀 흘려 일하는 농업만이 유일한 생산적 산업이며 부의 원천이라고 보는 사상이다. 생산물에서 비용을 뺀 순생산물잉여 생산물은 오직 농업 생산에서만 생기며, 농업 순생산물을 늘리는 것이 진정한 국부의 증가라는 것이다. 반면 상공업은 농업을 통한 생산물을 가공해 공산물로 형태만 바꾼 것이므로 국부의 증가가 없다고 봤다. 이 같은 사상은 중상주의 정책으로 곡물 가격 인상이 억제되고, 농산물 수출이 막혀 농민들이 몰락했던 당시 현실을 반영한 것이다. 왕과 특권 귀족들의 사치에 비례해 농민들은 과중한 세금 부담으로 생존마저 위협받던 시절이었다. 이는 훗날 프랑스혁명1789의 한 원인이 되었다.

★ 구성의 오류

구성의 오류는 각자에게 타당하고 합리적인 선택이 전체에는 틀리거나 손해를 끼치는 현상을 가리킨다. 예컨대 경기장, 극장에서 앞줄 관객이 잘 보겠다고 엉덩이를 들면 뒷줄에 앉은 관객들이 줄줄이 일어서게 되어 모두가 불편해지는 것이다. 좁은 도로에서 운전자들이 서로 먼저 들어가겠다고 다투면 교통체증만 더 악화되는 것도 마찬가지다. 경제현상 중에 구성의 오류에 잘 부합하는 것이 경제학자 존 메이너드 케인스가 주장한 '절약의 역설'이다. 각자 저축을 많이 하면 미래소득이 늘어 바람직하겠지만 모든 국민이 소비는 하지 않고 저축만 하면 국가 전체로는 물건이 안 팔려 재고가 쌓이고 불황에 빠져 국민소득이 감소하게 된다는 것이다.

보호무역도 구성의 오류에 해당한다. 한 나라가 자국 산업을 보호할 목적으로 무역장벽을 치면 다른 나라들도 경쟁적으로 보호무역으로 돌아서 전체 교역을 위축시킨다. 글로벌 금융 위기 이후 경기부양을 위해 기준 금리를 제로0%로 낮추고 양적완화로 마구 돈을 푸는 것도 마찬가지다. 한 나라만 그렇게 하면 다소 효과가 있을지 몰라도 선진국들이 모두 경쟁적으로 돈을 풀면 효과가 상쇄되기 때문이다.

경제로 읽는 교양 세계사 ·————

따라서 중농주의는 중국 유교의 농본사상에 기초해 자연 질서에 순응하면서 파탄 난 봉건적인 토지 소유 구조를 재편하자는 시도이기도 했다. 대표적인 중농주의자인 프랑수아 케네1694~1774는 영세농민이 농산물로 이윤을 남길 수 있도록 적정 가격을 보장해 농업자본을 축적할 수 있게 국가가 도와야 한다고 주장했다. 그러기 위해서는 곡물 수출 자유, 가격통제 철폐 등 자유방임 정책이 필요하고 세금은 수입 농산물에만 물려야 한다고 강조했다.

소금세, 인두세 등 최악의 조세제도로 인해 고통받는 농민을 고려해 다른 세금을 철폐하고 지주에게만 물리는 토지 단일세로 도입하자고 건의했다. 루이 16세 때 재무장관이 된 튀르고1727~1781도 중농주의 정책을 토대로 길드 폐지 등 자유주의 개혁을 시도했다. 그러나 귀족, 길드 등 특권층의 반대로 실패했다. 튀르고의 실각과 프랑스혁명으로 인해 중농주의는 오래가지 못했다.

중농주의는 상공업을 비생산적인 것으로 격하시키고 농업 생산물 증가만을 부의 원천으로 보았는데, 그것은 근본적인 오류다. 노동이 지닌 생산적 가치도 알지 못했다. 그러나 중농주의가 국부를 중상주의처럼 단순한 화폐의 축적이 아닌 순생산물의 증가로 본 점은 진일보한 경제사상이다. 특히 케네는 의사 출신답게 인간의 혈액순환에서 착안해 국가 경제를 총체적으로 순환하고 반복하는 구조로 파악한 '경제표'를 고안했다. 이는 애덤 스미스의 『국부론』에 계승되었다.

개인의 이윤 추구는 악덕인가

절대왕정 시대에는 부를 축적하기 위해 수단과 방법을 가리지 않았지만 이는 국가 차원의 일이었다. 당시 일반 대중의 인식이나 사회 분위기는 사뭇 달랐다. 개인이 이윤을 추구하는 행위는 기독교 윤리가 지배한 중세처럼 정의롭지 못한 것으로 여겨졌다. 이윤 추구를 악덕으로 보는 사고방식은 찰스 디킨스의 『크리스마스 캐럴』1843에 나오는 스크루지 영감처럼 19세기 중반까지도 이어졌다.

17세기 사회 분위기가 어떠했는지는 로버트 하일브로너의 『세속의 철학자들』1953에 소개된 영국 식민지 보스턴의 늙은 신학 교수 로버트 키인의 사례가 잘 보여준다. 1639년 키인은 1실링12펜스당 6펜스가 넘는 엄청난 이익을 얻은 죄목으로 재판에 회부되었다. 재판부는 그간 성실한 삶을 고려해 파문이란 중벌 대신 200파운드의 벌금형을 선고했다. 키인은 교회 장로들 앞에서 눈물을 흘리며 자신의 탐욕스럽고 부패한 정신을 참회해야 했다. 교회 목사들은 신도들에게 최대한 비싸게 팔고 최대한 싸게 사는 것, 해상 재난을 핑계로 가격을 올리는 것, 비싸게 샀다고 살 때의 값 그대로 파는 것이 모두 죄라고 설교했다. 개인의 부를 위한 이윤 추구는 탐욕의 죄를 범하는 것이었다.

중상주의는 국가의 부를 위한 통치사상이었지 개인의 이윤 추구를 옹호한 것은 아니었다. 그러나 네덜란드 출신으로 영국에 정착한 의사 버나드 맨더빌이 쓴 시 한 편이 이런 분위기를 뒤집는 데 큰 역할을 했다. 맨더빌은 1705년에 익명으로 낸 풍자시 「투덜대는 벌집」을 바탕으로 1714년 『꿀벌의 우화』를 출간했다. 식민지를 확보해 번성하면서 사치와 탐욕이 넘쳤던 꿀벌 왕국이 어느 날 고승의 경고에 뉘우치고 근검절약하며 살았는데 오히려 불황이 닥쳐 실업자가 늘고 국민의 삶은 더 비참해져 끝내 식민지로 전락했다는 내용이다. 이 시는 발표되자마자 영국을 떠들썩하게 했다. 맨더빌은 재판에 회부되어 '불법 방해'라는 판결을 받았다. 언론은 그를 '인간의 탈을 쓴 사탄'이라고 비난했다.

그럴수록 맨더빌의 시는 인기가 높아져 유럽 전역으로 퍼졌다. 사치와 낭비가 죄악의 근원이 될 수 있지만 동시에 번영의 동기가 될 수 있다는 생각은 상공업으로 성공한 신흥 부르주아에게는 복음이나 마찬가지였다. 맨더빌은 "사치는 가난뱅이 100만 명에게 일자리를 주었고 얄미운 오만은 또 다른 100만 명을 먹여 살렸다."라고 썼다. 개인의 악덕이 사회의 미덕이 되고, 개인의 탐욕이 사회 번영을 이끈다는 주장이다. 금욕과 이타심을 미덕으로 삼는 기독교 윤리가 오히려 위선이며 인간의 이기적 본성을 인정하자는 것이었다.

맨더빌은 국가가 절약과 저축만 강조하면 오히려 국가 전체로는 재앙이 올 것으로 봤다. 그의 생각은 깊이 있는 이론은 아니었지만 후세 학자들에게 두루 영향을 끼쳤다. 상업으로 성장한 시민 계급의 윤리와 경제적 자유를 고민했던 임마누엘 칸트, 애덤 스미스 등에게 영감을 불어넣었다. 200년 뒤 케인스가 내놓은 유효수요론과 저축의 역설도 그 원조는 맨더빌이었다. 맨더빌의 관점은 페티의 조세모델과 자유방임주의, 케네의 경제표와 더불어 근대 경제학의 탄생을 재촉했다.

절대왕정에서 시민사회로
뒤마의 『삼총사』『철가면』『몬테크리스토 백작』

프랑스에는 "수술 환자에게 마취제 대신 뒤마의 소설을 주어라."라는 말
이 있을 만큼 알렉상드르 뒤마1802~1870는 19세기 최고의 인기 작가였다. 그
는 나폴레옹 군대의 장군이던 아버지를 네 살 때 잃고 불우한 환경에서 제
대로 교육을 받지도 못했다. 그러나 『아라비안나이트』『로빈슨 크루소』 등
을 읽으며 작가로서 역량을 쌓았다.

뒤마는 무려 250여 편의 소설을 남겼다. 1820년대 대거 창간된 신문과
잡지들이 연재소설을 실은 것이 뒤마가 다작을 할 수 있었던 요인이다. 뒤
마의 작품이 워낙 많아 그의 소설을 다 읽어본 사람은 없어도 온 세상 사람
들이 그의 작품을 한 권쯤은 읽어봤을 것이라고 한다.

뒤마는 『삼총사』1844로 호평을 받았고 속편으로 『20년 후』1845 『철가면』
1848도 썼다. 극적인 장면 전환, 활기찬 성격 묘사, 파란만장한 모험과 음모
등은 뒤마 소설의 전매특허였다. 그의 소설은 17세기 프랑스 궁정을 배경으
로 한 것이 많다. 『삼총사』는 루이 13세 때 달타냥과 세 명의 근위대 총사들

의 활약을 그렸다. 총사는 '총 쏘는 기사'를 뜻하는데 정작 소설에서는 검술의 달인들이다.

『삼총사』의 속편 격인 『철가면』은 실제 존재했던 수수께끼의 정치범을 모티브로 삼아 사실과 가상의 이야기를 섞은 팩션이다. 이 인물은 1679년 이탈리아의 토리노 부근 피네롤로 감옥에 갇혔다가 1698년 파리의 바스티유 감옥으로 옮겨져 1703년 죽었다고 한다. 묘지사무소에 등록된 사망자 이름은 마르시올리다. 그가 1661년 피네롤로 감옥에 투옥된 푸케 재무장관의 하인이란 추측이 있지만 뒤마는 이 인물을 루이 14세의 쌍둥이 형으로 그렸다. 이 작품은 디카프리오 주연의 「아이언 마스크」로 영화화되었다.

뒤마에게 가장 큰 명성을 안겨준 작품은 『몬테크리스토 백작』1845이다. 출간 즉시 복사본과 번역본이 나올 만큼 세계적인 베스트셀러였다. 빅토르 위고, 발자크, 플로베르 등 당대 최고의 작가들이 하나같이 격찬했을 정도다. 이 작품도 뒤마가 파리 경찰의 기록보관소에서 찾아낸 실제 인물을 소재로 했는데, 영국 스파이 누명을 쓰고 감금되었다가 탈출해 복수한 청년을 모티브로 삼았다고 한다. 이 작품은 방대한 분량에도 배신, 감금, 부활과 복수라는 이야기가 워낙 강렬해 지금까지도 널리 읽히고 있다. 뒤마의 소설들은 절대왕정에서 시민사회로 넘어가던 과정의 시대상을 이해하는 데 도움이 된다.

그의 아들 알렉상드르 뒤마 2세는 『춘희』1858를 썼다. 사생아로 태어난 그는 『사생아』『방탕한 아버지』 등 아버지를 비난하는 작품도 남겼다. 부자는 이름 뒤에 아버지와 아들을 표시한 필명을 썼다고 한다.

보호무역을 불러온
신중상주의와 유치산업 보호론

19세기 후반 독일 등 후발 산업혁명 국가들이 자국의 발달이 더딘 유치산업을 신속히 키우기 위해 보호무역 정책을 편 것을 '신중상주의'라고 한다. 국가 발전을 위해 자유무역을 배제하고 경제에 대한 국가의 개입을 강화한 것이다. 산업혁명 이전에 무역흑자를 통해 부국강병을 추구한 17~18세기 중상주의가 변형된 형태다.

신중상주의는 수출 증대를 위해 저임금 숙련노동력 확보, 국산품 소비 장려, 완성품 수입 제한, 임금 상승을 억제하기 위해 노동 세력 탄압 같은 정책을 폈다. 산업혁명에 뒤처진 독일이 급성장한 배경이다. 그러다 보니 20세기 초 각국은 보호무역을 할 수 밖에 없었고, 이는 1930년대 대공황으로 치닫는 계기가 되었다.

신중상주의는 유치산업 보호론을 전제로 한다. 걸음마 단계인 산업을 보호·육성해 경쟁력을 갖게 된 뒤에 자유무역으로 전환한다는 전략이다. 이는 독일이 영국에 비해 낙후된 공업국이었기에 우선 수입대체산업을 보호해야 경제발전을 이룰 수 있다고 본 것이다. 우리나라도 1960~80년대 경제 개발 과정에서 신중상주의를 표방했다. 중화학 산업 집중 투자, 수입 제한 및 대체산업 육성, 수출 드라이브, 외환 규제 등의 정책이 그런 사례다. 개발도상국이 공업화를 이룰 때 흔히 이런 과정을 밟는다.

2008년 글로벌 금융 위기 이후 세계 경제 침체가 장기화되자 각국이 국익을 내세워 자국 경제와 기업을 보호하는 데 골몰하고 있어 신중상주의의 부활이라는 우려를 낳고 있다. 각국의 경쟁적인 양적완화와 환율 전쟁, 비관세장벽 강화, 미국 대선의 트럼프 당선 등이 그런 현상을 보여준다. 경제학자들이 거의 유일하게 의견 일치를 보는 것이 자유무역이 효과적이란 것인데 다시금 보호무역과 폐쇄주의가 고개를 들고 있는 것이다. 이런 기조가 지속되면 세계 경제 침체가 가속화되고 자칫 공황으로 이어질 수도 있다.

03

산업혁명과 자유무역
_진정한 국부란 무엇인가?

보다 빠르고 가깝게, 기술·속도·에너지 혁명

산업혁명은 1760~1830년 사이 영국에서 일어난 70년간의 공업화 과정을 일컫는다. 산업혁명의 상징은 방적기와 증기기관이었다. 산업혁명은 영국에서 출발해 벨기에, 프랑스, 독일, 미국, 러시아, 일본 등으로 확산되었고 20세기 후반에는 아시아, 중남미, 중동 등 전 세계로 번져나갔다. 세계가 농업 중심 사회에서 공업 사회로 전환하고 있었다. 산업혁명 이전과 이후의 경제를 비교해 그래프로 그려보면 마치 로켓이 우주로 솟구쳐 올라가는 것 같은 모양새다. 산업혁명으로 인해 인류는 기나긴 결핍의 시대에서 벗어나 풍요의 시대로 접어든 것이다.

산업혁명은 정치혁명처럼 순식간에 모든 것을 바꿔버린 사건이 아니다. 역사가 아놀드 토인비가 지적했듯이 산업혁명은 격변하는 현상이 아

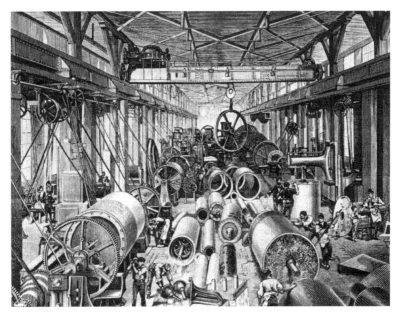

인류는 산업혁명으로 기나긴 결핍의 시대에서 벗어나 풍요의 시대로 접어들 수 있었다. 산업혁명은 점진적이고 연속적인 기술혁신 과정이며 영국에서 제일 먼저 일어났다

니라 그 이전부터 축적되어온 점진적이고 연속적인 기술혁신 과정으로 봐야 한다. 물을 가열하면 서서히 온도가 오르다 어느 순간 끓는 것처럼 산업혁명은 천천히, 그러나 뚜렷하게 정치·경제·사회·문화에서 변혁을 몰고 왔다. 우리나라가 1960~80년대 공업화 이후 어떻게 변했는지 떠올리면 이해가 빠를 것이다.

중상주의 시대에 해상무역과 식민지 개척으로 호황을 누리던 영국은 산업혁명 이전부터 변화의 조짐이 있었다. 첫 번째 변화는 석탄 광업에서 일어났다. 사람과 가축에 의존하던 동력을 기계로 대체하려는 시도였다. 1693년 토머스 세이버리가 증기 펌프, 1712년 토머스 뉴커먼가 피스톤 기관을 발명하여 영국의 탄광에서 널리 사용되었다. 동시에 1709년 아브라함 다비가 철광석을 목탄炭이 아닌 석탄코크스으로 제련해 철을 만드는 기술을 개발하였다. 이전의 기술을 종합해 제임스 와트가 1769년 증기와 연료의 소모를 줄인 증기기관에 대해 특허를 취득했다. 영국은 석탄의 열에너지를 기계의 동력으로 바꿈으로써 광물 생산과 수송이 획기적으로 늘어나 철강 분야에서 절대우위를 갖게 되었다.

또 다른 변화는 면직물에서 나타났다. 영국에서는 17세기 말부터 인도의 값싼 캘리코면직물가 수입되어 인기를 끌면서 전통산업인 모직물이 타격을 입게 되자 1770년 캘리코 수입을 금지했다. 그러나 면직물 수요는 이미 커졌고, 사람이 베틀로 면직물을 짜서는 그 수요를 감당할 수 없었다. 무엇보다 이런 수공업 제품은 가격이 너무 비쌌다. 면직물을 대량생산하기 위한 방적기술 개발이 절실해진 것이다.

1733년 존 케이가 발명한 플라잉셔틀직조기계에서 씨실을 넣는 장치, 방추로 방적업의 생산 속도를 4배로 높인 것이 도화선이 되어 1764년 제임스 하그리브스가 방추를 면직물에 응용해 동시에 8개의 방추를 돌릴 수 있는 다축방적기제니방적기를 발명해 생산 속도를 높였다. 게다가 1769년 리처드 아크라이트는 물레의 원리를 응용한 수력방적기의 특허를 얻어 면직물의 공장 생산시대를 열었다. 그 덕에 아크라이트는 기사 작위를 받았다. 기술자가 대접받게 된 것이다.

1779년 새뮤얼 크롬프턴은 뮬 방적기를 내놨다. 뮬mule은 말과 당나귀의 잡종인 노새를 뜻하는데, 다축방적기와 수력방적기의 장점을 혼합했다는 의미로 붙여진 이름이다. 1787년에는 에드먼드 카트라이트가 풀 방적기에 증기기관을 더하여 처음으로 동력에 의해 움직이는 직기를 완성했다. 이로써 산업혁명 전에는 실 1파운드를 만드는 데 500시간이 걸리던 것이 20시간으로 단축되었고 1825년에는 1시간 20분으로 더 줄었다. 가늘고 질긴 실과 천을 빠르게 만들 수 있게 되어 영국 면직물 산업은 가격과 품질에서 최고의 경쟁력을 갖게 되었다.

영국의 산업혁명은 증기기관을 이용한 속도 혁명으로 완성되었다. 증기기관차는 1804년 리처드 트레비식이 처음 개발했지만 마차 레일이 증기기관차의 무게를 감당하지 못해 별로 주목받지는 못했다. 뒤이어 조지 스티븐슨이 석탄 운송을 위해 자신이 개발한 로코모션 호로 1825년 스톡턴-달링턴 간 철로 43km를 시속 16~26km로 달리는 데 성공했다. 이로써 기존 합승마차로 한 주에 14~15명이 이동하던 것이 한 주에 500~600명을 수송할 수 있게 되었다.

항구도시 리버풀과 면직물 중심지인 맨체스터를 연결하는 철도 노선이 1830년 개통되었다. 미국 남부의 원면이 대서양을 건너 맨체스터로 공급되어 면직물 산업에 날개를 달아주었다. 이에 따라 19세기 철도의 시대가 열렸다. 1840년 4,000km였던 유럽의 철도망은 불과 10년 뒤인 1850년 2만 3,300km, 1870년에는 10만 km로 늘어났다. 한편 미국의 로버트 풀턴은 증기선에 도전했다. 풀턴은 1803년 처음 증기선을 띄우는 실험을 하고 개량을 거듭해 1807년 뉴욕 허드슨 강에서 최초로 상업용 증기선을 운행했다.

이로써 수천 년간 사람과 가축의 힘 또는 풍력, 수력 등 자연에 의존했던 인류가 스스로 동력을 일으켜 말보다 더 빠른 속도로 달릴 수 있게 된 것이다. 난방용 열에너지도 고갈되어 가던 나무 대신 석탄으로 대체되었다. 영국은 1851년 런던 크리스털팰리스_{수정궁}에서 제1회 만국박람회를 열고 산업혁명의 위력을 세계에 과시했다. 결국 산업혁명은 기술 혁명과 동력 혁명, 속도 혁명, 에너지 혁명의 종합판이었다. 그 덕에 세상은 훨씬 빨라지고 가까워졌다.

산업혁명은 왜 영국에서 먼저 일어났을까

산업혁명 이전에는 국가 간, 동서양 간에 별 차이가 없었다. 경제발전은 미미했고 특권 귀족이나 수공업자들의 훼방으로 기계화가 더딘 것도 마찬가지였다. 더구나 18세기 유럽에는 네덜란드, 에스파냐, 포르투갈 등 부유한 나라들이 많았다. 프랑스는 농업대국으로 영국보다 인구도 많고 기술도 그에 못지않았다. 그런데 산업혁명이 가장 먼저 일어난 곳은 유럽에서도 변방인 섬나라 영국이었다. 그 이유에 대해 학자들 간에는 지금도 논란이 분분하다.

영국에서 먼저 산업혁명이 일어난 데 대해 풍부한 석탄과 북아메리카 식민지를 갖고 있어 유리했다는 시각이 있다. 하지만 석탄과 식민지는 산업혁명의 필요조건이지 충분조건은 아니다. 그런 점에서는 종이, 인쇄술, 화약, 나침반의 4대 발명품 기술에다 석탄이 풍부하고 국토가 방대한 중국이 훨씬 유리했을 것이다. 영국에서 산업혁명이 먼저 일어난 이유는 몇

가지로 나눠 볼 수 있다.

첫째, 정치 체제의 변화를 꼽을 수 있다. 영국은 1688년 명예혁명 이후 의회 중심의 입헌군주제를 확립했다. 세계 최초로 '왕은 군림하되 지배하지 않는 나라'가 된 것이다. 유럽 대륙의 각국이 절대왕정으로 국민을 억압하던 시절에 영국은 계몽사상과 과학기술의 발전으로 앞서갔다. 게다가 종교의 자유도 어느 정도 보장되어 있었다. 대개 경제적 토대가 정치 체제를 바꾸는 동력이 되지만, 거꾸로 경제의 혁신에는 정치의 안정도 필수다.

둘째, 농업 부문에서 먼저 변화가 있었다는 점이다. 영국은 15~16세기 양모 산업이 활기를 띠자 지주들이 울타리를 치고 양을 키우는 1차 인클로저 운동이 일어났다. 이 때문에 줄어든 농지에서 더 효율적으로 식량을 생산해야 했다. 이는 농장의 대형화, 종자 개량, 농사기술 개선으로 이어져 농업 생산성을 높였다. 동시에 토지에서 배제된 농민들은 도시의 공장 노동자로 공급되었다. 당시 영국은 도시화가 진행 중이었고, 해상 패권을 잡으면서 금은이 대거 유입되어 물가와 임금이 최고 수준이었다. 따라서 자본가들은 인건비 절감을 위해서라도 노동절약형 기계가 절실했던 것이다.

셋째, 종교 박해로 유럽 대륙에서 갈 곳 없는 신교도나 유대인 상인들을 대거 받아들인 것도 이점이었다. 이들의 자본과 기술이 영국의 산업을 자극했다. 요즘 같으면 외국인 직접 투자를 대거 유치한 셈이다.

넷째, 원료, 에너지 확보에서 영국은 이미 유리한 조건이었다. 난방용 나무가 부족해지면서 석탄으로 에너지원의 변화가 일어났다. 이는 철강

세계 첫 번째 산업도시 영국 맨체스터의 면직공장. 영국은 입헌군주제를 채택하고 도농 간의 인구 이동과 신교도의 자본·기술 흡수, 식민지를 통한 에너지 확보가 용이하여 다른 나라보다 먼저 산업혁명이 이루어졌다

산업의 동반 성장을 가져왔다. 그리고 북아메리카 식민지를 통해 원면을 확보할 수 있었다. 이런 조건들이 상승작용을 일으켜 산업혁명을 재촉한 것이다.

반면 비슷한 시기에 프랑스는 근 100년에 걸친 정치혁명의 소용돌이에 휩싸여 있었다. 프랑스는 인구가 영국의 두 배 이상이고 화학, 증기기관 등의 연구에서는 영국에 뒤지지 않았지만 이를 상업화하는 데 걸림돌이 많았다. 석탄이 풍부한 독일은 봉건영주들의 소국들로 분열되어 산업혁명의 동력을 갖지 못했다. 에스파냐와 포르투갈은 아메리카 대륙의 식민지에서 은이 유입되어 굳이 혁신을 꾀할 의지나 필요성을 느끼지 못하고 있었다.

경제로 읽는 교양 세계사

국부는 금 보유량이 아닌 국민 생활 수준

영국에서 산업혁명이 한창이던 1776년은 세계사의 중대한 분기점이 된 해다. 정치적으로는 세계 최초의 민주주의 국가미국가 탄생했고, 경제적으로는 애덤 스미스1723~1790의 『국부론』이 출간되어 경제학이 태동한 해였기 때문이다. 아놀드 토인비는 스미스의 『국부론』과 와트의 증기기관이 인류로 하여금 구세계를 마감하고 신세계로 나아가게 했다고 봤다. 그만큼 『국부론』은 근대 경제사에 지대한 영향을 미쳤다. 한 권의 책이 세상을 바꾼 셈이다.

『국부론』은 곧 산업혁명의 철학이라고 부를 만했다. 스미스도 자신은 철학자이지 경제학자로 여긴 적이 없었다. 스미스는 『국부론』에서 절대왕정 시대에 국왕이 소유한 금은보화를 국부의 척도로 여긴 중상주의자들을 신랄하게 비판했다. 스미스는 국가의 부를 사회 전체가 소비하는 상품, 즉 국민의 생활 수준으로 봤다. 따라서 효율적인 분업과 자유무역을 통해 생활 수준을 높이는 것이 국부를 증진하는 길이라고 강조했다. 이 같은 스미스의 자유방임주의는 국가가 국민의 경제활동을 통제하고 간섭하는 중상주의를 통렬하게 비판하며 인류에게 경제를 보는 눈을 뜨게 했다.

스미스는 특정 소수의 이익을 위해 분업과 무역을 제한하는 규제가 국부의 증진을 가로막는다고 비판했다. 그가 공격한 것은 지배층과 결탁해 독점적인 이익을 누리던 무역상과 길드, 토지 귀족이었다. 당시 영국은 곡물조례와 길드 때문에 외국 농산물과 상품 수입이 막혀 있었다. 새로운 사업자의 시장 진입이 어려웠고 물가는 높게 유지되었다. 스미스는 지배층과 기득권층의 정경유착이 소비자는 물론 국가 전체에 해를 끼친다고 본 것이다.

스미스는 『국부론』에서 "한 나라를 최저의 야만 상태에서 최고로 부유한 상태로 끌어올리는 데 필요한 것은 평화와 가벼운 세금, 그리고 정의에 대한 관대한 법 집행뿐이며 정부는 그 이상의 어떤 일도 할 필요가 없다. 나머지는 시장의 자연스러운 힘에 맡겨두면 그만이다. 시장에는 '보이지 않는 손'이 있어서 개인의 이기심을 국가의 부로 이끌어주기 때문이다." 라고 썼다. 누구나 잘살고 싶어 하는 인간의 본능적 욕구를 억누르면 오히려 국가는 빈곤해질 것이라고 스미스는 경고했다. 차라리 각자의 이기심을 자연스럽게 사회 전체의 부를 늘리는 방향으로 이끄는 것이 바람직하다는 것이었다. 따라서 국가의 역할은 국방, 법치와 도로, 운하, 교육 등 공공투자만으로 충분하다는 게 스미스의 생각이었다.

스미스의 사상은 특정 계급을 옹호하는 것이 아니라 국가 전체의 부의 증진, 즉 경제성장을 위한 사상이었다. 외국상품 수입을 막아 달라고 로비하는 신흥 상공인들도 그의 공격 대상이었다. 그러나 신흥 상공인들은 스미스의 공격은 못 들은 척하고 그의 자유방임주의에는 열렬한 지지를 보냈다. 19세기 들어 영국 정부의 정책에도 스미스의 사상이 적극적으로 반영되어 산업혁명은 더욱 가속 페달을 밟게 되었다. 곳곳에 공장이 들어서고 대도시가 생겨나면서 자본주의의 시대가 도래한 것이다. 오늘날 중국을 '세계의 공장'이라고 부르듯이 19세기 세계의 공장은 영국이었다.

세월이 흐르면서 스미스의 경제학에 대한 비판도 많아졌다. 자유방임이 현실의 문제를 해결하는 만능열쇠가 아니었기 때문이다. 스미스의 낙

경제로 읽는 교양 세계사 ────

관론은 리카도, 맬서스, 마르크스 등에 계승되었지만 이들은 오히려 비관론으로 기울었다. 그런데도 스미스의 사상은 위대했다. 『국부론』은 지금껏 '한 인간의 위대한 사상이자 그 시대 전체의 산물'이라는 평가를 받고 있다. 스미스는 시장을 발명하지도, 경제학을 창시하지도 않았지만 시장이 어떤 것인지, 경제학이 무엇인지를 사람들에게 보여주었다. 『죽은 경제학자의 살아 있는 아이디어』 토드 부크홀츠

나폴레옹의 대륙봉쇄령 부수 효과

영국이 산업혁명으로 한창이던 시기에 프랑스는 절대왕정의 세금 착취, 귀족 성직자에 대한 특권, 시민의 권리 억압 등 이른바 '구체제앙시앵 레짐의 모순'이 극에 달한 상태였다. 급기야 1789년 프랑스혁명이 일어나 왕정을 무너뜨리고 공화정이 수립되었다. 그러나 극심한 혼란 속에 공포정치가 시작되어 루이 16세는 물론 급진파 지도자인 로베스피에르까지 수천 명이 단두대에서 공개 처형되었다. 이에 유럽 각국은 프랑스의 정치적 급변 사태가 자국으로 번지는 것을 막기 위해 동맹을 맺고 프랑스를 협공했다.

이를 틈타 이탈리아 원정에서 공을 세운 나폴레옹 보나파르트가 1799년 쿠데타로 권력을 장악하고 1804년 국민투표를 거쳐 황제에 올랐다. 나폴레옹은 국민의 지지를 얻기 위해 1805년 유럽을 상대로 침략 전쟁에 나섰다. 강력한 징병제를 무기로 대륙을 제패했지만 트라팔가르 해전에서

영국의 넬슨 제독에게 패했다. 이에 나폴레옹은 영국을 고립시키기 위해 1806년에 대륙봉쇄령을 내렸다. 다른 나라들이 영국과 교역을 못 하게 막은 것이었다. 하지만 1810년에 러시아가 영국과 교역을 재개하자 2년 뒤 나폴레옹은 60만 대군을 이끌고 러시아 원정에 나섰으나 추위와 굶주림으로 패퇴했다. 차이콥스키의 「1812년 서곡」은 러시아의 승리를 기념해 작곡한 것이다. 1814년 나폴레옹이 황제 자리에서 물러나면서 대륙봉쇄령도 풀렸다.

나폴레옹 전쟁의 배경에는 무역 패권이 깔려 있었다. 대륙봉쇄령은 당시 프랑스의 입장에서는 나쁘지 않은 선택이었다. 교역 중단이야말로 상업국가인 영국의 아킬레스건이었기 때문이다. 또한 프랑스는 산업혁명이 한창인 영국을 정상적인 방법으로는 따라잡을 수 없을 만큼 격차가 벌어진 상태였다. 더구나 영국은 산업혁명의 선두주자답게 허약한 나라가 아니었다. 당시 윌리엄 피트 수상은 관세를 낮춰 밀수를 줄이고 토지세 대신 누진 방식의 소득세를 도입해 재정을 유지했다. 에스파냐 무적함대를 물리쳤던 해군도 건재했다. 오히려 대륙봉쇄령으로 인해 프랑스가 생필품 부족과 물가 급등으로 고생했다.

8년간의 대륙봉쇄령은 결국 실패했지만 산업혁명에 뒤처졌던 유럽 대륙에 기대치 않은 이득을 안겨주었다. 값싸고 경쟁력 있는 영국산 면직물 수입이 막혀 있는 동안 자국 면직물 산업을 육성할 시간을 벌었기 때문이다. 스위스의 경우 대륙봉쇄령이 풀렸을 때는 면직물이 영국과 대등한 수준으로 올라섰다. 신생독립국 미국도 조선, 해운에 쏠렸던 자본을 다른 산업으로 분산 투자하는 효과를 거뒀다. 영국산 상품이 못 들어오는 동안 뉴

잉글랜드를 중심으로 섬유업이 빠르게 발전했다. 북부 공업지대, 남부 면화지대라는 국가 내 분업도 가속화되었다. 유럽 각국이 자유무역의 효과를 알면서도 수시로 보호무역으로 기우는 것은 대륙봉쇄령이 가져다준 부수효과를 경험했기 때문이다.

나폴레옹 전쟁은 산업혁명의 기세를 유럽과 미국으로 확산시켰다. 또한 기계화가 가속화되면서 일자리 문제가 사회 갈등 요인으로 떠올랐다. 인구가 늘면서 '인구 압력'이라는 새로운 숙제도 던져졌다.

풍자와 우화가 가득한
조너선 스위프트의 『걸리버 여행기』

18세기 초는 영국의 식민지를 확장하며 욱일승천하던 시기였다. 의회 제도가 정착되어 시민의 지위가 높아졌고 계몽사상과 과학기술의 발전으로 산업혁명이 싹트기 시작했다. 그러나 급격한 정치·사회 변혁은 여러 가지 부작용을 초래했다. 그런 18세기 초 영국의 정치와 사회를 신랄하게 풍자한 소설이 조너선 스위프트의 『걸리버 여행기』1726이다.

이 소설은 가명으로 출간되었지만 3주 만에 1만 권이 팔릴 만큼 선풍을 일으켰다. 그런데도 아동용 동화로 오인된 것은 영국에서 한동안 금서였던 데다 무분별하게 첨삭된 동화용 판본이 먼저 보급된 탓이다. 스위프트는 10년 뒤인 1736년에야 원본을 제대로 출간할 수 있었다.

『걸리버 여행기』는 당시 유행하던 수많은 여행기들을 패러디해 황당하면서도 풍자적 우화가 가득하다. 소설은 소인국릴리푸트, 대인국브로딩낵, 하늘을 나는 섬의 나라라퓨타, 말의 나라휴이넘 등 총 4부로 구성되어 있다. 이는 스위프트가 네 가지 다른 렌즈로 영국 사회를 관찰한 모습을 우화 형식을 빌어 적나라하게 폭로한 것이기도 하다.

소인국은 모든 것이 12분의 1로 축소되었고 대인국은 12배로 커진 나라다. 소인국은 도토리 키재기 하는 인간의 하찮고 소심한 면을 비판한 우화다. 이를테면 소인국 사람들이 달걀을 가로로 깨느냐 세로로 깨느냐를 놓고 당파를 만들어 싸운다. 당시 영국이 휘그당과 토리당, 신교와 구교로 갈라져 싸우는 모습을 풍자한 것이다. 대인국에서는 인간을 확대해 보니 아름다운 여인들조차 추악하기 그지없는 것으로 묘사된다. 권력자들도 실상은 다를 바 없다는 암시다. 아울러 걸리버 자신도 소인국에서는 거인이고, 대인국에서는 소인이 된다는 점에서 대중이 맹목적으로 신봉하는 절대 가치란 것도 부질없음을 일깨운다.

하늘을 나는 섬의 사람들은 한 눈은 섬 안쪽을, 다른 눈은 하늘을 향해 있어 혼자서는 외출도 못 할 정도다. 수학은 뛰어난데 실용적인 면에는 관심이 없어 누추한 집에서 산다. 이런 모습은 추상과 관념에 몰두하는 인간의 결점을 빗댄 것으로 해석된다. 『걸리버 여행기』는 기발한 상상력 덕에 본래의 정치 풍자보다는 재미난 이야기로 인식되어 동화, 만화, 영화, 드라마 등으로 수없이 각색되었다. 특히 3부의 하늘을 나는 섬 이야기를 토대로 미야자키 하야오가 전혀 다른 내용의 애니메이션 『천공의 섬 라퓨타』를 만들었다.

출간된 지 약 300년이 되어 가는 『걸리버 여행기』는 세계 어디서나 꾸준히 읽히는 고전의 반열에 올랐다. 스위프트가 신랄하게 풍자했던 당시 정치와 사회의 문제들이 지금도 별로 달라지지 않았기 때문일 것이다.

산업혁명의 총아 석탄
천덕꾸러기로 전락하다

석탄은 산업혁명의 총아였다. 석탄을 때서 얻은 증기기관 동력은 인류의 최고 속도를 종전 말의 속도에 비해 3~4배로 높였다. 석탄이 없었다면 지구 상의 나무는 남아나지 않았을 가능성이 높다. 석탄은 지금도 발전, 난방, 산업용으로 널리 사용되고 있다. 석유와 천연가스, 원자력을 많이 쓰지만 현재 석탄 사용량은 19세기 산업혁명기보다도 더 많다고 한다. 무엇보다 화석연료 중 가장 싸기 때문이다.

석탄은 1980년대만 해도 가정 난방의 주된 에너지원이었지만 지금은 일부 저소득층 가구에서만 연탄을 땐다. 그런데도 석탄은 당분간 중요한 에너지원으로 이용될 전망이다. 정부의 7차 전력수급 기본계획에 따르면 2029년 우리나라의 전체 발전 중 석탄 발전 비중이 32.3%로 원자력28.2% 보다 높다. 석탄은 제철, 시멘트 등 산업용으로도 널리 이용된다.

세계 석탄 매장량은 8,900억 톤으로 세계가 65년간 쓸 수 있는 양이다. 그러나 뱅크오브아메리카 보고서에 따르면 이 중 절반은 영구적으로 채굴되지 않을 전망이라고 한다. 석탄이 미세먼지 등 공해의 주범으로 꼽히고 있어서다. 2015년 파리 기후변화협약에서 각국이 온실가스 배출량을 감축하기로 했는데 그 첫 번째 대상이 석탄일 수밖에 없다. 석탄이 고갈되어 못 쓰는 것이 아니라 환경 친화적인 연료로 대체해야 하기 때문이다.

우리나라에도 석탄이 15억 톤 매장된 것으로 추정된다. 그러나 석탄 생산은 1988년 2,495만 톤을 정점으로 계속 줄어 지금은 연간 200여만 톤만 캐내고 있다. 수지타산이 맞지 않아 탄광도 몇 개만 남고 문을 닫은 상태다. 국내에서 석탄을 캐는 것보다 수입하는 것이 훨씬 경제적이기 때문이다. 더구나 미세먼지가 갈수록 심해져 석탄 발전을 줄여야 한다는 목소리도 커지고 있다. 산업혁명의 총아가 현대의 천덕꾸러기로 전락한 것이다.

04

곡물조례와 비교우위
_산업혁명을 가로막으려 했던 이들은 누굴까?

지주와 자본가의 한판 승부

정치는 대체로 경제보다 뒤늦게 변화한다. 기득권을 가진 세력이 정치 권력을 틀어쥐고 있기 때문이다. 경제 발전으로 등장한 신흥계급이 정치 세력을 구축하기까지 시간이 걸린다. 산업혁명이 한창이던 1800년을 전후한 영국이 바로 그런 상황이었다. 영국 의회는 토지를 소유한 지주 계급**귀족**이 장악한 반면, 새롭게 부를 축적한 신흥 자본가 계급**부르주아**은 그에 상응하는 정치적 영향력을 갖지 못했던 시기다. 하지만 제3계급인 노동자들은 생존을 위해 먹고 사는 데 급급해 아직 계급화하는 단계로 나아가지 못했다.

이때 최대 이슈가 된 것이 바로 곡물 수입 금지를 겨냥한 '곡물조례'였다. 곡물조례는 본래 영국이 곡물의 수입물량 조정을 위해 제정한 법령을

경제로 읽는 교양 세계사 •━━━━

가리켰다. 중상주의 시대인 1660년 이래 영국에서는 곡물의 국내 가격이 낮을 때는 수입 관세를 높게, 가격이 높을 때는 관세를 낮게 매겨 소비자 가격을 안정시키려 했다.

그러나 1815년 밀 가격이 급락하자 토지 귀족이 장악한 의회는 밀 가격을 높게 유지하려고 곡물조례를 개정했다. 밀 수입을 금지하는 가격 기준이 종전 쿼터당 54실링 이하에서 80실링 이하로 높아졌다. 밀 가격이 높아야 증산을 자극한다는 왜곡된 논리에 근거한 것이었다. 당시 영국은 산업혁명이 급진전하면서 곡물 생산자는 줄어든 반면 인구 증가로 곡물 소비자는 급속히 늘어나 수요 초과 상태였다.

나폴레옹의 대륙봉쇄령으로 1812년에는 밀 가격이 1쿼터8부셸에 118실링약 6파운드까지 폭등했다. 밀 1부셸약 28㎏을 사는 데 노동자의 보름치 봉급이 들 정도였다. 그러나 1813년 풍작과 1814년 대륙봉쇄령 해제로 프랑스, 우크라이나 등지의 저렴한 밀이 수입되어 1815년에는 영국의 밀 가격은 67실링까지 급락했다. 따라서 밀 가격이 80실링을 넘어야 수입을 허용한다는 것은 수입 금지조치나 마찬가지였다.

대륙봉쇄령 기간 중 고수익을 올리던 지주들은 높은 가격을 계속 유지하려 했고, 공장을 운영하는 자본가들은 밀 가격이 뛰면 덩달아 노동자의 임금을 올려줘야 했기에 강하게 반대했다. 더구나 나폴레옹 전쟁이 끝나면서 제대 군인들이 대거 노동자로 유입되어 임금이 하락할 상황이었는데 곡물 가격만 천정부지여서 노동자들만 골탕을 먹을 수밖에 없었다. 결국 곡물조례 논쟁은 밀 가격이 높아야 이익인 지주 계급과 가격이 낮아야 이익인 신흥 자본가 계급의 충돌을 의미하는 것이었다. 당시만 해도 노동자는 고려 대상이 아니었다.

"지주의 이익은 사회 이익과 항상 대립한다"

이때 곡물조례의 문제점을 신랄하게 비판하며 폐지를 강력히 주장한 경제학자가 데이비드 리카도1772~1823였다. 토지 귀족들은 토지에서 나오는 지대가 높아 곡물을 수입해도 가격이 내려가지 않을 것이라고 주장했다. 그러나 리카도는 곡물 가격이 비싸면 농업으로 이익을 보려는 사람이 늘어나 지대가 높아지게 되어 곡물 가격을 더 밀어 올린다며 거꾸로 반박했다. 이것이 리카도의 차액지대론이다. 차액지대론은 토지의 지대가 높아질수록 지주 계급이 토지의 모든 이윤을 독차지해 산업자본이 형성될 수 없고 경제발전과 분배도 어렵다는 주장이다.

따라서 리카도는 곡물을 수입해 가격을 낮추면 지대도 하락시킬 수 있으며, 그러기 위해 자유무역이 필요하다고 강조했다. 그는 1819년 아예 하원의원에 진출해 "지주 계급의 이익은 다른 모든 계급의 이익과 항상 대립한다."라며 곡물조례 폐지를 역설했다. 신흥 자본가들이 리카도의 이론에 쌍수를 들고 환영했음은 두말할 필요도 없다.

리카도를 21세기까지 유명하게 만든 것은 그가 자유무역의 근거로 제시한 비교우위론이었다. 비교우위론은 스미스의 절대우위론을 뛰어넘는 자유무역을 옹호하는 강력한 이론이었다. 국가 간 무역은 한쪽이 이익이면 다른 쪽이 손해를 보는 제로섬 게임이 아니라 비교우위에 의해 모두에

곡물조례에 반대하며 모여든 군중들. 리카도는 곡물 가격이 비싸면 농업으로 이익을 보려는 사람이 늘어나 지대가 높아져서 오히려 곡물 가격을 밀어 올린다며 조례 폐지를 주장했다

게 이익이 되는 플러스섬 게임이라는 것이었다. 즉, 더 싸게 많이 생산할 수 있는 절대우위 산업이 전혀 없는 나라일지라도 여러 산업 중에 상대적으로 적은 노동과 생산비가 드는 산업을 특화하면 무역으로 이익을 볼 수 있다는 것이 골자다.

이처럼 기묘하고 이해하기 어려운 비교우위론을 쉽게 설명하기 위해 리카도는 섬유와 포도주 생산에서 모두 포르투갈이 영국보다 절대우위인 경우를 상정했다. 포르투갈은 1년간 포도주 100통, 섬유 75필을 생산하고 영국은 포도주 60통, 섬유 70필을 생산하며 포도주 한 통과 섬유 한 필의 단위 가격이 같다고 가정해보자. 절대우위론에 따르면 포도주와 섬유를 모두 포르투갈이 생산하고 영국은 다른 품목을 찾아봐야 한다. 그러나 비교우위론은 영국도 할 일이 있다는 것이다. 각자 따로 생산하면 포르투갈은 175단위, 영국은 130단위를 생산할 수 있다.

그러나 비교우위에 따라 포르투갈이 포도주만 생산하면 한해 200통, 영국은 상대적으로 생산성이 나은 섬유만 생산하면 140필을 생산하게 된다. 각자 따로 생산할 때보다 포르투갈은 25단위, 영국은 10단위의 상품을 더 생산하게 된다. 따라서 포르투갈은 포도주를, 영국은 섬유를 생산하

🎀-Economic Keywords

★ 지대 추구

지대는 본래 토지 소유자가 땅을 빌려주고 받는 대가다. 그러나 경제학에서 말하는 지대경제적 지대는 의미가 좀 다르다. 공급이 제한적인 생산 요소토지는 물론 자본, 노동도 해당에서 발생하는 추가적 소득을 가리킨다. 이는 토지 소유자의 지대가 부가가치 생산에는 관여하지 않으면서도 생산에 따른 잉여가치의 많은 부분을 차지하는 특성을 은유적으로 확장한 개념이다.

경제학 용어로 지대 추구행위는 자신의 이익을 위해 로비 등 비생산적 활동에 몰두하는 일체의 활동을 가리킨다. 즉, 다수를 희생시켜 소수 특정 집단에게 이득을 몰아주는 행위다. 쉽게 말해 이권 추구, 정경유착이나 마찬가지다. 예컨대 특정 직종단체가 경쟁자의 진입을 막기 위해 정부와 국회에 로비해 면허 취득을 어렵게 만들면 별다른 노력 없이도 초과 소득을 얻는다. 진입 규제가 없을 때의 이익보다 진입 규제가 있을 때의 이익이 크다면 그 차이가 곧 지대다. 그들이 누리는 지대만큼 소비자의 부담이 커진다. 유럽의 산업혁명 이전에 수공업을 독점했던 길드동업자조합가 지대 추구의 대표적인 사례다. 길드는 가격 통제, 야간작업 금지, 자격 세습 등을 통해 동업자들의 이익을 보호하고 특권을 유지했다.

경제로 읽는 교양 세계사

고 서로 무역을 통해 교환하면 양국 모두에 이익이라는 것이다.

비교우위를 좀 더 쉽게 설명해 보자. 수임료가 높은 고급 변호사가 타이핑 속도도 빠르다고 해서 이 변호사가 타이핑도 직접 하는 게 나을까, 비서에게 맡기는 게 나을까? 수백 억 원의 연봉을 받은 농구 황제 마이클 조던이 잔디를 직접 깎는 게 나을까, 아니면 이웃에게 돈을 주고 맡기는 게 나을까?

변호사나 조던은 각기 사건 변호와 농구에 전념할 때 더 나은 수입을 올릴 수 있다. 누구에게나 하루가 24시간인 것은 똑같기 때문이다. 따라서 모든 일을 혼자 다 하는 것보다는 가장 잘하는 일에 몰두하면서 나머

★ 절대우위와 비교우위

절대우위는 특정 상품을 다른 나라보다 싸게 잘 만들 수 있을 때 국제무역에서 갖는 위치를 가리킨다. 한 나라가 모든 상품에서 절대우위를 갖는다면 일방적으로 수출만 할 뿐, 다른 나라의 물건을 수입할 이유가 없다. 그러나 모든 상품에 절대우위가 있더라도 다른 나라와의 무역을 통해 이득을 얻을 수 있다. 비교우위가 작용하기 때문이다.

비교우위는 두 가지 상품을 생산하는데 A국이 B국보다 모두 절대우위라고 해도 상대적으로 더 싸게 생산할 수 있는 상품을 B국에 팔고 덜 싸게 생산하는 상품은 B국에서 사오면 두 나라 모두에게 이익이 된다는 원리다. 국가 간 무역을 통해 인류가 번영할 수 있었던 비결이다. 이는 국가마다 생산능력에는 차이가 있지만 하루 24시간, 1년 365일이라는 시간은 동일하기 때문에 가능하다. 선진국이든 후진국이든 각기 잘할 수 있는 산업에 특화해 집중 생산하고 서로 무역을 통해 교환하면 모두에게 이익이 되는 것이다. 아무리 우수 학교라도 꼴찌가 있고, 열등한 학교에도 1등이 있는 것과 마찬가지다. 당장 시험이 임박했는데 시간이 없다면 친구와 각자 잘하는 과목을 나눠 맡아 요점정리를 하고 노트를 교환해 공부하는 게 도움이 되는 것도 비교우위가 작용하기 때문이다.

지 일은 타인에게 맡기는 게 훨씬 이득이라는 것이 비교우위론이다.

리카도는 경제학자 겸 정치가로서 그토록 싸웠던 곡물조례의 폐지를 보지 못한 채 1823년 눈을 감았다. 자본가와 노동자를 괴롭힌 곡물조례는 아일랜드 대기근으로 100만 명이 넘게 굶어 죽은 1846년에야 폐지되었다. 영국 상품을 실어나를 때는 자국과 식민지의 선박만 이용케 하는 항해조례도 1849년 사라졌다. 곡물조례와 항해조례의 폐지는 자유무역의 완성을 알리는 이정표였다.

기계를 부수고 자동차를 막아라

인류 역사상 혁신적인 기술은 생활을 풍요롭게 만들었다. 농업혁명과 바퀴의 발명에서부터 항해술, 나침반, 인쇄술, 방적기, 증기기관에 이어 오늘날의 자동차, 비행기, 컴퓨터, 스마트폰에 이르기까지 문명의 진화는 인류의 삶의 질을 높였고 새로운 일자리를 창출했다. 하지만 그 과정에서 부득이하게 탈락하고 피해를 입는 사람들도 생겨났다. 자동차가 등장하면서 마부가 사라지고, 스마트폰이 출현하자 기존 휴대폰 제조업체들이 줄줄이 파산하듯이.

영국에서는 방적기를 여러 차례 개량한 끝에 1800년대 들어 기계 한 대가 노동자 수백 명의 몫을 담당할 수 있게 되었다. 공장에서 대량생산하는 값싼 고품질 면직물은 가내수공업 직공들에게 직격탄이었다. 무더기로 일자리를 잃거나 임금이 깎이는 일이 다반사였다. 게다가 1800년대 초

경제로 읽는 교양 세계사 ▪──

대륙봉쇄령에 막혀 물가가 폭등하던 상황이었다.

이런 배경에서 실직한 노동자들이 비밀결사 조직을 만들어 단체 행동에 나섰다. 이들은 밤마다 복면을 한 채 직물공장을 돌며 기계를 부수고 공장주의 집에 불을 질렀다. 실업과 생활고를 기계 탓으로 돌린 것이다. 이것이 '러다이트 운동' 또는 '러디즘'으로 불리는 기계파괴 운동이다. 방적기 두 대를 부순 것으로 전해진 전설적인 지도자 네드 러드의 이름을 딴 것이다.

영국 중부 노팅엄 직물공장에서 시작된 러다이트 운동은 랭커셔, 요크셔 등 북부 공업지대로 확산했다. 러다이트 운동이 극에 달한 1812년에는 나폴레옹과의 전투에서보다 러다이트 노동자들을 저지하는 데 군대를 더 많이 배치했을 정도였다.

노동자 폭동에 놀란 영국 정부는 강력한 진압에 나섰다. 1813년 지도자급 17명을 처형하고 동조하는 세력을 지구 반대편 오스트레일리아로 추방한 뒤에야 폭동은 잠잠해졌다. 1816년 다시 불황이 닥쳐 러다이트 운동이 재발했지만 강경 진압과 경제상황 호전으로 오래 가지 못했다. 이를 계기로 러다이트는 반反기술문명 운동, 과학기술 발전에 반대하는 사람들을 가리키는 일반 명사가 되었다.

새로운 기계에 대한 거부 반응은 그 이후에도 자주 되풀이되었다. 영국에서 1826년 증기기관을 응용한 28인승 증기자동차가 등장했다. 많은 사람들을 태우고 시속 30km까지 달리는 증기자동차는 속도의 혁명을 가져왔지만 마차를 끄는 마부들에게는 크나큰 위협이었다. 급기야 자동차 사고를 빌미로 영국 의회는 안전을 명분 삼아 1865년에 '적기조례'를 제정

찰리 채플린의 영화 「모던타임즈」에서 주인공 찰리는 공장에서 하루 종일 나사못 조이는 일을 한다. 이 무렵 실직한 노동자들이 기계를 부수고 공장주의 집에 불을 질렀는데 이것이 '러다이트 운동' 또는 '러디즘' 이다

했다.

증기자동차가 도심에서 시속 2마일3.2㎞, 교외에서 4마일6.4㎞ 이상 달릴 수 없게 속도를 규제했다. 또한 운행할 때는 60야드55m 앞에서 조수가 붉은 깃발밤에는 등불을 들고 마부들에게 자동차가 온다고 알리도록 했다. 자동차를 사람이 걷는 속도로 기어가도록 규제했으니 자동차 산업이 발전할 리 만무했다. 적기조례는 1896년에야 폐지되었지만 영국의 자동차 기술자들은 미국, 독일, 프랑스 등으로 빠져나간 뒤였다.

영국은 증기자동차를 처음 상용화했으면서도 적기조례로 30여 년을 허송한 결과 20세기 최대 산업인 자동차 분야에서 미국, 독일 등에 뒤처

경제로 읽는 교양 세계사

졌다. 산업혁명의 발상지인 영국 사회에서조차 자동차가 마부들의 일자리를 위협하는 것만 보았을 뿐 자동차로 인해 엄청나게 많은 일자리가 새로 생겨난다는 사실은 인식하지 못했던 것이다. 지금도 적기조례는 시대착오적 법률의 대명사로 기억되고 있다.

노동자에게도 선거권을 달라

1830년대 산업혁명이 완성되면서 경제 발전에 따른 정치·사회 변화는 더욱 가속화되었다. 인구가 도시로 몰리고 농촌 인구가 줄어들자 농촌 지역에 편중된 선거구에 대한 비판이 강하게 제기되었다. 1832년 1차 선거법 개정으로 의원의 재산 자격이 완화되어 도시 자본가들도 의회에 진출할 길이 열렸다. 의회가 지주 계급 중심에서 지주와 자본가 계급으로 재편된 것이다. 이런 변화가 있었기에 1840년대에 곡물조례와 항해조례가 폐지될 수 있었던 것이다.

그러나 노동자는 여전히 배제되었다. 1차 개정된 선거법은 유권자를 성인 남자 8%에서 16%전체 인구의 2%에서 4%로 늘린 데 불과했다. 열악한 임금과 생활고로 인해 노동자들의 불만은 고조되어 갔다. 1810년대 폭력적이고 시대착오적인 러다이트 운동이 더 이상 통하지 않는다는 점은 노동자들도 알고 있었다. 그래서 노동조합을 결성하고 합법적인 정치 참여로 방향을 틀었다. 더구나 프랑스에서 1830년에 7월혁명, 1832년에 6월혁명이 연이어 터진 것도 영국 노동자들에게 영향을 미쳤다. 빅토르위

고의 『레 미제라블』에 등장하는 바리케이드 전투는 6월혁명의 한 장면을 묘사한 것이다.

1830년대 중반부터 영국 노동자들의 정치 참여 요구가 빗발쳤다. 1836년 런던노동자협회가 결성되고 이듬해 노동자의 선거권을 요구하는 '인민헌장' 서명운동이 영국 전역으로 퍼져 나갔다. 이른바 차티스트 운동이다. 1839년 120만 명이 서명한 선거권 요구 청원서를 하원에 제출했다. 1842년에는 서명자가 325만 명으로 늘어났다.

1848년에는 「공산당 선언」과 프랑스의 2월혁명을 계기로 유럽 전역에 노동자 혁명의 기운이 고조되면서 영국에서는 청원 서명자가 570만 명에 이르렀다. 그런데도 하원에서 청원서가 부결되었고 지도자들이 투옥되었다. 그러나 1850년대 들어 노동자들의 반발이 극에 달하자 공장 작업 조건을 개선하는 조치가 나왔다. 뒤이어 경제 호황으로 생활 수준이 나아지면서 노동조합 운동도 수그러들었다.

차티스트 운동은 성인 남자에게 선거권 부여, 비밀투표, 의원의 재산 자격 폐지, 평등 선거구제 등을 요구하는 인민헌장을 실현하는 것이 목적이었다. 비록 차티스트 운동은 좌절했지만 이후 선거법 개정과 노동자 이익을 대변하는 노동당 등장의 계기가 되었다.

1867년 2차 선거법 개정으로 대다수 도시 노동자에게 선거권이 부여되었고, 1884년 3차 선거법 개정에서는 농촌, 광산 노동자에도 선거권이 확대되고 비밀투표가 도입되었다. 프랑스가 100년에 걸친 유혈 혁명 끝에 근대 국민국가로 전환한 반면 영국은 수 세기에 걸쳐 점진적인 개혁으로 선진국가로 발전했다.

경제로 읽는 교양 세계사

그러나 영국 여성은 1918년에 가서야 선거권을 획득했다. 그것도 남성은 21세 이상인 반면 여성은 30세 이상이었다. 최고 선진국인 영국이나 미국조차 19세기까지는 양성평등 개념이 희박했다.

폭력적이면서도 순수한 괴물의 이중성
메리 셸리의 『프랑켄슈타인』

러다이트 운동이 휩쓸고 지나간 19세기 초 영국 사회의 불안한 분위기를
반영한 소설이 메리 셸리의 『프랑켄슈타인』1818이다. 메리 셸리가 남편 퍼
시 셸리와 함께 제네바 호숫가에 머물 때 시인 바이런이 각자 괴담을 써보
자고 제안한 것이 집필 동기였다. 셸리의 아버지는 낭만적 유토피아주의 철
학자 윌리엄 고드윈이었고 어머니는 작가였다. 이런 부모를 두었기에 불과
21세의 어린 나이에 문제작을 쓸 수 있었을 것이다. 더구나 메리는 18~22
세에 낳은 아이 셋을 다 잃었다. 사회적 혼란과 개인적 비극이 합쳐져 그의
작품 전반에 괴기스럽고 어두운 분위기가 드리워졌다.

이 작품은 '현대의 프로메테우스'라는 부제를 붙여 그리스 신화와의 연
관성을 암시한다. 프로메테우스는 자신이 진흙으로 창조한 인간들에게 제
우스를 거역해가며 불을 가져다준 신이다. 『프랑켄슈타인』은 인간이 창조
한 괴물을 통해 당시 시대상과 불확실한 미래기술에 대한 공포를 전한다. 단
순 괴기소설이 아닌 최초의 공상과학소설로 꼽히는 이유다.

1831년 셸리는 작품을 대대적으로 고치면서 작품 탄생 과정을 밝히는 서문3판을 붙였다. 빅터 프랑켄슈타인 박사가 자신이 만든 괴물을 쫓아 북극까지 갔다가 탐험가 월턴의 배에 구조된다는 설정은 실제로 영국이 북극항로 개척에 나선 시기와 맞닿아 있다. 빅터는 남편 퍼시의 필명이다. 퍼시는 낭만주의 시인이면서 과학자들과도 교류가 많았다고 한다. 또한 죽은 자의 뼈로 생명체를 만드는 내용은 1791년 이탈리아 과학자 갈바니가 '동물 전기'를 발견해 전기 자극으로 죽은 생명체를 움직일 수 있다는 믿음이 널리 퍼진 것과 연관이 있다. 괴물이 자신의 불우한 과거를 이야기하는 부분에서는 백지 상태인 사람이 주위 환경에 의해 얼마든지 바뀔 수 있다는 루소의 사상을 떠올리게 된다.

그런데도 대중이 셸리의 괴기소설로 기억하는 것은 영화의 영향이 컸다. 1931년 영화 「프랑켄슈타인」에서 괴물 역을 맡은 배우 보리스 칼로프는 기괴한 분장과 표정 연기로 세계적인 스타가 되었다. 그는 폭력적이면서도 순수한 괴물의 이중성을 대중들에게 깊이 각인시켰다.

『프랑켄슈타인』은 산업혁명에 대한 대중의 거부감과 공포를 반영하고 있다. 사람들은 알지 못하는 새로운 기계와 과학기술에 대해 본능적으로 두려움을 느낀다. 현상 유지가 흔들릴 것이라는 심리적 동요를 가져오기 때문이다. 설상가상 일자리까지 잃으면 공포는 강한 반감으로 변하기 마련이다. 오늘날 유전자 복제, 유전자 변형 식품, 로봇과 인공지능 등에 대한 대중의 공포와 반감이 확산하는 것도 그런 연장선이라 할 수 있다.

인간의 노동력을 대체하는
AI와 신기술 공포

산업혁명기의 러다이트 운동처럼 신기술이 등장하면 기존 일자리를 위협하게 마련이다. 오늘날에도 신기술 공포는 여전하다. 2016년 3월 인공지능AI알파고가 이세돌 9단과의 대국에서 압도적인 우세를 보이자 우리나라에도 'AI 포비아공포증'가 널리 확산했다. 때마침 다보스포럼이 AI와 로봇의 등장으로 향후 5년간 주요 15개국에서 500만 개 이상 일자리가 사라질 것이라는 전망까지 내놔 공포감을 더했다. 실제로 AI가 고도화되면서 일기예보부터 의사의 영역인 암 진단, 투자 포트폴리오 구성까지 담당할 정도다. 또한 증권 시황, 스포츠 등의 간단한 기사를 작성하고 시나 소설까지 작성하는 수준에 이르렀다. 의사, 펀드매니저, 기자, 작가 할 것 없이 인류의 직업이 송두리째 위협받는 판국이다.

신기술 공포 속에 최근 우리나라 국회의원 모임에서는 인간의 노동력을 대체하는 로봇, AI 등에 세금을 물리자는 의견까지 나왔다고 한다. 하지만 인류는 바로 그런 신기술에 의해 진화하고 발전해왔다. 당장은 기존 일자리를 잠식하지만 현재는 존재하지 않는 수많은 일자리를 만들어내기 때문이다. 자동차가 처음 등장했을 때 마부, 마차제작자 등은 일자리를 잃을까봐 격렬하게 반대했다. 그러나 수만 가지 부품이 들어가는 자동차는 마차와는 비교할 수도 없이 많은 일자리를 창출해냈다. 인간은 변화에 적응하는 존재다. AI와 로봇을 이용해 새로운 일자리를 만들어낼 것이다.

05

감자 대기근과 인구론
_식량 증가 속도는 인구 증가 속도를 따라가지 못할까?

영국의 식민지 착취가 키운 감자 대기근

산업혁명 이전까지 인류는 기아와 영양부족을 면치 못했다. 농업혁명 이래 1만여 년이 지나도록 식량 생산의 증가 속도는 인구 증가 속도에 비해 더디기만 했다. 모처럼 호황과 풍작을 맞아 인구가 늘어난다 싶으면 어김없이 불황과 흉년이 닥쳤다. 자연에 의한 인구 조절양성제어이었다. 인구가 많은 중국에서는 왕조가 바뀔 때마다 전란에 휩싸였고 대대적인 기근이 발생했다. 동서양을 막론하고 굶주림에 지쳐 인육을 먹었다는 기록이 적지 않다. 물론 지금도 아프리카 등 지구 곳곳에서 기아는 사라지지 않고 있다.

부족과 결핍은 인류의 숙명이었다. 그런 인류에게 신대륙 발견 이후 '콜럼버스의 교환'으로 구대륙에 전해진 감자는 '신의 선물'이나 마찬가지였다. 쉽게 잘 자랐고 씻어서 익히기만 하면 바로 먹을 수 있었다. 감자는 밀보다 두 배나 많은 인구를 부양할 수 있었다. 감자가 빠르게 구황식물흉년이나 기근이 심할 때 농작물 대신 먹을 수 있는 야생 식물의 대표로 자리 잡게 된 배경이다. 유럽에서 가장 먼저 감자를 식용작물로 재배한 곳이 17세기 초 아일랜드였다. 아일랜드는 감자 재배에 적합한 기후와 토양을 가졌다. 영국의 가혹한 지배 아래 빈곤에 허덕이던 아일랜드인들이 감자를 주식으로 삼은 것은 당연한 일이었다.

농업지대인 아일랜드는 산업혁명이 한창일 때 영국의 곡창지대 역할을 했다. 그러나 밀, 옥수수처럼 돈이 되는 환금작물은 영국으로 팔려나갔고, 아일랜드인의 약 40%가 감자로 연명했다. 감자로 굶주림을 면하면서 인구 압력이 거세졌다. 아일랜드에 감자가 들어온 17세기 초 200만 명이던 인구가 150년 뒤인 18세기 중반에는 네 배인 800만 명으로 불어났다. 당시 영국이 1,000만 명 남짓했던 것과 비교하면 아일랜드의 인구 압력이 얼마나 컸는지 가늠할 수 있다.

식량을 한 가지 작물에만 의존하면 위험도 커지게 마련이다. 아일랜드인의 효자였던 감자가 1845년 돌연 재앙으로 돌변했다. 감자가 뿌리째 썩고 보관해둔 감자까지 썩기 시작한 것이었다. 원인은 잎마름병이라는 감자 역병이었다. 특정 곰팡이에 취약한 단일 품종의 감자만을 심었는데 한번 잎마름병이 돌자 속수무책이었다. 감자 역병이 유럽 대륙으로 퍼졌지만 유독 아일랜드에서 피해가 컸던 것도 이 때문이었다. 이것이 19세기 최악의 재해로 기록된 아일랜드의 '감자 대기근'이다.

감자 대기근을 영국의 식민지 착취가 사태를 키운 인재였다고 보는 시

빈센트 반 고흐의 「감자 먹는 사람들」(1885). 신대륙 발견 이후 유럽에 전해진 감자는 재배가 쉽고, 먹기 편한 작물이다. 하지만 감자 역병이 돌자 단일 품종 감자만 심었던 아일랜드에 '감자 대기근'이 돌아 6년 사이 110만 명이 굶어 죽었다

각도 많다. 대기근 기간에도 지주들은 아일랜드에서 생산된 밀, 옥수수 등 곡물을 영국으로 실어 날랐다. 영국은 초기에 감자 역병의 원인을 몰라 아일랜드인이 게으른 탓이거나 신의 저주라고 치부했다. 초기 대응이 늦어 피해를 가중시킨 것이다. 더구나 영국은 곡물조례에 따라 값싼 외국산 곡물의 수입도 막아 놨다. 아일랜드 대기근이 벌어진 뒤에야 영국은 곡물조례를 폐지했다.

감자 대기근의 결과는 참담했다. 불과 6년 사이에 110만 명이 굶어 죽

　　　　　　　　　　　　　　경제로 읽는 교양 세계사 ●────

거나 영양부족에 따른 각종 전염병으로 사망했다. 가난과 굶주림을 피해 신대륙으로 떠난 이민자가 대기근 기간 중 100만 명을 포함해 10년간 180만 명에 달했다. 졸지에 인구의 4분의 1이 줄어든 것이다. 이민 행렬은 20세기 초반까지 이어져 불과 60년간 550만 명이 아일랜드를 떠났다고 한다. 존 F. 케네디 대통령도 아일랜드 이민자의 후손이다. 톰 크루즈 주연의 영화 「파 앤드 어웨이」1992는 아일랜드 소작농들이 미국 보스턴을 거쳐 오클라호마에서 자신들의 땅을 갖게 되는 과정을 그렸다. 1912년 영국에서 미국으로 가다 침몰한 타이타닉호의 맨 밑바닥 3등칸은 대부분 아일랜드인이고 희생도 제일 컸다. '슬픈 아일랜드'의 역사다.

낙관주의 경제관에 찬물을 끼얹은 '맬서스의 함정'

감자 대기근보다 약 반세기 앞선 1800년경 영국에서는 19세기에 대한 기대와 낙관론이 널리 퍼졌다. 국가가 발전하고 생활 수준이 개선된 모습을 눈으로 확인할 수 있던 시대였기 때문이다. 세계가 '보이지 않는 손'에 의해 조화롭게 발전할 것이란 애덤 스미스의 주장대로 이른바 '팡글로시안 경제'가 끝없이 이어질 것 같았다. 팡글로시안은 볼테르의 철학 우화소설 『캉디드 혹은 낙관주의』에 나오는 팡글로스 교수를 빗댄 말이다. 극단적 낙관주의자인 팡글로스는 세상의 온갖 고난과 풍상을 겪고도 '여러 가능한 세상 중에 지금이 최선'이라는 낙관론을 견지하는 인물이다.

하지만 세상은 늘 평화와 풍요가 넘쳐나는 유토피아가 아니다. 유토피아는 그 뜻부터가 '현실에는 없는 곳'이다. 조화로운 세상으로 나아간다는 낙관론이 대세였던 시대에 급제동을 건 인물이 나타났다. 그가 바로 영국 국교회_{성공회} 목사였던 고전파 경제학자 토머스 로버트 맬서스였다. 맬서스는 19세기를 2년 앞둔 1798년『인구론』이란 소책자를 익명으로 발표해 영국 사회에 엄청난 논란을 몰고 왔다.

맬서스의 『인구론』은 기존 사고방식을 뒤엎는 반역적인 예언이었다. 농업혁명 이래 인류에게 '인구=부'였고 출산 장려가 기본이었다. 동서양 어디에서나 이른 나이에 결혼해 평생 낳고 또 낳았다. 영국 정부조차 자녀가 여덟 이상인 가정에는 다자녀 장려금까지 줄 정도였다. 그런데 맬서스가 느닷없이 '인구는 곧 재앙'이라고 저주를 퍼부었으니 사람들이 뒤집어지지 않을 수 없었다.

맬서스는 세상과 유토피아 사이에는 건널 수 없는 강이 있다고 봤다.

✂-Economic Keywords

★ 수확체감의 법칙

수확체감의 법칙은 다른 생산요소가 일정한 상태에서 한 가지 생산요소를 증가시킬 경우 그 산출량의 증가 속도가 점차 감소하는 현상을 가리킨다. 어떤 산업이든지 계속 성장하다 일정 수준에 도달하면 성장이 정체된다는 것이다. 이 현상은 본래 일정한 농지에서 작업하는 노동자 수가 증가할수록 1인당 수확은 오히려 줄어드는 것을 의미했다. 일정한 토지에 노동력을 더 많이 투입한다 해도 식량 증산에는 한계가 있다는 얘기다. 이와 반대 현상이 수확체증의 법칙이다. 생산요소를 증가시킬수록 산출량이 기하급수적으로 증가하는 현상이다. 대량생산 방식이라는 전통적인 산업에서는 수확체감의 법칙이 작용하지만, 적은 자원과 집약된 첨단 지식을 활용하는 지식기반 산업에서는 수확체증의 법칙이 통용된다.

실제로 18~19세기 폭발적으로 늘어난 인구가 도시로 몰려들어 빈민, 전염병, 식량 부족, 오염, 공해 등 각종 사회문제를 야기했다. 이런 현실을 눈으로 목격한 맬서스는 『인구론』에서 자연에서의 인구 증가가 생존수단식량의 증가를 앞지르는 경향이 있다고 지적했다. 인구는 1, 2, 4, 8, 16, 32, 64, 128, 256, 512…… 등 기하급수等比級數로 증가한다고 봤다. 종족 번식 본능이 작용한다는 것이다. 하지만 한정된 토지에서 생산되는 식량은 1, 2, 3, 4, 5, 6, 7, 8, 9, 10…… 등 산술급수等差級數로 밖에 증가할 수 없다. 수확체감의 법칙이 작용하기 때문이다. 이렇게 되면 인구 대 식량의 비율이 225년 뒤에는 512대 10, 300년 뒤에는 4,096대 13이 되며, 2000년 후에는 아예 그 차이를 계산할 수 없을 정도라는 것이었다. 맬서스는 미국 인구가 150년 동안 25년마다 두 배로 늘어난 점을 근거로 들었다.

맬서스는 애덤 스미스의 경제관을 계승하면서도 인구 폭발로 인해 인류는 절망의 함정에 빠진다고 봤다. 생산성의 증가가 인구 증가를 따라가지 못해 항구적으로 빈곤과 정체 상태를 벗어나지 못한다는 것이다. 이른바 '맬서스의 함정'이다. 맬서스는 "기아가 자연이 가진 최후의, 가장 두려운 자원이 될 것이다."라고 장담했다. 이쯤 되면 영국 역사가 토머스 칼라일이 맬서스의 『인구론』을 읽고 나서 경제학을 '우울한 과학'이라고 평한 게 전혀 이상한 일도 아니다.

맬서스는 제도 개선으로 빈곤을 퇴치할 수 있다는 계몽사상도 강하게 비판했다. 대신 인구 증가를 억제하려면 조기 결혼을 촉진하는 모든 조치를 없애라고 주장했다. 빈민구호금도 철폐하고 노동자 계급을 위한 주택 공급도 중단하라는 것이었다. 맬서스는 폭발하는 인구에 대한 예방 제어에 실패할 경우 기아, 전쟁이라는 양성 제어가 작동한다고 내다봤다.

극단적인 비관론 탓에 맬서스는 격렬하게 비난받았다. 그러나 그는 심장이 차가운 냉혈한이 아니었다. 자연이 양성 제어에 나설 경우 가장 먼저 피해를 보게 될 빈민, 노동자에 대한 연민과 측은지심에서 극약 처방을 내놓은 것이었다. 영국에서는 실제로 맬서스의 주장을 일부 수용해 다자녀 장려금을 폐지하기도 했다. 맬서스가 세상을 떠난 지 10년 뒤에 벌어진 아일랜드 대기근은 맬서스의 예언을 뒷받침하는 증거로 인용되었다.

맬서스도 몰랐던 인구의 빈익빈 부익부

맬서스의 『인구론』은 19세기 후반 신新맬서스주의로 계승되었다. 신맬서스주의는 식량 자원 등 생활 수단의 증가 이상으로 인구가 늘어나는 것을 억제하기 위해 산아 제한의 근거가 되었다. 이런 생각은 구미 선진국에서 제도화되었고 2차 세계대전 이후에는 아시아, 중남미, 아프리카에도 강력한 영향을 미쳤다. 중국이 최근에야 폐지한 한 자녀 정책도 그 산물이었다.

1970년대 초반까지도 세계 인구 증가에 대한 맬서스의 예상이 들어맞는 듯이 보였다. 인구 통계학자들은 아무런 통제가 없다면 세계 인구가 2000년대에는 200억 명에 이를 것으로 전망했다. 그런 시각을 대변한 폴 에를리히의 『인구 폭탄』1968, 유럽 지식인 모임인 로마클럽의 『성장의 한계』1972 등은 세계적인 베스트셀러가 되었다. 그러나 오늘날 세계 인구는

경제로 읽는 교양 세계사

73억 명 수준이다. 일부 저개발 국가들을 제외하면 오히려 출산과 결혼 기피로 인해 저출산 문제가 더 심각하다. 맬서스의 예언이 틀린 것이다. 왜 틀렸을까?

우선 공급 측면에서 품종개량, 윤작, 비료와 농기구 발달 등으로 식량 생산이 맬서스의 예상보다 훨씬 빠르게 증가하는 녹색혁명이 일어났다. 중국, 인도 같은 거대 인구 국가들도 기아에서 벗어났다. 수요 측면에서 인구가 늘어나기는 했어도 기하급수로 폭증한 것은 아니었다. 19세기 말 피임법의 발명과 20세기 여성의 사회진출도 출산율을 낮춘 중요한 요인 이었다.

학자들이 관찰한 각국의 인구 변천사를 보면 네 단계로 진행된다. 산 업화 이전 1단계는 출생률과 사망률이 모두 높아 인구 증가가 미미하다. 산업화에 진입하는 2단계는 출생률이 높지만 사망률이 떨어져 인구가 급 증하게 된다. 3단계는 도시화와 교육의 영향으로 출생률과 사망률이 모 두 낮아지며 인구 증가율도 떨어진다. 농촌에서는 많은 자식이 노동력이 지만 도시화된 이후에는 자식이 양육비, 교육비 등 돈이 한없이 들어가는 '돈 먹는 하마'가 된다. 경제적으로 성숙한 4단계에는 거꾸로 출산기피 현 상이 벌어져 인구가 정체하거나 줄어들게 된다.

맬서스가 살았던 18세기 말~19세기 초는 2단계 인구 폭증기였다. 맬 서스가 25년마다 배로 늘어난 미국 인구를 인용한 것도 통계 오독이었다. 그는 이민자 증가를 계산에서 빼먹었다. 맬서스의 인구론은 사실 종말론 에 가깝다. 인류사에는 무수히 많은 종말론이 횡행했지만 그런 예언이 들 어맞은 적은 없다. 과거의 경험과 통계로 알 수 없는 미래를 섣불리 예단

2050년이면 세계 인구가 100억 명에 육박할 것이란 전망이다. 문제는 인구가 넘치는 곳은 점점 더 늘고, 모자라는 곳은 오히려 줄어드는 불균형이다. 선진국은 저출산이 고민인 반면 후진국은 여전히 기아와 빈곤이 문제다

한 탓이다. 점쟁이들이 과거는 잘 맞춰도 미래는 잘 못 맞추는 것과 같다. 인간은 환경이 바뀌면 적응해가는 존재다. 눈앞에 파국이 빤히 보이면 인류는 그것을 피하기 위해 모든 노력을 기울이고 스스로의 행동을 바꿀 것이다. 맬서스는 바로 인류의 적응 능력을 간과했던 것이다.

맬서스의 예언이 빗나갔지만 그렇다고 인류가 맬서스의 함정에서 완

경제로 읽는 교양 세계사

전히 벗어났다고 장담하기 어렵다. 1920년 20억 명이었던 인구는 73억 명으로 한 세기 만에 거의 3.5배가 되었다. 2050년이면 100억 명에 육박할 것이란 전망이다. 문제는 인구가 넘치는 곳은 점점 더 늘고, 모자라는 곳은 오히려 줄어드는 불균형에 있다. 선진국은 저출산이 고민인 반면 후진국은 여전히 기아와 빈곤이 문제다.

낙관주의와 부조리의 간극
볼테르의 『캉디드 혹은 낙관주의』

유럽의 18세기는 낙관주의가 지배했지만 현실에서는 여전히 전쟁, 살인, 부패 등 부조리가 넘쳐났다. 따라서 세상이 낙관적인가 비관적인가를 둘러싼 철학 논쟁도 많았다. 낙관주의와 부조리의 간극에 대해 화두를 던진 것이 볼테르의 『캉디드 혹은 낙관주의』1759라는 우화소설이다.

볼테르1694~1778는 18세기 프랑스 계몽주의를 대표하는 철학자이자 시인, 극작가, 비평가, 역사가다. 그는 자신의 철학을 대중에게 쉽게 전달하기 위해 철학적 콩트우화소설라는 장르를 창조했다. 총 26편을 남겼는데 그중 대표작이 『캉디드 혹은 낙관주의』다. 이 작품은 볼테르의 '고백록'이라고 불릴 만큼 그의 사상과 체험이 잘 녹아 있다.

볼테르는 이 작품을 통해 당시 공허한 철학과 신분제도, 군대와 성직자, 상인의 타락을 싸잡아 비판하고 있다. 그가 살던 시대에 벌어진 7년전쟁, 오스트리아 왕위계승전쟁의 참상이나 남아메리카 설탕 노예의 모습도 적나라하게 담았다. 18세기 유럽이 어떤 모습일지 상상해가며 읽으면 마치 시간 여행을 하는 듯하다.

주인공 캉디드는 남작의 아들, 딸퀴네공드과 함께 어릴 적 팡글로스 교수의 가르침을 받았다. 팡글로스는 상상하기 힘든 온갖 고초를 겪고도 낙관주의를 버리지 않는다. 이를 통해 볼테르는 질문을 던진다. 세상은 낙관적인가, 비관적인가.

팡글로스는 독일 철학자 라이프니츠를 대변하는 인물이다. 팡글로스는 그리스어로 '모든pan 말들gloss'이란 의미다. 라이프니츠는 세상은 제각기 연관 없는 단자들로 구성되어 있지만 신에 의해 조화를 이룬다는 예정조화설을 편 낙관주의 철학자다. 온갖 부조리와 악이 넘쳐나지만 다 신의 뜻이며 세상은 신이 창조할 수 있는 수많은 가능성 가운데 최선의 상태라는 것이다. 구약성서의 「욥기」처럼 어찌 되었든 신은 정당하다는 주장이다.

하지만 세상은 에덴동산도, 유토피아도 아니다. 보통 사람이면 신의 뜻일지라도 현실을 곧이곧대로 받아들이기 어려운 상황에 빠지게 마련이다. 막판에 캉디드는 유대 상인에게 속아 재산을 다 잃고 사랑하던 퀴네공드는 추녀가 되고 만다. 그러나 "일은 권태와 방탕, 궁핍이라는 세 가지 악으로부터 우리를 지켜준다."라는 한 노인의 말을 듣고 자신의 운명을 감내한다. 부조리의 존재를 인정하고 일을 통해 스스로 만족하라는 볼테르의 암시다.

팡글로스가 특유의 장광설을 늘어놓을 때마다 캉디드는 중간에 끊고 "이제 우리는 우리의 밭을 갈아야 한다."라고 답한다. 볼테르는 세상이 낙관적인지 비관적인지 답을 주지는 않았다. 하지만 인생에 정말 중요한 것은 추악한 정치나 뜬구름 잡는 철학이 아닌 일상의 노동임을 일깨우고 있다.

맬서스의 인구 폭탄론과
「인페르노」「설국열차」「킹스맨」

　　맬서스의 인구 폭탄론은 영화, 소설 등에서 자주 다루는 흥미로운 주제
다. 인구 폭발은 재앙이고, 그 해결책은 폭력이라는 설정은 대중의 흥미를
끌 만하다. 『다빈치 코드』의 작가 댄 브라운의 원작 영화 「인페르노」2016는
광기 어린 과학자 조브리스트가 인구 폭발로 인한 파국을 막겠다는 오도된
신념에 빠져 중세의 페스트와 같은 세균을 퍼뜨린다는 설정이다. 조브리스
트는 맬서스의 열렬한 신봉자로 그려졌다.

　　봉준호 감독의 「설국열차」2013도 그 밑바탕에 계급투쟁과 인구론이 깔
려 있다. 생존자들이 탄 열차는 자원이 한정되어 있는 지구를 뜻하며, 승객
으로 가득한 열차는 인구 때문에 폭발하는 지구를 암시한다. 그래서 비좁
은 꼬리칸에서 주기적으로 폭동이 일어나고 이를 무자비하게 진압해 인구
를 조절한다. 이런 비극이 열차 주인 윌포드와 꼬리칸 지도자 길리엄 간의
합의로 반복되었다는 것이 기막힌 반전이다.

　　영국 영화 「킹스맨: 시크릿 에이전트」2015에서도 맬서스의 그림자가 엿

보인다. 악당 발렌타인 회장은 지구가 병든 것이 바이러스연구가 많아진 탓이라고 여기는 인물이다. 그는 인간들이 서로 증오해 싸우다 죽게 만드는 칩을 개발해 무료 배포하는 계획을 펼치려 한다. 이 작품들은 인구 증가는 무조건 재앙인가, 그 해결 방법은 폭력뿐인가 하는 질문을 던진다.

4부

근대 경제의 질주, 번영과 몰락의 시절

01

자본주의에서 탄생한 마르크스 사회주의
_자본주의 붕괴를 예언한 마르크스가 틀린 까닭은?

귀족, 자본가, 제3계급 노동자의 등장

19세기 중반 영국에서 산업혁명이 완성되고 프랑스, 독일 등 유럽 대륙에도 산업혁명의 물결이 동심원처럼 퍼져 나갔다. 유럽 전역에서 산업화, 도시화가 이루어진 것이다. 이 시기에 영국은 세계 최강국이었지만 내부적으로는 농민들의 급속한 도시 이주에 따른 도시 빈민 문제와 빈부 격차를 안고 있었다. 이는 다른 나라들도 정도의 차이만 있을 뿐 크게 다르지 않았다. 도시마다 빈민들이 넘쳐났다. 공해가 자욱하고 범죄, 매춘, 알코올 중독이 만연한 혼란의 시대였다. 1789년부터 1830년대까지 프랑스에서 일어난 일련의 혁명도 주변 국가들에 영향을 미쳤다. 유럽 각국은 왕당파와 공화파의 대립으로 바람 잘 날이 없었다.

산업혁명을 계기로 귀족과 자본가에 이어 노동자가 제3의 계급으로 떠

올랐다. 그러나 당시 노동자들은 온종일 일해도 간신히 연명할 정도로 임금이 낮았다. 여성은 물론 어린이들까지 열악한 공장에 나가 일해야 했다. 사람들이 떠난 농촌은 피폐해졌고 사람들이 몰려든 도시는 마치 지옥을 방불케 했다. 나폴레옹의 몰락 이후 혁명의 바람을 막기 위해 유럽 각국의 반동적인 정부는 정치적 억압을 더욱 강화했다.

종기가 곪을 대로 곪으면 언젠가 터지듯이 대중들의 불만이 한꺼번에

귀스타브 쿠르베의 「오르낭의 매장」(1849~1850)은 가로 6.6m가 넘는 커다란 캔버스에 평범한 '아무개'의 죽음을 그려 큰 충격을 주었다. 작품 발표 당시 1848년 혁명의 충격이 가시지 않았고, 혁명의 여파로 모든 프랑스 남성에게 선거권이 주어졌다

봇물처럼 쏟아졌다. 바로 '혁명의 해'로 기록된 1848년이었다. 이번에도 시작은 프랑스였다. 1848년 2월 22일 신흥 자본가인 부르주아와 사회주의자들이 뒤섞인 혁명 세력이 국왕 루이 필립을 몰아내고 다시 공화정을 수립했다. 이른바 '2월혁명'이다. 뒤이어 치른 보통선거에서 온건파가 의회를 장악하자 과격 사회주의자들과 노동자들이 폭동을 일으키기도 했다.

같은 해에 독일과 오스트리아에서는 '3월혁명'이 일어났다. 오스트리아의 혁명은 실패로 돌아갔지만 독일에서는 국민의회를 구성하고 헌법을 제정해 통일의 기반을 마련했다. 이탈리아에서는 공화주의자 마치니가 이끄는 혁명군이 로마공화국을 선포했다. 프랑스, 독일, 이탈리아, 스위스 등에서 정부가 전복된 것이었다. 영국은 노동자의 정치 참여 요구로 혼란에 빠졌고 에스파냐, 덴마크도 사회 질서가 위태로웠다.

그러나 향후 가장 큰 파장을 일으킨 사건은 오히려 조용히 일어났다. '2월혁명' 하루 전인 2월 21일 영국 런던에서 급진적 경제학자 카를 마르크스가 엥겔스와 함께 「공산당 선언」을 발표했다. 그때만 해도 마르크스가 다윈, 프로이트와 더불어 20세기에 가장 큰 영향을 미친 3대 인물이 될 줄은 누구도 예상하지 못했다.

하루 16시간 일했던 여성과 어린이들

이런 혁명이 동시다발적으로 터진 배경에는 19세기 초부터 누적된 심각한 사회문제가 도사리고 있었다. 가장 큰 문제가 여성과 어린이의 고된 노동이었다. 도시로 밀려든 빈민들은 먹고살기 위해 여성과 어린이들까지 공장에 일하러 나가야 했다. 공상적 사회주의자인 로버트 오언이 방적 공장을 시작할 때도 주된 노동력이 구빈원에서 넘어온 어린이들이었다고 한다.

마르크스의 평생 동료인 프리드리히 엥겔스는 본래 공장을 운영한 자

당시 여성과 어린이들은 하루 12~16시간 일했다. 섬유공장이 기계화되면서 값싼 임금 노동자로 대체되었기 때문이다. 10세 미만, 심지어 6~7세 어린이까지 일요일도 없이 일해야 했다

본가였다. 엥겔스가 쓴 『영국 노동자 계급의 상태』1845를 보면 당시 여성과 어린이의 노동 강도가 어느 정도였는지 짐작할 수 있다. 이 책에 인용된 애슐리 경이 영국 의회에서 한 연설에 따르면 1839년 공장 노동자 42만 명 가운데 4분의 3이 여성 또는 어린이였다. 성인 남성 노동자는 약 10만 명에 불과했다. 그나마 사정이 나은 영국이 이 정도였으니 다른 나라들은 두말할 필요도 없었다.

여성 및 아동 노동이 구조화된 것은 주력 산업인 섬유 공장이 기계화되면서 임금이 높은 숙련 노동자 대신 임금이 낮은 여성과 아동 미숙련 노동자로 대체되었기 때문이다. 당시 여성과 어린이들은 하루 12~16시간 일했다. 10세 미만, 심지어 6~7세 어린이까지 일요일도 없이 일해야 했다. 위험한 광산에까지 여성과 어린이가 투입되었다고 한다. 작업환경도 열악하기 짝이 없어 다치고 병드는 일이 허다했다. 그런데도 임금은 굶어 죽지 않을 수준이었고 위험한 작업도 많았다.

이런 중노동이 사회문제로 떠오르자 인도주의자들과 노동자들이 영국 정부를 압박하고 나섰다. 영국은 1833년 공장법을 개정해 우선 목면, 양모, 견직물 공장에서 9세 미만의 아동이 일하는 것을 금지했고 13세 미만은 하루 8시간 이내, 18세 미만은 12시간 이내로 노동 시간을 제한했다. 또한 야간노동을 금지하고 공장 아동에 대한 의무교육도 규정했다. 이를 준수하는지 감시하기 위해 근로감독관을 파견했다. 1844년에는 18세 이상 여성이 보호 대상에 추가되었고, 1847년에는 노동 시간을 하루 10시간으로 단축했다. 이 법의 적용 대상이 순차적으로 확대되어 1860년에는 대부분 산업에 적용했다.

아동 노동 못지않게 문제였던 것이 주거 환경이었다. 농촌에서 도시로 이주자들이 워낙 빠르게 밀려들어 통제가 불가능했다. 우리나라의 1960~70년대 경제개발 시기에 '무작정 상경'으로 서울 곳곳에 판자촌이 형성된 것과 마찬가지다. 비좁은 집에서 식구들이 부대껴 살고, 하천은 오염되고, 공장과 난방에 석탄을 때면서 공기는 숨쉬기조차 힘들 지경이었다. 심지어 사회 계급에 따라 영양과 위생 상태의 차이가 커 평균 수명도

달랐다. 안정적인 노동력 공급을 위해서라도 주거 환경과 공중위생 개선이 필수였다. 『레 미제라블』에도 등장하는 파리의 하수도는 1853년 건설되었으며 런던의 하수도는 1875년 완공되었다.

배부른 자본가, 배고픈 노동자

하루 10~11시간 노동을 하면서 간신히 입에 풀칠할 정도의 낮은 임금을 받는 것이 당시 노동자들의 일반적인 생활이었다. 1년 노동 시간이 3,000시간이 넘었다. 반면 자본가 계급은 갈수록 더 큰 부를 축적해갔다. 노동자 계급이 노동조합을 만들어 저항했지만 대대적인 탄압이 가해졌다. 폭주하는 자본주의가 소위 '배부른 자본가부르주아'와 '배고픈 노동자프롤레타리아'의 이중구조를 고착시킨다는 불만이 팽배했다.

이런 배경에서 1848년 2월 마르크스의 「공산당 선언」이 나왔다. "유령 하나가 유럽을 배회하고 있다. 공산주의라는 유령이……."로 시작하는 「공산당 선언」은 "지배 계급이 공산주의 혁명 앞에 벌벌 떨게 하라. 프롤레타리아가 잃은 것은 오직 쇠사슬뿐이다. 만국의 프롤레타리아여, 단결하라!"로 끝을 맺는다. 선동적인 문구대로 노동자들은 단결했다.

1848년은 유럽 전역에 혁명 기운이 급속히 퍼져 나간 해였다. 당시 지배 계급은 체제 전복의 우려 탓에 실제로 잔뜩 겁을 먹고 있었다. 그런 마당에 자본주의는 필연적으로 망한다는 불길한 예언을 던진 것이다. 당시 경제 체제를 자본주의라고 명명한 것도 마르크스였다. 그가 펼친 이론은 그 이전의 공상적 사회주의자들오언, 생시몽, 푸리에 등이 도덕성에 호소하거나 낭만적으로 이상향을 상상했던 것과는 차원이 달랐다. 정교하고 강력한 것이었다.

마르크스는 역사적 유물론에 입각해 모든 사회의 발전 법칙을 계급 투쟁으로 봤다. 그는 자본주의가 내적 모순으로 인해 필연적으로 붕괴하고 공산사회로 이행한다고 주장했다. 정치, 법, 제도, 도덕 등의 상부 구조는 사유재산을 소유한 자본가의 이익을 위해 만들어졌다고 쏘아붙였다.

마르크스는 애덤 스미스와 리카도의 노동가치설을 다듬어 상품의 가치는 투입된 노동 시간의 총합이라고 규정했다. 그런데 자본가는 상품의 가치를 창출한 노동자에게 간신히 연명할 생계 임금만 주고 나머지 잉여 가치를 모두 가져간다. 자본가 간에 경쟁이 치열해져 이윤이 낮아지면 공장에 노동절약형 기계를 도입해 늘 '산업 예비군실업자'이 넘쳐난다. 자본가의 확장 경쟁 끝에 호황과 불황이 반복될수록 몇몇 대자본가만 살아남아 모든 이익을 독점한다. 더 이상 감내할 수 없는 상황이 되면 노동자가 봉기해 자본가를 타도한다는 시나리오다. 마르크스는 자신의 이론을 『자본론』에 집대성했다. 이는 공산주의자들의 바이블이 되었다.

마르크스가 경제학에 기여한 것은 결코 적지 않다. 그는 주기적인 호황과 불황, 공황이라는 경기순환을 자본주의의 내재적 특성으로 인식한 최초의 경제학자다. 그가 분석한 자본 축적과 거대 기업의 등장, 실업, 제국주의 전쟁 등도 실제 현실화되었다. 애덤 스미스가 상정한 '순수한 자본주의'는 존재할 수 없다는 그의 비판도 현대 자본주의 역사를 보면 틀리지 않았다. 마르크스는 19세기 중반에 이미 미래 자본주의의 모습을 그린 셈이다. 혁명가로서는 분명히 틀렸지만 자본주의 비판자로서 여전히 그의 이름이 오르내리는 이유다.

자본주의 논쟁을 낳은 마르크스의 『자본론』

메시아와도 같은 마르크스의 예언이었지만 현실에서 자본주의는 무너지지 않았다. 그가 예언한 공산사회는 자본주의가 극도로 발전한 영국, 미국이 아닌 유럽에서 가장 낙후된 러시아에서, 그것도 70년 뒤에나 일어났다. 마르크스는 노동자들이 자기 피를 팔아 빵을 사는 거지가 될 것이라고 예언했지만 역시 빗나갔다. 오늘날 노동자들은 생활 수준이 비약적으로 개선되어 루이 14세 시절 베르사유 궁전의 귀족들보다 잘살게 되었다. 자본가가 모든 생산수단과 이윤을 독점하는 것도 아니다. 누구나 주식시장을 통해 기업의 지분을 공유하고 이윤을 배당받을 수 있다.

마르크스는 자본주의에 대한 정밀 분석을 시도한 첫 경제학자였지만 중요한 몇 가지 요인을 빠뜨렸다. 가장 큰 오류는 복잡다단한 세상과 경제 현상을 유물론이라는 좁은 시야로 한정해 버린 데 있다. 그는 자본가가 가치를 전혀 생산하지 못하고 노동자들이 창조해낸 잉여가치를 독식하는 존재로 봤다. 그러나 부의 창출은 노동 투입만으로 이루어지지 않는다. 마르크스 사상의 뼈대인 노동가치설과 잉여가치론으로는 현대의 발명과 기업가 정신에 의한 경이로운 성공을 설명하지 못한다. 기업가들은 독창성과 과감한 투자로 과거에 없던 부를 창출해냈다.

또한 기업이 이윤을 극대화하는 데 필수적인 것이 인적자본이다. 인적자본은 착취당하는 노동자가 아니라 자발적으로 능력을 발휘하는 주체로서의 노동자다. 노동자를 인적자본으로 만드는 것이 바로 경영자의 능력이다. 그런 점에서 자본가들은 노동자를 교육하고 더 나은 성과를 내도록 작업환경을 적극적으로 개선했다. 어떤 사회주의 국가의 노동자들보다 자본주의 체제의 노동자가 훨씬 나은 삶을 산다는 것은 분명한 사실이다.

더 결정적인 요인은 자본주의 체제에서의 성공이 타인을 착취해서 이루어지는 게 아니란 점에 있다. 반대로 자본가는 사람들의 비위를 맞추고 만족시켜야만 성공하는 존재다. 고객에게 가격, 품질, 서비스를 만족시키

🎗-Economic Keywords

★ 혁신과 기업가 정신

혁신 또는 이노베이션은 경제에 새로운 방법이 도입되어 획기적이고 새로운 국면이 전개되는 것을 의미한다. 혁신은 신기술뿐 아니라 신시장 개척, 신제품 개발, 새로운 자원 발굴, 생산 조직의 개선, 새로운 제도 도입 등을 포괄하는 개념이다. 경제학자 조지프 슘페터는 혁신을 투자와 소비 수요를 자극해 새로운 호황 국면을 형성하는 경제 발전의 가장 주도적 요인으로 보았다.

또한 위험을 감수하고 과감하게 도전해 혁신을 이루는 기업가의 창의적인 정신이나 자세를 기업가 정신이라고 한다. 슘페터는 혁신을 통해 낡은 것을 파괴하고 새로운 것을 창조해 변혁을 일으키는 과정을 '창조적 파괴'로 규정하고 이에 앞장서는 사람이 기업가라고 정의했다. 미래를 예측하는 통찰력, 창의적인 정신을 바탕으로 기업의 본질인 이윤 추구와 사회적 책임을 다하는 것이 기업가의 덕목이다. 산업혁명기 발명가들은 창조적 파괴를 통해 경제와 생산 방식을 근본적으로 바꾼 기업가 정신의 소유자들이라 할 수 있다.

고 종업원, 주주, 거래기업까지 만족시킬 때 높은 수익을 기대할 수 있다. 애플, 삼성전자 등 성공한 기업들은 예외가 없다.

마르크스가 목격한 19세기 노동자의 열악한 삶은 그를 격분하게 했다. 하지만 당시 노동자들의 밑바닥 생활 수준은 산업혁명 이전에 누적된 빈곤의 유산이었다. 과거에는 좋았던 노동자가 산업혁명으로 추락한 것이 아니라 최악의 상태에서 덜 나쁜 상태로 올라오기 시작한 것이다. 천재 경제학자 케인스는 버나드 쇼가 『자본론』을 권하자 이렇게 말했다고 한다. "자본론이 역사적 중요성을 지닌 책이라는 것은 인정한다. 그러나 지루하고 시대착오적이며 논쟁을 위한 논쟁으로 가득 차 있다." 케인스의 평가처럼 출간 이후 『자본론』만큼 치열한 논쟁을 유발한 책도 드물다.

19세기 구빈원에 대한 르포
찰스 디킨스의 『올리버 트위스트』

　노동자의 삶은 산업혁명으로 한결 개선되었다. 그러나 농촌에서 도시로 빠르게 밀려드는 빈민들은 어느 사회나 안고 있던 가장 큰 사회문제였다. 영국 정부는 1601년 엘리자베스 1세 때 제정된 구빈법에 따라 교구마다 구빈원을 설치해 빈민 구제에 나섰다. 그러나 온정주의에 입각한 구빈제도를 악용해 일은 안 하고 보조금만 챙기는 사람들이 늘어나자 지원조건을 강화해 1834년 신新구빈법이 제정되었다. 빈민들의 구빈사업 의존도를 낮추고 예산을 효율적으로 사용하기 위해서였다. 신구빈법에 따라 구빈원에 수용되어 일하는 사람만 보조금을 주고, 구빈원 바깥의 사람들은 배제하는 것이었다. 그러나 구빈원은 중앙정부에 의해 획일적이고 경직적으로 운영되었다. 특히 노동 강도가 세고 통제가 심하기로 악명 높았다.

　찰스 디킨스1812~1870는 신구빈법 시절 영국 사회의 이면을 『올리버 트위스트』1838에 세밀하게 묘사했다. 이 문제작은 디킨스가 26세이던 1838년에 발표해 세계적인 베스트셀러가 되었다. 작가 자신이 어린 시절에 빈민가에서 살며 구두약 공장에서 일한 경험이 있어 밑바닥 계층의 생활상을 실감나게 그릴 수 있었다. 더구나 독자를 웃기고 울리며 애타게 하는 작가 특유의 솜씨가 가미되어 흥미를 더한다.

디킨스의 소설들이 대개 그렇듯이 이 작품도 시사성과 대중성을 겸비해 큰 인기를 누렸다. 『올리버 트위스트』는 감옥 같은 구빈원, 비열하고 강압적인 말단 관리인, 도둑 소굴의 위험한 범죄행각, 빈민을 범죄자 취급하는 분위기 등을 두루 엿볼 수 있다. 당시 사회에 대한 역사 자료로도 읽힌다.

디킨스는 주인공 올리버를 통해 구빈원 출신 고아여도 선하며 도덕적인 품성을 가질 수 있음을 보여준다. 재산을 탐하는 계모와 이복형처럼 상류층의 부조리한 인물들과 달리 창녀 낸시는 가난하고 손가락질받는 직업을 가졌어도 인정 많고 착할 수 있다고 작가는 반박하다. 이는 가난과 타락을 동일시하는 신구빈법과 영국 주류에 대한 신랄한 반론이다.

『올리버 트위스트』는 어린이용 동화가 아니면서도 어린이를 주인공으로 내세운 몇 안 되는 베스트셀러다. 다만 올리버가 우연히 자신의 출생의 비밀을 알게 되고, 아무리 시련을 겪어도 전혀 타락하지 않는 등의 내용은 너무 작위적이다. 그러나 디킨스가 이미 인기 작가였고, 잡지 연재소설로 발표된 점을 감안해야 할 것이다.

21세기에도 존재하는 아동 노동과
정당한 대가를 지불하는 공정무역

오늘날에도 개발도상국에는 수천만 명의 저임금 아동 노동이 존재한다. 개도국에 생산기지를 둔 글로벌 기업 중에 아동 노동을 통해 제품을 생산하다 불매운동에 직면한 경우도 있다. 아동 노동을 근절하기 위해 국제노동기구ILO는 1999년 18세 미만 아동과 청소년의 가혹한 노동과 매춘, 강제징병을 금지하는 아동노동금지협정을 174개 회원국 만장일치로 채택했다.

매년 6월 12일은 '세계 아동 노동 반대의 날'이다. 그러나 빈곤 탓에 학교도 갈 수 없는 어린이들의 노동을 금지한다고 해서 그들의 삶이 개선되는 게 아니라는 비판도 제기되었다. 아동 노동이 존재하는 곳에서는 워낙 가난한 탓에 학교에 갈 엄두도 못 내고 식구가 한 명이라도 더 벌어야 하는 처지이기 때문이다.

이런 문제를 고려해 공정무역 운동이 세계적으로 확산하고 있다. 공정무역이란 생산자의 노동에 정당한 대가를 지불하고 아동 노동, 노예 노동 같은 불공정한 행위 없이 생산된 제품을 소비하자는 대안무역 형태를 가리킨다. 선진국 소비자들은 공정무역 인증 라벨이 붙은 제품을 구매함으로써 개도국의 생산자와 근로자의 경제적 자립과 지속 가능한 발전을 돕는다는 취지다.

예컨대 일반 커피는 노동자에게 돌아가는 몫이 가격의 0.5%인 반면 공정무역 커피는 6%를 지급하는 식이다. 대상 품목은 커피, 카카오, 쌀, 과일, 차, 설탕 등 주로 개도국의 생산품이며 수공예품, 침구류, 목재, 인형 등 다양한 품목으로 확대되고 있다. 한편 공정무역이라는 용어는 가격 덤핑, 수출보조금 등 불공정한 무역 관행 없이 국가 간 무역 혜택이 동등하게 이루어지는 무역이란 의미로도 사용된다.

02

제국주의와 식민지
_서양은 어떻게 200년 만에 동양을 앞질렀을까?

식민지에서 초강대국으로 부상한 미국

미국이 세계사의 전면에 등장한 지는 240년에 불과하다. 미국 이주의 역사는 400년이 넘지만 1776년 독립 이전에는 영국 식민지로서 원료 공급지이자 상품 시장으로만 여겨졌다. 그런 점에서 1776년은 세계사의 이 정표가 되는 해였다. 정치적으로 세계 최초의 민주주의 국가가 등장했고 13년 뒤에는 프랑스혁명이 발발했다. 경제적으로는 애덤 스미스의 『국부론』이 출간되어 경제학의 시대를 열었다.

하지만 미국의 출발은 미약했다. 1492년 콜럼버스가 아메리카를 발견한 뒤 115년이 지난 1607년 영국 이민자 144명이 버지니아에 상륙했다. 이어 1620년에는 영국의 청교도 등청교도 35명 나머지는 비청교도 102명이 종교 박해를 피해 메이플라워 호를 타고 지금의 매사추세츠에 도착했다. 이후 이민자들이 계속 들어오면서 1733년 조지아 식민지까지 총 13개의 식민지가 건설되었다. 남부 지역은 처음부터 흑인 노예에 의존해 면화, 담배 등 대규모 농장을 키웠다. 독립 당시 남부의 흑인 노예는 50만 명에 이르렀다.

식민지인들이 독립을 선언하게 된 배경에는 경제적 요인이 깔려 있다. 영국은 7년전쟁1756~1763에서 프랑스를 누르고 인도와 북아메리카미시시피 강 동쪽를 장악했다. 그러나 전비 부담으로 인한 재정 적자를 메우기 위해 영국으로 수입되는 식민지 상품에 높은 관세를 물렸다. 1763년 인지세를 신설해 모든 문서마다 인지를 붙여 세금을 뗐다. 특히 1773년 차茶조례를 제정해 동인도회사에 차 무역 독점권을 부여하자 홍차 밀무역으로 수입을 올렸던 식민지인들의 불만이 고조되었다. 급기야 인디언으로 변장한 급

✂ Economic Keywords

★ 조세 평등주의, 조세 법률주의

조세란 정부가 국가 운영을 위해 필요한 자금재정을 마련하기 위해 반대급부 없이 국민으로부터 일방적으로 징수하는 것이다. 그렇기에 모든 국민에게 조세는 평등하게 취급되어야 하며 조세 부담은 국민의 부담 능력에 따라 공평하게 배분되어야 한다. 이를 조세 평등주의라고 부른다. 의회가 세법을 제정할 때도 조세 평등 원칙에 부합해야 하며 특정 계층, 계급에만 부과되는 세금을 함부로 신설해서는 안 된다.

또한 법률의 근거 없이는 국가가 세금을 부과하거나 징수할 수 없고 국민은 납부를 강요받지 않아야 한다. 즉, 정부가 세금을 마음대로 정할 수 없고 반드시 의회에서 의결한 법률을 통해서만 걷을 수 있다. 이것이 조세 법률주의다. 납세자, 과세 대상, 세율, 부과, 징수 절차 등이 세법에 구체적으로 명시되어야 하며 정부가 세법을 함부로 유추하거나 확대 해석하는 것이 금지된다. 조세 평등주의와 조세 법률주의는 '대표가 없으면 과세도 없다.'라는 근대국가의 기본 원칙이다.

진파가 보스턴에 입항한 영국의 차 운반선을 습격해 홍차 342상자를 바다에 던지는 '보스턴차사건'이 일어났다. 이를 계기로 1775년 영국군과 식민지 민병 사이에 벌어진 무력 충돌이 독립전쟁으로 이어진다.

식민지인들은 '의회의 대표 없는 곳에 과세 없다.'라는 구호 아래 영국과 전쟁 중이던 1776년 독립을 선언했다. 영국의 세계 패권에 불만이 컸던 프랑스, 네덜란드, 에스파냐 등이 식민지 독립을 지원했다. 영국은 1783년 물러가면서 13개 주의 독립을 인정하고 또 시카고 등 중동부 지역을 넘겨주었다. 1803년 미국은 나폴레옹에게 중서부의 광활한 토지루이지애나를 사들여 서부로 확장해갔다.

1848년 캘리포니아에서 금광이 발견되자 '골드러시'가 일어났다. 이듬해에 일확천금을 노리고 약 10만 명이 서부로 달려갔다. 1849년에 금광을 찾아 떠난 이들을 '포티나이너'라고 부른다. 현재 샌프란시스코의 프로 미식축구팀이 '포티나이너스'이다. 골드러시에 편승해 미국의 영토는 대서양에서 태평양까지 확장되었다. 하지만 값싼 노동력이 필요한 북부와 노예로 대농장을 운영하는 남부가 노예제 폐지를 놓고 극한 대립으로 치달았다. 남북전쟁 끝에 북부가 승리해 미국은 농업국가에서 산업국가로 발돋움하게 되었다.

1869년에는 대륙 횡단철도가 완공되어 서부 개척에 더욱 박차를 가했다. 자국 시장 확대, 값싸고 풍부한 노동력, 자원의 보고인 서부 개발 등에 힘입어 빠르게 공업화에 주력할 수 있었다. 이민자의 나라여서 토지 귀족, 봉건제, 길드 등 산업혁명의 걸림돌이 없고 광활한 영토에 비해 인구가 부족해 기계화에도 가속도가 붙었다. 그 결과 미국은 19세기 말 영국을 제

7년전쟁을 겪은 영국이 전비 부담을 식민지에 전가하자 식민지인들은 이에 격분하여 보스턴 차사건을 일으키고 1776년 7월 4일 독립을 선언했다. 1783년 독립한 미국은 자국 시장 확대, 값싸고 풍부한 노동력, 자원 개발 등에 힘입어 공업화를 빠르게 진행해 세계 최강국으로 우뚝 섰다. 위에서부터 순서대로 미국 초대 대통령 조지 워싱턴, 독립선언문에 서명하는 장면, 독립선언서

치고 세계 1위 공업국으로 부상했다. 1850년에 2,300만 명이던 인구는 두 세대 뒤인 1915년 1억 명을 넘어섰다. 시작은 미약했지만 끝은 창대한 세계 최강국이 탄생한 것이다.

과잉생산이 초래한 20년 불황

유럽에서는 19세기 들어 자유무역과 더불어 민족주의가 확산됐다. 영국은 이미 입헌군주제를 확립해 의회의 수상이 실질적인 국가 지도자가 되었다. 프랑스는 절대왕정이 무너지고 '국민국가' 시대로 접어들었다. 국민국가는 민족 동질성과 의회주권을 기반으로 강력한 징병제와 과세권을 행사하는 나라다. 또 단일한 법과 행정 체계를 갖추고, 영토 범위를 명확히 하고, 언어와 도량형을 통일한다. 독일과 이탈리아는 19세기 후반에 여러 소국을 통합한 통일국가를 형성하며 민족주의 색채를 강하게 드러낸다. "모든 민족이 저마다 국가를 갖지만 한 민족 전체를 위한 국가는 오직 하나뿐이다."라는 이탈리아 통일 운동가 마치니의 말은 국민국가 또는 민족국가의 특성을 잘 드러낸다. 이는 훗날 제국주의로 변질했다.

경제면에서도 19세기 전반 애덤 스미스와 리카도가 제창한 자유무역이 19세기 후반에는 보호무역으로 변모해갔다. 각국의 산업혁명이 완성되면서 이제는 모두가 서로를 산업의 경쟁자로 인식하게 된 것이다. 모두에게 이익을 가져다주는 자유무역보다는 국가의 이익이 최우선이 되었다.

특히 후발 주자인 독일은 관세동맹 출범1834 이후 산업화에 박차를 가해 19세기 말에는 미국에 이어 세계 2위의 공업국이 되었다. 당시 독일은 봉건영주들의 고만고만한 소국들로 쪼개져 있었다. 베를린에서 함부르크로 상품을 수송할 때 통행세만 열 번 이상 물어야 했을 만큼 지리멸렬한 상태였다. 그러나 독일은 영국보다 한 세기 늦게 산업혁명에 들어갔음에도 풍부한 석탄과 우수한 기술 인력 덕에 격차를 빠르게 따라잡을 수 있었다. 러시아와 일본도 19세기 말에는 공업화 대열에 합류했다.

너도나도 공업국이 되다 보니 상품은 넘쳐나는데 팔 곳이 부족한 공급과잉 사태가 벌어졌다. 각자 최선을 다했는데 전체에는 나쁜 결과를 초래하는 전형적인 구성의 오류였다. 이로 인해 1873년부터 1896년까지 20여 년간 대불황이 닥쳤다. 이 시기에 영국은 물가가 40%나 떨어지는 디플레이션을 겪었다. 불황의 골이 깊어질수록 시간이 걸리지만 서로에게 이득이 되는 자유무역을 버리고 '당장 나부터 살고 보자'는 보호무역으로 돌아섰다. 각국이 경쟁적으로 수입 관세를 올리면서 국가 간 무역은 더욱 위축되었다. 독일 경제학자 리스트의 주장대로 자유무역은 영국처럼 앞선 나라에는 유리하지만 후발 공업국에는 불리하다는 인식이 만연했다. 정치적으로 제국주의, 경제적으로 보호무역이 대세가 된 것이다.

한편으로는 불황 극복을 위한 기술혁신과 생산비 절감 노력도 가속화되었다. 철강, 전기, 화학 등 중공업 분야의 신기술이 개발되어 2차 산업혁명이라고 부를 만큼 산업이 도약했다. 독일이 그 선봉에 섰다. 은행, 증권을 통한 대규모 자금이 주식회사에 투자되었고, 치열한 경쟁에서 이긴 독과점 대기업들도 나타나기 시작했다.

세계의 80%를 식민지로 만든 제국주의

세계 경제가 극심한 공급과잉에 직면하자 새로운 시장이 필요했다. 상품을 판매할 더 넓은 시장이 필요했기에 유럽 각국은 경쟁적으로 식민지 개척에 나섰다. 강력한 군사력과 경제력을 무기로 제국주의 패권 시대에 돌입한 것이다.

19세기 패권 국가인 영국은 식민지 미국을 잃었지만 반대로 아시아에서 더 넓은 식민지를 확보했다. 영국은 인도의 무굴 제국이 쇠퇴하고 1857년에 일어난 세포이인도인 용병 반란을 진압하면서 1877년 아예 직할 식민지로 만들었다. 동인도회사를 통한 무역거래에서 직접적인 식민지 수

중국에 아편을 밀수출하고 홍차를 들여오던 영국은 청나라가 밀수 단속을 강화하자 1840년 아편전쟁을 일으켜 청
나라를 굴복시켰다. 이를 지켜본 열강들은 거대한 중국이 종이호랑이였음을 확인하고 너도나도 중국에 진출했다

탈로 바뀐 것이다. 오스트레일리아, 뉴질랜드, 말레이시아도 차지했다.

영국은 중국에도 눈독을 들였다. 19세기 영국인들은 중국산 홍차가 필
수 기호품이었다. 하지만 청나라가 차 무역을 통제하고 은銀 결제만 고집
하자 홍차 공급에 차질이 생겼다. 그러자 영국은 면직물을 인도에 수출하
고 인도 벵골의 아편을 사들여 중국에 밀수출한 뒤 다시 홍차를 들여오는
삼각무역으로 돌파구를 찾았다.

청나라가 밀수 단속을 강화하자 영국은 월등한 군사력으로 1차 아편전
쟁1840~1842을 일으켜 청나라를 굴복시켰다. 영국은 홍콩을 할양받고 상하
이 등 5개 항을 개항했으며 아편 몰수에 따른 손실까지 보상받았다. 이를

지켜본 열강들은 거대한 중국이 정작 종이호랑이였음을 확인하고 너도나도 중국에 진출했다. 중국의 아편전쟁을 목격하고 서양에 문을 닫아걸었던 일본은 1854년 미국 페리 제독이 흑선전투용 증기선으로 수교를 압박해오자 굴복하고 개항했다. 1867년 메이지유신으로 근대국가 면모를 갖춘 일본은 똑같은 방식운요호 사건으로 1876년 조선의 쇄국정책을 종식시켰다.

아프리카도 예외가 아니었다. 1870년까지만 해도 아프리카 대륙에서 유럽의 식민지는 10%에 불과했다. 그러나 1878년 탐험가 리빙스턴의 행적을 좇아간 기자 스탠리에 의해 아프리카의 경제적 중요성이 부각되자 상황이 돌변했다.

벨기에가 학술 탐험으로 위장해 콩고 강 유역의 영유권을 선언하자 서구 열강들이 뒤질세라 아프리카로 달려갔다. 열강 간에 분쟁이 잦아지자 1884년 독일 비스마르크의 주선으로 베를린 회의를 열어 아프리카 분할 원칙에 합의했다. 분할 원칙은 선점, 즉 '먼저 본 나라가 임자'라는 것이었다. 아프리카에 유독 일직선으로 된 국경이 많은 이유는 열강들이 지도에 자를 대고 그어 나눈 탓이다.

영국은 아프리카에서도 금, 다이아몬드가 풍부한 남아프리카공화국, 수에즈 운하1869년 개통가 있는 이집트를 독차지했다. 아프리카 대륙은 불과 30년 만에 에티오피아와 라이베리아를 제외한 전역이 유럽의 식민지로 전락했다.

미국도 에스파냐와 벌인 전쟁에서 승리해 텍사스, 애리조나 등을 병합하고 하와이, 필리핀, 괌까지 식민지를 확대해 갔다. 프랑스는 인도에서 물러난 대신 베트남, 캄보디아 등 인도차이나를 점령했다. 네덜란드는 포르투갈 세력을 몰아내고 인도네시아를 지배했다. 이로써 아시아, 아프리카, 오세아니아의 80% 이상이 열강들의 식민지 또는 종속국으로 편입되었다.

제국주의의 이면에는 서구 백인들의 인종, 문화, 경제, 군사적 우월주의가 깔려 있었다. 열강들은 찰스 다윈의 진화론을 대외 정책에 자의적으로 적용해 식민지 지배를 합리화하는 이념으로 삼았다. 즉, 생태계의 자연도태, 적자생존처럼 인류도 우월한 국가가 열등한 국가를 지배하는 것이 당연하다는 주장이었다. 또한 백인은 우월한 인종이고, 유색인은 미개하고 열등한 인종이라는 우생학도 이 시기에 등장했다. 다윈의 고종사촌이자 의사인 프랜시스 골턴이 창시한 우생학은 정신질환, 질병 등을 가진 소위 '열등한 유전인자'를 단종시키고 우등한 유전인자만 키워야 한다는 극단적인 주장을 폈다. 우생학은 훗날 히틀러의 나치스 정권이 2차 세계대전에서 유대인 학살을 일으킨 구실이 되었다.

시야 넓히고 신무기 무장한 서양에 굴복한 중국

중국은 인류 역사의 대부분 기간에 최대 선진국이었다. 영국의 산업혁명 직전인 1750년 세계에서 거래되는 제조품의 33%를 중국이 생산했고 유럽과 인도가 각각 25%였다. 『어떻게 세계는 서양이 주도하게 되었는가』로버트 마르크스 중국의 남부 지역은 2모작, 3모작까지 가능해 농업 생산성이 높은 편이었다. 많은 인구를 부양할 수 있었고 강력한 중앙권력이 형성되었다.

그러나 서양이 대항해 시대부터 산업혁명까지 200여 년간 급성장하는 사이에 중국은 해금령을 내리고 내륙 국가로 움츠러들었다. 중화사상에 몰입해 15세기 정화의 대원정이 보여준 엄청난 잠재력을 스스로 포기했다. 당시 중국은 인구 대국이었고 주변국과의 조공무역으로 상업도 비교적 활발한 편이었다. 하지만 많은 인구는 오히려 노동절약형 기계 도입의 장애물이 되었다. 봉건적 토지제도와 지배 계급의 착취 구조는 백성의 자발적인 혁신을 가로막았다. 그 결과 중국은 부도덕하고 치욕적인 아편전쟁에서 패배하며 종이호랑이로 전락했다.

반면에 유럽은 15세기 말부터 지리상의 발견에 나서며 시야를 지구 전체로 넓혔고 산업혁명으로 막대한 부를 축적했다. 과학혁명으로 자연을 수학적으로 이해코페르니쿠스, 갈릴레이, 뉴턴 등하는 인식의 전환을 이루었다. 또한 수세기에 걸친 치열한 각축과 끊임없는 전쟁은 후유증이 컸지만 덕분에 실전 경험이 있는 뛰어난 군사력을 확보하기도 했다. 여기에다 증기기관은 인간과 동물의 힘에 의존하던 동력의 혁명을 가져왔다. 계절풍에 의존하는 범선에서 증기선으로 진화해 유럽과 아시아의 거리를 대폭 좁힐 수 있었다. 1900년에는 세계 산업생산의 80%를 유럽과 미국이 담당하고 일본은 10%를 차지한 반면 중국은 7%, 인도는 2%로 쪼그라들었다.『어떻게 세계는 서양이 주도하게 되었는가』 로버트 마르크스 산업혁명 이후 100여 년 만에 정반대의 처지가 된 것이다.

그런 점에서 1차 아편전쟁은 동서양이 어떻게 변화했는지를 적나라하게 보여주는 사건이었다. 중국과 서유럽 열강 간에 벌어진 최초의 전쟁에서 영국은 산업혁명의 산물인 강철과 증기기관을 이용했다. 영국은 아시아 진출을 위해 강철 전함을 제작했다. 증기기관과 대포를 장착한 강철 전함은 목재 전함보다 크기가 작고 물에 잠기는 부분흘수도 1.5㎡에 불과했다. 이는 중국과 인도의 강을 거슬러 올라가며 전투하는 데 최적이었다. 반면 중국의 청나라는 250년 전의 대포를 갖고 있었다. 영국의 강철 전함이 양 쯔 강을 거슬러 올라가 난징까지 위협하자 중국은 속수무책이었다.

중국에 버금가는 대국이던 인도의 몰락도 주목할 만하다. 인도는 17~18세기 유럽의 산업혁명 이전까지는 세계 최대의 산업 중심지였다. 값싸고 질 좋은 캘리코 면직물은 유럽 수공업자들의 몰락을 가져올 정도였다. 하지만 인도산 면직물은 거꾸로 영국의 산업혁명을 재촉해 급기야 역전의 단초를 제공하게 되었다. 19세기 들어 영국은 캘리코보다 더 싸고 품질도 우수한 면직물을 대량생산해 인도로 수출했다. 그러자 인도의 면직물 산업은 궤멸하다시피 했다. 영국은 인도를 식민지로 삼은 뒤에는 아예 원료 공급지이자 상품 소비지로 만들었다. 인도의 주된 생산물은 면직물에서 원료인 면화로 후퇴했다. 영국은 인도 서부 벵갈 지방에서 생산한 아편을 중국을 공략하는 치명적인 무기로 이용했다.

중국과 인도는 지금도 세계 인구의 약 40%를 차지하는 거대 국가다. 19세기 중반 이후 농업국가로 전락했지만 다시 150년이 흐른 20세기 말 산업화에 돌입했다. 그러나 선진국들은 3차 산업혁명을 넘어 4차 산업혁명에 접어든 반면 중국과 인도는 2차 산업혁명을 진행하면서 동시에 3·4차 산업혁명까지 한꺼번에 따라잡아야 하는 판국이다. 중국과 인도가 옛 영화를 재현하려면 다소 시간이 필요할 듯하다.

제국주의 반성하는
미셸 투르니에의 『방드르디』와 존 쿳시의 『포』

　백인은 우월하고 아시아, 아프리카, 중남미의 식민지인은 열등한가. 제국
주의가 세계를 휩쓴 이면에는 유럽인들의 인종, 문화, 경제, 군사적 우월주
의가 짙게 깔려 있다. 다니엘 디포의 『로빈슨 크루소』1719는 그런 풍조를 은
연중에 반영하고 있다. 18세기 로빈슨은 무인도에 표류하지만 흑인 프라이
데이를 노예로 거느린다는 설정부터가 제국과 식민지 관계를 연상시킨다.

　디포의 『로빈슨 크루소』는 발표 당시에는 선풍적인 인기를 모았지만 현
대에 들어 그에 대한 우호적인 평가는 거의 사라졌다. 작가의 제국주의적
관점이 도드라져 보였기 때문이다. 디포의 작품을 거꾸로 뒤집는 작가들이
등장했다. 2016년 초 별세한 프랑스의 거장 미셸 투르니에의 『방드르디, 태
평양의 끝』1967과 남아공 출신으로 2003년 노벨 문학상을 수상한 존 쿳시
의 『포』1986가 그렇다.

　'방드르디'는 로빈슨의 노예인 프라이데이, 즉 금요일을 뜻하는 불어다.
'포'는 작가 디포를 지칭한다. 제목들부터 역설적이고 풍자적이다. 유감스

럽게 『포』는 국내에서 절판된 상태다.

디포의 로빈슨은 도망친 식인종을 금요일에 만났다고 해서 프라이데이라고 부르고 노예로 부린다. 투르니에의 로빈슨도 방드르디와 처음엔 주종 관계였지만 방드르디가 실수로 화약을 터뜨려 로빈슨이 일궈놓은 것이 모두 사라지자 대등한 관계로 변모한다. 싸움과 화해를 반복하며 로빈슨은 방드르디에게서 자유와 유희를 배운다. 18세기 로빈슨은 프라이데이 위에 군림했지만 20세기 로빈슨은 방드르디를 동일한 인격체로 바라봤다.

쿳시의 『포』는 디포와 로빈슨을 노골적으로 뒤틀어 비판한다. 로빈슨은 비열하고 아집에 가득 찬 데다 무인도에서 탈출할 엄두도 내지 않는 늙은이로 그려 놓는다. 특히 쿳시는 디포의 원작에는 없던 수잔 바턴이란 여성을 등장시킨다. 프라이데이는 노예인 것도 모자라 혀가 잘린 벙어리로 나온다. 소수자와 이중의 고통에 대한 상징이다. 바턴은 로빈슨과 함께 구조되지만 로빈슨이 사흘 만에 죽자 소설가 포를 찾아가 로빈슨의 이야기를 들려준다. 정작 포는 편견과 거짓으로 이야기를 꾸며낸다. 이것이 디포의 『로빈슨 크루소』가 되니 무엇이 진실인지도 헷갈린다.

투르니에와 쿳시의 로빈슨은 제국주의의 민낯에 대한 서구 사회의 반성으로 읽을 만하다. 특히 쿳시는 인종차별로 악명 높았던 남아공의 네덜란드계 백인보어인의 후손이다. 그는 소설을 통해 식민주의자의 원죄의식을 드러내는 듯하다. 우리가 동화로만 알던 이야기 중에는 이렇듯 뒤집어 읽어야 할 작품들이 적지 않다. 『로빈슨 크루소』의 다양한 변주를 비교하며 음미하는 것은 무척 흥미로울 것이다.

풍선 터지듯 무너져 내리다
공황과 금융 위기

경기순환이론에서 경기침체 또는 불황은 대개 12개월간 실업률이 1.5%
이상 오르고 경제성장률이 두 분기 연속 마이너스로 후퇴하는 것으로 정의
한다. 불황에서 경기가 회복되는 형태는 알파벳으로 비유해 설명한다. 단기
간에 회복하면 V자형, 침체가 좀 더 지속하다 회복되면 U자형, 침체가 오래
이어지면 L자형, 회복세는 미미하고 만성적인 저성장 상태면 M자형, 짧은
회복과 불황이 반복되면 W자형 또는 더블딥이중침체이라고 부른다.

불황이 극단적으로 악화된 상태가 '공황'이다. 이는 호황에서 불황으로
주기적, 전면적, 동시다발적으로 전환하는 경제적 위기를 가리키며 과잉생
산 또는 과소소비에 의해 발생한다. 공황이 닥치면 상품 판매 부진, 신용거
래 붕괴, 생산 감소, 대량실업 등의 현상이 일어난다. 1930년대 대공황은 공
황 중에서도 가장 길고 침체의 골이 깊었다. 최근 세계 경제가 10년 가까이
깊은 불황에 빠진 것도 중국, 인도 등 신흥국이 급성장하면서 세계적인 공
급과잉을 초래한 탓이다. 1997년 아시아 외환 위기도 아시아 국가들의 외

채에 의존한 생산과잉에서 비롯되었다.

금융 위기는 생산과잉이 아닌 화폐 공급과잉에서 폭발하는 경제 위기를 가리킨다. 화폐가 지나치게 많이 공급되어 투기가 일어나고, 한껏 부풀대로 부푼 투기 거품이 꺼지는 순간 금융은 물론 실물경제에 치명적인 타격을 가하는 것이다.

경제가 세계화되고 파생상품 거래가 급증하면서 금융 위기의 위력은 걷잡을 수 없이 커졌다. 특히 2007년 서브프라임 모기지비우량 주택담보대출 사태와 2008년 글로벌 금융 위기는 세계 경제·금융의 중심지인 미국에서 벌어져 충격이 컸다. 신용도가 낮은 계층에 주택자금을 마구 대출해주다 한순간에 풍선 터지듯 무너져 내린 것이다. 공황은 산업 구조 조정을 통해 극복되지만 금융 위기는 실물경제가 살아나지 않은 한 정상화가 요원한 게 보통이다. 지금의 불황은 글로벌 금융 위기와 생산과잉 공황이 겹친 것이어서 회복이 더디다.

03

질주하는 세계와 대량소비
_경기가 좋지 않을 때 보호무역으로 돌아서는 이유는 무엇일까?

대량생산과 2차 산업혁명

19세기 후반 경제의 중심은 영국에서 대서양을 건너 미국으로 옮아갔다. 남북전쟁이 끝난 이후 미국에서는 빠르게 산업화가 진행되었다. 1848년에 캘리포니아에서 금광이 발견되자 골드러시가 일어났고 1869년에 대륙 횡단철도가 개통된 것은 미국 경제의 결정적인 전환점이 되었다. 우선 철강산업이 발전했다. 남북전쟁 이전까지는 철강을 영국에서 수입해 썼지만 철도 건설로 수요가 급증해 미국의 핵심 산업으로 자리 잡았다. 대륙 횡단 철도를 통해 사람과 물류의 이동이 활발해지면서 동부의 공업, 서부의 자원, 남부의 농업 생산품이 쉴 새 없이 대륙을 누볐다. 이로써 미국은 19세기 말 세계 최대 공업국으로 부상했다.

미국의 산업화는 한국이나 독일, 일본처럼 정부 주도로 이루어진 것이 아니었다. 자생적으로 등장한 다양한 업종의 기업가들이 광활한 대륙에 철도를 깔고, 제철산업을 키우고, 등불을 석유로 대체하는 석유산업을 일으켰다. 이런 산업들은 서로 간에 수요를 창출했고 대규모 투자를 위한 금융업도 빠르게 발전했다. 미국의 산업혁명을 대표하는 인물은 철도왕 코널리우스 밴더빌트, 강철왕 앤드루 카네기, 석유왕 존 록펠러, 금융왕 존 피어폰트 모건 등이다. 듀폰화학, 이스트먼 코닥카메라, 필름도 이 시기에 왕성하게 활동했다. 바야흐로 중화학 분야의 2차 산업혁명이 일어나고 대기업의 시대가 열린 것이다.

미국에서 2차 산업혁명이 활발했던 것은 이민자의 나라였던 요인도 있다. 토지 귀족, 길드 같은 산업화의 걸림돌이 없었다. 특히 아무리 가난한 이민자 출신이라도 발명과 혁신으로 부를 거머쥘 수 있는 '아메리칸 드림'이 가능한 사회였다. 너도나도 성공을 꿈꾸는 환경이었다.

그런 점에서 19세기 미국은 시장 확대, 기술혁신, 성공을 미덕으로 여기는 사회 분위기 덕에 산업혁명이 일어날 절호의 조건을 갖췄다. 우선 이민자들이 밀려들면서 인구가 급증했다. 도시들은 더욱 커졌고 노동력은 끊임없이 공급되었다. 소득이 늘고 교통과 통신이 발달하자 미국 자체가 거대한 시장을 형성하게 되었다.

그런 환경에서 규모의 경제와 범위의 경제에서 우위를 갖는 대기업들이 등장했다. 대량생산 체제에서는 반복되는 거래를 내부 조직화하고 공정 표준화와 대량 구매·생산·판매로 생산비를 절감할 수 있는 대기업이 유리했다. 또한 전기, 화학 등의 분야에서 기술혁신과 발명이 쏟아졌다. 토머스 에디슨이 1870년대에 축음기와 백열전구를 발명했고, 20세기 초에는 마르코니의 무선전신 기술을 토대로 라디오가 등장했다. 당시 미국의 철강산업은 같은 수의 인력으로 영국의 세 배를 생산할 정도로 생산성이 높았다.

대량생산은 유통 혁신으로 이어졌다. 1870년대 미국의 도매상들은 수수료를 받고 물건을 팔아주던 데서 탈피해 직접 상품을 사들여 판매하고 통신판매, 신용판매 기능까지 갖추며 대형화했다. 거래 규모가 커질수록 상품 단위당 판매비용이 줄어드는 이점이 있었다. 유통산업은 백화점, 연쇄점, 통신판매로 발전해 도시는 물론 시골에서도 상품을 주문할 수 있게 되었다. 대량생산이 대량소비와 결합해 더욱 큰 시너지를 낸 것이었다.

후발주자인 독일도 1871년 통일 제국을 형성한 이후 공업화에 박차를 가해 19세기 말에는 중공업 강국으로 부상했다. 독일도 미국처럼 대기업들이 기술발전을 주도했다. 이 시기에 등장한 기업이 철강·무기의 크루프, 화학의 바스프, 자동차의 벤츠 등이다. 반면 영국은 산업혁명에서는 앞섰지만 경공업 위주여서 대기업의 출현이 미국, 독일보다 늦었고 규모도 크지 않았다. 20세기 들어 영국이 제조업보다는 금융업에 주력하게 된 이유다. 1차 세계대전 이후에는 프랑스, 일본 등에도 대기업이 등장했다.

강도귀족인가, 산업화의 주역인가

어느 시대나 경제가 급성장하면 그에 따른 부작용도 생긴다. 미국의 산업혁명을 이끈 기업가들은 그 명성 못지않게 오명과 비난의 대상이었다.

특히 1930년대 대공황으로 노동자, 서민의 고통이 커지자 이들에 대한 비난이 거셌다. 미국의 경제평론가 매튜 조셉슨은 『강도귀족』1934이란 저서에서 고속성장기에 거부가 된 기업가들을 싸잡아 강도 귀족으로 묘사했다. 강도 귀족은 신성 로마 제국의 봉건 영주들이 제멋대로 영지의 길이나 강을 막고 지나가는 상인들에게 통행료 명목으로 돈을 갈취한 데서 유래한 명칭이다. 이 용어가 미국에서 신문을 통해 널리 퍼지면서 기업가들은 부도덕하고 파렴치한 인물로 대중에게 각인되었다.

실제로 19세기 말 뉴욕 월스트리트에서 활동했던 제이 굴드, 짐 피크스 등은 그런 악평을 들을 만한 인물이었다. 돈만 벌 수 있다면 금융사기, 주가조작, 금 사재기 등 수단과 방법을 가리지 않았고 정치인들도 매수했다. 제이 굴드가 이리 철도회사를 놓고 코널리우스 밴더빌트와 벌인 싸움은 이전투구와 다를 게 없었다. 이 싸움의 또 다른 주역인 대니얼 드류는 맨해튼에서 소 장수를 하던 시절에 소에게 소금이 잔뜩 묻은 풀을 먹여 물을 많이 마시게 해서 고기 무게를 늘렸을 만큼 부도덕했다. '부풀리다 inflate'라는 의미의 인플레이션이란 용어는 여기서 비롯되었다. 밴더빌트 역시 철도사업 확장 과정에서 편법·탈법으로 악명이 높았다. 밴더빌트는 "법이 무슨 대수야? 나한테 권력이 있잖아."라는 망언도 서슴지 않았다.『국가는 왜 실패하는가』 대런 애쓰모글루, 제임스 로빈슨

록펠러는 1870년 스탠더드오일을 세운 뒤 경쟁자들을 차례로 제치고 석유 생산·운송·유통을 독점해 1890년에는 미국 석유시장의 90%를 장악했다. 카네기가 설립한 미국 최대 철강 회사인 카네기철강회사는 1901년 J. P. 모건에 인수·합병되어 US스틸로 새롭게 탄생했다. 이 회사는 자본

금이 10억 달러에 이르는 세계 최대 기업이었다.

한편 거의 모든 산업을 독점적인 기업 결합인 트러스트가 지배했다. 독점 자본가들은 무자비하게 경쟁자들을 도태시켰고, 부패한 정치인들을 포섭했으며 노동자들과도 잦은 마찰을 빚었다. 그렇게 돈을 모은 밴더빌트의 재산은 당시 미국 GDP의 1%가 넘었다. 록펠러의 재산을 현재 가치로 환산하면 빌 게이츠의 세 배에 달한다. 이들이 당시 대중들에게 어떤 이미지로 비쳤을지 두말할 필요도 없다.

돈이 전부였고 부도덕해도 돈만 벌면 최고였던 이 시기를 작가 마크 트웨인은 '도금시대'라고 칭했다. 겉만 번지르르하고 속은 형편없다는 의미다. 경제학자 소스타인 베블런도 스스로 부를 생산하지 않고 편법과 권모술수로 자기 배만 채우는 기업가와 금융인을 악덕 유한계급이라고 비난했다. 신문들은 독점 대기업을 문어나 괴물에 비유한 만평을 연일 게재했다. 이런 분위기에서 1890년 미국 의회는 일명 셔먼법으로 불리는 반독점법을 제정해 록펠러의 스탠더드오일을 강제 분할했다.

하지만 오늘날 미국에서는 고도성장을 가져온 기업가들의 공로를 인정하는 편이다. 그들이 일군 기업들은 독점의 문제가 있었더라도 미국 경제발전의 원동력이었음은 부인할 수 없는 사실이다. 우선 카네기가 일으킨 철강은 '산업의 쌀' 역할을 했다. 그 덕에 철도와 기차, 정유, 파이프라인 등 다른 중화학공업의 폭발적인 성장이 가능했다. 철도와 운하, 파이프라인은 운송비를 대폭 절감시켜 미국 전역의 물류와 유통을 더욱 활기차게 만들었다. 우리나라의 중화학공업 육성기에 먼저 포항제철과 경부고속도로를 건립한 것과 같은 효과였다.

그리고 록펠러의 석유산업은 1869년 갤런약 3.8ℓ 당 30센트이던 휘발유 가격을 1910년에는 불과 6센트까지 떨어뜨렸다. 이 과정에서 무수한 경쟁자들이 도태했다. 록펠러는 부도난 경쟁기업들을 인수해 문어발 독점 자본이라는 지탄을 한몸에 받았다. 하지만 록펠러가 휘발유 가격을 떨어뜨린 덕에 20세기 초 미국 자동차 산업이 비약적으로 발전할 수 있었다.

이렇듯 기업가들이 주도한 산업혁명은 미국인의 생활 수준을 대폭 향상시켰고 20세기 초강대국의 밑거름이 되었다. 대다수 국민은 그 혜택을 톡톡히 누렸다. 따라서 반독점법은 이 과정에서 뒤처진 집단들이 국가의 권력을 빌려 선두주자들을 주저앉히려는 시도였다는 비판도 제기되고 있다.

✂-Economic Keywords

★ 독과점

소수의 기업이 생산과 시장을 지배하는 것을 통틀어 독과점독점+과점이라고 부른다. 특정 기업이 지배한 상태가 독점, 지배 기업이 2개이면 복점, 3개 이상 소수이면 과점이라고 부른다. 특정 품목에 독과점 시장이 형성되면 경쟁시장에 비해 가격이 높고 공급량이 부족한 경우가 보통이다. 대다수 국가가 독과점을 규제하고 가격 담합을 철저히 감시한다. 소수의 생산자가 경쟁을 회피하는 수단을 강구해 시장 경쟁의 효율을 떨어뜨리고 자원 배분을 왜곡할 소지가 있기 때문이다.

독과점이 생기는 원인은 공기업처럼 정부 법령이나 정책에 의해 진입이 제한된 경우전력, 철도, 상수도 등, 경쟁 시장에서 소수만 남고 나머지 기업들이 탈락한 경우자동차, 스마트폰, 백화점 등, 다수의 생산자가 담합하는 경우업종 카르텔 등이 있다. 막대한 투자비가 들고 규모의 경제가 작용하는 분야에서는 궁극적으로 하나의 독점기업이 출연하는데 이를 자연독점이라고 한다. 미국에서는 록펠러의 스탠더드오일, AT&T 등 독점기업에 대해 정부가 회사 분할을 명령한 사례가 있다.

위에서부터 순서대로 록펠러센터, 스탠퍼드 대
학교, 카네기홀 전경. 록펠러, 스탠퍼드, 카네기
등의 기업가들은 의학, 교육, 문화 분야에 기부와
사회 공헌으로 미국 사회의 삶의 질을 높였다

경제로 읽는 교양 세계사

또한 기업가들은 말년에 기부와 사회공헌으로 미국 사회를 더욱 업그레이드했다. 그들의 기부금으로 교육, 의학, 문화 등의 분야가 활짝 꽃을 피웠다. 뉴욕의 상징인 록펠러센터나 카네기홀은 누가 기부자인지 금방 알 수 있다. 1873년 개교한 테네시 주의 밴더빌트 대학교도 마찬가지다. '서부의 하버드'라는 스탠퍼드 대학교는 1893년 센트럴퍼시픽철도회사 설립자이자 캘리포니아 주지사를 지낸 릴랜드 스탠퍼드가 열었다.

무엇보다 기업가들은 하나같이 어려운 환경에서 자랐다. 하지만 각고의 노력으로 거대 기업을 일군 것이다. 이들은 누구나 성공할 수 있다는 '아메리칸 드림'의 상징이다. 스코틀랜드 출신인 카네기는 재산을 기부하고 고향으로 돌아갔다. 록펠러는 오로지 일밖에 모르고 평생 근검절약하는 삶으로 후세의 존경을 받았다.

대량소비 시대의 상징, 포드 '모델 T'

20세기 들어 미국은 산업생산에서 더욱 확고한 1위 자리를 굳혔다. 철강산업의 경우 같은 숫자의 인력으로 영국 철강공장보다 3배를 생산할 만큼 생산성과 경쟁력이 뛰어났다. 제품을 생산해 식민지에 두루 팔아야 했던 영국과는 달리 미국은 자국 내에서 대량소비가 가능한 대규모 시장을 형성했다. 따라서 경제학자들의 관심 대상도 자연스레 영국에서 미국으로 옮아갔다.

높은 생산성은 높은 임금으로 이어졌다. 20세기 들어 1억 명이 넘는 미국인의 구매력은 산업고도화를 더욱 가속화시키는 촉매였다. 이런 배경에서 대량생산과 대량소비 시대를 연 것이 포드자동차 '모델 T'였다. 1903년 헨리 포드가 디트로이트에 설립한 포드자동차는 '모델 A'부터 19번째 '모델 S'까지 다양한 자체 모델을 개발했다. 이 가운데 성공을 거둔 '모델 N'의 후속으로 1908년 '모델 T'를 내놨다. 당시 고급자동차 가격은 2,000~3,000달러였지만 모델 T는 불과 850달러에 불과했다. 1920년대에는 300달러 밑으로 떨어졌다.

모델 T는 1927년까지 약 20년간 1500만 대가 팔려나갔다. 미국을 자동차 왕국으로 만든 역사적인 자동차다. 모델 T의 가격은 인플레이션을 감안할 때 현재 가치로 3,500달러약 400만 원에 불과할 만큼 저렴했다. 중산층은 물론 일반 노동자도 '내 차'를 가질 수 있게 만들어주었다. 1929년에는 미국인 5명 중 1명이 자동차를 소유했다.

당시 미국과 유럽은 대불황1873~1896을 마감하고 다시 호황을 누리고 있었다. 자본가와 노동자 중간에 신흥 중산층이 형성되어 두터운 수요층 역할을 했기 때문이다. 대기업과 은행, 증권회사에 근무하는 화이트칼라, 기술자, 변호사, 의사 등 전문직과 공무원 등이 급증했다. 이들은 백화점 쇼핑, 미술관, 오페라하우스 등의 예술 감상, 재즈와 프로스포츠 관람 등 새로운 생활양식을 만들어냈다. 도시의 대중에 의한 대량소비와 문화소비가 본격화된 것이다.

라디오, 냉장고, 세탁기가 차례로 보급되어 소비 수요를 부추겼다. 라디오는 약 40%의 가정에 보급되었다. 프랑스 뤼미에르 형제가 사진과 전기를 결합해 1895년 선보인 영화도 획기적이었다. 할리우드 영화산업은

경제로 읽는 교양 세계사

1920년대에 매주 8,000만 명을 극장으로 불러 모았다. 유아 사망률과 문맹률이 급격히 낮아지면서 사람들은 삶의 질에 눈을 떴다.

노동자 불만 잠재운 비스마르크의 복지 제도

2차 산업혁명을 계기로 노동자의 권리도 크게 신장했다. 유럽 각국에서 노동자의 선거권 부여, 노동조합의 합법화가 이루어졌고 의무교육도 단계적으로 확대되었다. 영국에서 성인의 문맹률은 1870년 34%에서 1900년에는 5%로 내려갔다. 19세기 중반 질풍노도 같은 혁명과 계급투쟁을 겪고 난 뒤의 일종의 무마책이자 당근책이었다.

특히 프로이센은 1870~1871년 프랑스와의 보불전쟁에서 승리하고 독일 제국의 통일을 이루었지만 사회와 민생이 불안한 상태였다. 뒤이어 20년 대불황이 시작되었으니 설상가상이었다. 더구나 보불전쟁의 퇴역 장병들이 대거 복귀하면서 실업의 압력도 커졌다. 독일 인구의 4분의 1을 차지하는 노동자 계급이 사회주의로 기울기 안성맞춤인 여건이었다. 실제로 노동자 세력은 1875년 '통합독일사회주의노동자당'을 결성해 의회에까지 진출했다. 1871년 프랑스에서는 노동자들이 봉기해 두 달간 '파리코뮌노동자 정부'을 수립했다. 이 사건이 독일 노동자들을 자극할까봐 독일 제국은 노심초사하지 않을 수 없었다.

재상 비스마르크는 사회주의를 억압하는 것만으로는 안정되기 어렵다고 보고 복지정책을 통해 노동자를 사회주의자와 격리하는 색다른 방

독일 제국의 철혈 재상 비스마르크는 노동자가 사회주의자가 되는 것을 막기 위해 건강보험법, 재해보상법, 사회보험제도를 도입했다. 세계 최초의 복지국가가 탄생한 것이다

경제로 읽는 교양 세계사

안을 강구했다. 퇴역 군인의 생활 안정도 의식한 조치였다. 비스마르크는 1883년 건강보험법을 시작으로 1884년 재해보상법, 1889년 폐질 및 노년보험법 등 일련의 사회보험제도를 도입했다. 세계 최초의 복지국가가 탄생한 것이다.

비스마르크가 노동자 계급의 환심을 살 만한 복지 제도를 도입하자 사회주의 세력은 지지기반을 잃을까봐 강하게 반발했다. 독일사회주의노동자당은 실제로 비스마르크의 법안에 반대표를 던졌다. 이들은 마르크스와 엥겔스의 「공산당 선언」에 입각해 계급혁명만이 노동자의 삶을 개선하는 길이라고 주장했다. 그러나 비스마르크식의 국가民族사회주의는 그대로 관철되었다.

나아가 비스마르크는 기존 자유무역질서에서 이탈해 보호관세를 높이는 등 보호무역으로 돌아섰다. 이로써 독일은 체제전복을 예방했지만 20세기 세계대전의 씨앗이 뿌려졌다. 영국, 프랑스 등 경쟁국들은 자국과 식민지를 블록화해 시장을 확보할 수 있었던 반면 독일은 자국산업을 일으키는 데 성공했지만 물건을 팔 충분한 시장식민을 갖지 못했기 때문이다.

반짝인다고 다 금은 아니다
마크 트웨인의 『도금시대』

　　미국 현대문학의 아버지로 불리는 마크 트웨인1835~1910은 작가이자 쓴
소리를 잘하는 사회비평가로 시대를 풍미했다. 『톰 소여의 모험』1876 『허클
베리 핀의 모험』1884 『왕자와 거지』1881 등의 대표작 외에도 사회 풍자소설
을 많이 썼다. 그중에 가장 많은 논쟁을 일으킨 작품이 『도금시대』1873이다.
이 소설은 그의 이웃인 찰스 더들리 워너와 공동 집필했는데 19세기 후반
미국의 압축성장기 이면에 만연한 부조리를 들춰냈다. 유감스럽게도 국내
에는 번역본이 없어 원서로만 접할 수 있다.

　　마크 트웨인이 사회 비평가이자 풍자소설의 대가가 된 데는 그의 성장기
와 연관이 있다. 미주리 주 플로리다에서 태어나 4세 때 미시시피 강변의 해
너벌로 이사했다. 이곳에서의 생활은 그가 모험·성장소설을 쓰는 자양분이
되었다. 그러나 11세 때 부친이 사망하자 변변한 교육을 받지 못했고 인쇄
소 식자공으로 여러 도시를 전전했다. 가는 곳마다 도서관의 책들을 벗 삼
아 독학으로 지식을 쌓고 잡지에 기고도 했다. 22세에는 수로 안내인이 되

어 형편이 나아지긴 했지만 남북전쟁이 터져 남부군으로 참전했다. 이렇듯 생고생을 하며 자란 마크 트웨인이었기에 졸부들의 탐욕과 황금만능주의가 곱게 보일 리 만무했다.

『도금시대』는 내용보다도 제목으로 더 유명해진 작품이다. 이 작품이 출간된 시기는 미국이 남북전쟁 이후 재건기를 마감하고 산업혁명으로 본격 도약하던 때였다. 그러나 정치권력은 부패하고 중상모략에 능한 모리배들이 선거를 독점했다. 돈 버는 데만 급급한 '강도귀족'들의 탐욕과 사기가 만연하고 빈부격차는 커져갔다. 졸부들은 유럽 궁전을 연상시키는 저택을 짓고 연일 호화파티를 열어 부를 과시했다. 100달러 지폐로 담뱃불을 붙이고 순종 백마들이 이끄는 마차를 타고 센트럴파크를 질주하는 벼락부자들도 있었다.

이런 탐욕의 시대를 마크 트웨인은 겉만 번지르르하고 속은 형편없는 도금에 비유하고 '오늘의 이야기'라는 부제까지 달았다. 과거 황금시대에 대한 반어법인 셈이다. 마크 트웨인은 "표면적으로는 번화하지만 부패와 도덕적 상실, 그밖에 잠재된 위기가 숨겨져 있다. 도금시대에 불과하다."라고 비판했다. 베블런의 '과시적 소비'와 같은 시각이다. 반짝인다고 다 금은 아니란 이야기다.

그리운 그때 그 시절
벨에포크와 골디락스

1890년부터 1914년 1차 세계대전이 발발하기 직전까지 약 25년간의 태평성대를 '벨에포크'라고 부른다. 벨에포크는 프랑스어로 '아름다운 시절'이란 뜻이다. 19세기 내내 프랑스를 비롯한 유럽에서 끊임없는 혁명과 폭력, 정치 격변, 전쟁의 격동기를 겪은 이후에 찾아온 평화여서 더욱 환호했다. 벨에포크는 풍요와 평화가 넘치고 문화와 예술이 번창하고 거리에는 우아한 신사 숙녀로 붐비던 시절로 묘사된다.

이로부터 100년이 흐른 1996~2005년의 10년간 미국 경제가 물가 안정 속에 높은 성장세를 구가한 시기를 '골디락스'라고 부른다. 영국 전래동화인 『골디락스와 곰 세 마리』에서 금발 머리를 묶은 소녀 골디락스가 곰의 오두막에서 세 개의 수프 그릇을 발견하고 하나씩 맛본다. 아빠 곰의 수프는 너무 뜨겁고, 엄마 곰의 수프는 너무 식었지만, 새끼 곰의 수프는 온도가 적당해 골디락스가 몽땅 먹어버린다는 이야기다.

이에 비유해 골디락스는 경제가 차갑지도 침체, 뜨겁지도 과열 않고 적당하게 평온한 상태를 가리키는 경제 용어로 쓰인다. 대개 고성장은 물가 상승을 유발하게 마련인데 이 시기의 미국과 세계 경제는 꾸준히 성장하면서도 물가가 안정된 매우 이상적인 상태를 유지했다. 이는 중국이 '세계의 공장'으로 저가 소비재를 공급한 덕이다.

그러나 2006년 이후 부동산 거품이 꺼지면서 10년이 넘게 세계 경제가 침체하고 있다. 벨에포크와 골디락스는 좋았던 시절을 그리워하는 "아 옛날이여!"와 같은 비유인 셈이다.

5부

현대 경제 체제의 확립,
위기에서
기회를 엿보다

1차 세계대전과 초인플레이션
_중앙은행이 화폐 발행을 독점하게 된 까닭은?

제국주의 깃발을 달고 마주 달리는 폭주 기관차들

영국의 역사가인 에릭 홉스봄은 20세기 역사를 다룬 저서『극단의 시대』1994에서 1·2차 세계대전이 벌어진 1914~1945년을 '파국의 시대'라고 명명했다. 영국 총리 윈스턴 처칠은 양차 대전을 묶어 '30년전쟁'이라고 했다. 인류는 새로운 세기를 맞아 번영을 꿈꿨지만 실상은 광기와 극단으로 파국을 향해 달려갔다. 19세기 말 제국주의와 민족주의 바람 속에 보호무역으로 장벽을 높이면서 타협의 여지는 사라져 버렸다. 서로 마주보고 달리는 폭주 기관차들과 같았다.

그럴 수밖에 없는 조건이 무르익었다. 영국과 프랑스가 양분하던 식민지 쟁탈전에 신흥 강자인 미국과 독일이 뛰어들었다. 1860년에는 산업생산 1, 2위가 영국과 프랑스였지만 1900년에는 미국과 독일로 바뀌었다.

보스니아의 사라예보를 방문한 오스트리아 황태자 부부가 세르비아인에게 피살되는 사라예보 사건으로 제1차 세계대전이 발발했다. 사라예보 사건이 일어난 라틴 다리는 현재 역사적 사건을 보여주는 관광지로 유명하다

특히 독일은 유럽에서 경제력에 상응하는 정치적 영향력을 요구했다. 영국으로서는 중공업 강국인 독일의 급성장이 전혀 달갑지 않았다. 프랑스도 보불전쟁에서 참패한 뒤 독일에 막대한 전쟁 보상금에다 자원이 많은 알자스로렌까지 넘겨준 터여서 설욕을 별렀다. '북극곰' 러시아는 시베리아, 연해주까지 영토를 확장한 데 이어 얼지 않는 부동항을 찾아 호시탐탐 남하할 기회를 노렸다. 뒤늦게 근대국가 대열에 낀 일본은 청일전쟁1894~1895, 러일전쟁1904~1905에 연이어 승리하고 1910년 조선을 완전히 병합하며 아시아 맹주를 자처했다.

경제로 읽는 교양 세계사

유라시아 대륙 정세도 급물살을 탔다. 유럽에서는 '3국 협상영국·프랑스·러시아'과 '3국 동맹독일·오스트리아·이탈리아'이 대립하는 구도가 형성되어 있었다. 독일의 수직 3B 베를린-비잔티움-바그다드정책과 영국의 수평 3C 케이프타운-카이로-콜카타정책은 교차점에서 충돌을 빚게 되었다. 더구나 2차 산업혁명으로 중공업 기반인 군수산업이 크게 발전했다. 언제 폭발하는지만 남았다.

그런데 예상치 못한 곳에서 우발적으로 불이 붙었다. 1914년 보스니아의 수도 사라예보를 방문한 오스트리아의 페르디난트 황태자 부부가 세르비아 민족주의자 대학생에게 피살되는 사라예보 사건이 터진 것이다. 오스트리아가 즉각 세르비아에 선전포고하면서 독일 등 '동맹국'과 영국 등 '협상국' 간에 제1차 세계대전이 발발했다.

전쟁의 양상은 레마르크가 『서부전선 이상 없다』1929에서 묘사했듯이 포격과 지루한 참호전으로 인명 피해만 더했다. 불과 5년 만에 전사자 1,000만 명, 부상자 2,000만 명을 기록했다. 그런데 독일의 '무제한 잠수함 작전'이 미국 상선을 공격해 중립국이던 미국의 참전을 초래했다. 이것이 독일 패망의 결정타가 되었다. 1918년 11월 독일에서 혁명이 일어나 공화국이 수립되며 독일 제국이 붕괴되었다.

역사에 가정은 필요 없지만 만약 사라예보 사건이 일어나지 않았다면 세계대전을 피할 수 있었을까? 역사학자들은 그래도 전쟁은 불가피했다고 보고 있다. 총력전이었던 1차대전은 세계적으로 정치·경제·사회의 격변을 가져왔다. 러시아에서는 1917년 러시아혁명이 일어나 최초의 공산국가인 소비에트연방소련이 들어섰다. 자본주의와 공산주의의 70년 대결의 출발이었다. 오랜 참호전을 버텨낸 노동자 계급은 투쟁을 더욱 강화했다. 한편 남성 노동자들이 대부분 전쟁터로 나가는 바람에 여성이 생산을 담당해야 했다. 각국은 당근책으로 여성에게 선거권을 부여했다. 프랑스는 징집 장병의 20%가 사망하고, 영국은 대학생의 4분의 1이 전사했다. 젊은 인재들의 공백은 전후 경제 회복에 걸림돌이 되었다. 반면 미국은 전쟁 피해를 입지 않은 데다 군수품과 식량을 공급하며 세계 최대 채권국이 되었다.

휴지 조각이 된 패전국 독일 마르크화

소련의 지도자 레닌은 "자본주의 체제를 파괴하는 가장 좋은 방법은 화폐가치를 폭락시키는 것이다."라고 지적한 바 있다. 전쟁은 인플레이션물가상승을 초래하기 때문에 자본주의 경제에 치명적이다. 전시에는 세금을 거두기 어려우므로 전쟁 비용을 조달하려고 돈을 마구 찍어내기 때문이다. 영국도 1차대전 중에 통화량이 급증해 가격상한제를 시행하는 등 물가통제를 했을 정도다. 전쟁이 끝나도 전후 복구비용 때문에 또다시 통화량을 늘려야 한다. 화폐가치 하락은 모든 나라의 공통된 숙제였다. 전쟁 종결 5년 뒤인 1923년 물가는 전쟁 전에 비해 영국 159%, 프랑스 411%, 이탈리아 582%, 미국 157%, 일본 192%에 달했다. 독일은 76만5,000%였다. 화폐가치 하락에 따른 인플레이션은 곧 소득 감소를 초래했다.『화폐 이야기』 송인창 외

패전국 독일이 겪은 충격은 상상을 초월했다. 특히 영국, 프랑스 등 승

전국들은 독일의 재기를 막기 위해 혹독한 전쟁배상금을 물리는 베르사유조약을 체결했다. 배상금 총액은 125억 달러금화 1,320억 마르크로, 독일의 한해 국내총생산GDP에 육박했다. 영국 경제학자 존 메이너드 케인스가 과도한 배상금이 독일 경제를 붕괴시키고 주변국들까지 영향을 미쳐 전쟁이 재발할 것이라고 경고했지만 소용없었다.

유럽 각국은 전쟁으로 미국에 진 빚을 독일에서 배상금을 받아내 청산할 심사였다. 특히 프랑스는 철저한 보복을 준비했다. 알자스로렌을 돌려받고 자국 영토에서의 전쟁 피해를 명분으로 추가 배상을 요구했다. 1923년 프랑스와 벨기에는 배상금 지연을 이유로 독일의 최대 공업지대인 루르 지방을 점령했다. 연합국은 독일이 감당할 수 없어 배상금 삭감을 요청해도 묵살하다 1924년에야 80억~100억 달러로 감액했다.

독일 바이마르공화국은 전쟁 중에는 전비를, 전후에는 배상금을 마련하느라 돈을 찍고 또 찍어댔다. 그 결과 전쟁 중에 이미 폭등한 물가가 천문학적인 수준으로 치솟았다. 1914년 전쟁 직전 달러당 4.22마르크였던 환율이 1923년 말에는 달러당 4조 2,000억 마르크라는 천문학적 수치로 치솟았다. 빵 한 덩이가 전쟁 전 0.5마르크에서 1,400억 마르크가 되었다. 달걀 하나가 3,200억 마르크였다. 오죽하면 생필품을 사려면 손수레에 지폐 다발을 가득 싣고 가야 했을까? 도둑도 돈을 버리고 손수레만 훔쳐갔다는 웃지 못할 일화도 허다했다. 머리를 자르고 달걀을 지불하고, 석탄을 주고 영화표를 샀다. 모두가 '배고픈 억만장자'가 되었다. 전후 독일이 겪은 초인플레이션하이퍼인플레이션이란 재앙의 실상이었다. 경제 대국이었던 독일의 마르크화는 휴지 조각보다 못한 존재가 되어버렸다.

이탈리아에서는 1922년 무솔리니가 파시스트 당원 4만 명을 이끌고 '로마 진군'이라는 쿠데타를 일으켜 정권을 잡았다. 이를 지켜본 히틀러가 1923년 11월 9일 뮌헨 폭동을 기획했으나 실패했다. 하지만 바이마르 공화국의 운명은 풍전등화였다. 1923년 11월 15일 슈트레제만 총리가 다나뱅크 은행장이던 샤흐트를 통화위원^{장관급}에 임명하고 초인플레이션 잡기에 나섰다.

샤흐트는 휴지 조각이 된 마르크화 발행을 중단하고 새 통화로 토지저당증권^{렌텐}을 담보로 한 렌텐마르크를 발행했다. 종전 1조 마르크를 1렌텐마르크로 교환해주었다. 샤흐트는 렌텐마르크의 신용도를 높이기 위해 통화 공급량을 철저히 통제하고 각종 압력에도 원칙을 지켰다. 그러자 일주일 만에 렌텐마르크가 시중에 유통되면서 초인플레이션도 진정 국면에 접어들었다. 샤흐트는 독일 중앙은행^{분데스방크}의 총재가 되었다.

1924년 전쟁배상금 감액을 위한 도스안^{도즈} 플랜이 통과되면서 독일 경제는 최악의 위기에서 벗어났다. 그러나 전대미문의 초인플레이션 후유증과 정치 불안 속에 바이마르공화국은 위태로운 하루하루를 이어갔다. 나치스는 서서히 힘을 키우고 있었다.

중앙은행의 등장과 '오즈의 마법사'

미국의 제도를 이해하려면 항상 연방제 국가인 점을 상기해야 한다. 미국 달러화가 공식 통화로 정착되는 과정도 미국이 식민지에서 독립해 영토를 확장한 과정과 유사했다. 달러는 1792년 주화법에 따라 미국의 정식 화폐 단위가 되었다. 그러나 미국 중앙은행인 연방준비은행FRB이 출범한 것은 122년 뒤인 1914년에 이르러서다. 그동안 누가 화폐달러화를 발행했을까? 1863년까지는 무려 1,600여 개에 달하는 민간 은행들이 금과 은 또는 주 정부에 예치한 유가증권을 담보로 달러화를 자유롭게 발행했다자유은행 시기. 그러나 은행들의 잦은 위기와 금융 혼란으로 문제가 적지 않았다. 1863년 국가은행법이 제정되어 연방정부의 인가를 받은 은행들만 자본금을 근거로 달러화를 발행할 수 있게 되었다국법은행 시기.

FRB의 등장은 1907년 10월, 세 번째로 큰 신탁회사 니커보커가 투자 실패로 인해 파산하고 미국 증권시장 폭락으로 금융 위기가 터진 것이 계기였다. 돈을 떼일까봐 불안해진 예금자들이 은행과 신탁회사들로 몰려가 돈을 한꺼번에 인출하자 금융회사들의 파산 사태가 벌어졌다. 미국 재무부는 난리가 났지만 당장 손 쓸 대책이 없었다. 그러자 최대 은행인 JP모건의 중재로 대형 은행가들이 긴급 자금을 풀어 위기를 진정시켰다. 체면을 구긴 미국 정부는 금융 위기 재발을 막는다는 명분으로 1914년 FRB를 출범시켰다. 이후 FRB는 달러화 발행을 독점하게 되었다.

세계 최초의 중앙은행은 17세기 말 영국 잉글랜드은행영란은행이다. 그런데 그 출범 과정이 흥미롭다. 당시 거의 파산상태였던 영국의 윌리엄 3세가 전비 조달을 위해 스코틀랜드 은행가인 윌리엄 패터슨에게 120만 파운드의 국채를 넘기고 화폐파운드화 발행의 특권을 주었다. 1694년 패터슨의 주도로 상인들 다수가 주식회사 형태의 잉글랜드은행을 설립하고 화폐 발행권을 얻어냈다. 잉글랜드은행은 정부에 돈을 빌려주는 은행이란 권위로 나중에 중앙은행으로 발전했고 영국 왕도 주주로 참여했다. 영국은 1844년 다른 은행들의 화폐 발행을 법으로 금지하고 잉글랜드은행이 화폐 발행을 독점하게 했다. 다른 유럽 국가들은 19세기 말 중앙은행을 설립했다.

중앙은행의 화폐 발행 독점과 관련해 늘 따라다니는 논쟁거리가 금본위제다. 미국은 1873년 화폐주조법에 따라 금과 은의 복수본위제에서 은을 뺀 금본위제를 확정했다. 은행들은 보유한 금의 양만큼 달러화를 발행할 수 있었다. 그러나 금본위제 시행 및 20년 대불황과 맞물려 심각한 디

★ 금본위제도

금본위제도란 화폐의 가치를 금 일정량의 가치와 같은 수준으로 유지하는 것을 가리킨다. 금이 화폐가치의 중심이 되는 통화체제다. 역사적으로 금은 귀하고 가치가 높아 가장 중요한 교환수단이자 화폐금화로 이용되어온 경험을 제도화한 것이다. 지금은 금본위가 경제학 교과서에나 나오는 용어지만 약 50년 전만 해도 화폐가치의 가장 중요한 척도였다. 즉, 금본위제도를 채택한 나라가 세계 화폐의 기준기축통화가 된 것이다. 19세기 영국 파운드화, 1944년 이후 미국 달러화금 1온스=35달러가 금본위제로 그 역할을 맡았다. 파운드나 달러화를 가져가면 금으로 바꿀 수 있다는 의미였다. 그러나 영국은 1차 세계대전으로 금 태환화폐 발행액만큼 금 보유를 중단했다. 미국도 부채와 재정 적자로 1971년 금 태환달러 발행액만큼 금 보유 중단을 선언해 금본위제도는 폐기되었다. 지금 각국 통화는 금과 교환되지 않는 불태환 화폐이다.

아울러 은본위제는 금 대신 은이 화폐의 척도가 되는 체제다. 금과 은을 동시에 기준으로 삼으면 금은복본위제라고 한다. 2008년 글로벌 금융 위기 이후 달러의 위상이 약화되면서 금본위제도를 부활해야 한다는 주장이 제기되기도 했다.

프랭크 바움의 『오즈의 마법사』는 1939년 빅터 플레밍 감독의 뮤지컬 영화로도 만들어졌다. 도로시가 은구두를 신고 황색 벽돌 길을 걷는 것은 은본위제를 부활하자는 의미이다

플레이션물가 하락이 발생했다. 은행들이 채굴량이 한정된 금을 충분히 확보하지 못해 달러 공급을 늘릴 수 없었기 때문이다. 물가가 하락하면 돈값이 비싸진다. 그러면 돈을 빌려준 은행가들은 이득이지만 돈을 빌린 사람들은 갚는 데 애로가 커진다. 이 때문에 금보다 흔한 은을 활용한 은본위제도 병행하자는 주장이 강하게 제기되었다.

19세기 말 이런 갈등을 배경으로 한 소설이 프랭크 바움의 『오즈의 마법사』1900이다. 단순한 동화가 아니라 당시 경제 상황에 대한 신랄한 풍자소설이란 사실이 학자들에 의해 나중에 밝혀졌다. 우선 오즈oz는 금을 재는 단위인 온스oz와 같다. 에메랄드시티는 워싱턴 DC를 가리키고, 마법사는 금본위제만 고집한 당시 클리블랜드 대통령을 상징한다. 겁쟁이 사자는 은화의 자유로운 주조를 주장하다 대통령 선거에서 진 브라이언 후보다. 또한 도로시는 평범한 미국 시민, 허수아비는 가난한 농민, 양철 나무꾼은 노동자다. 도로시가 은 구두를 신고 황색 벽돌 길을 걷는 것은 은본위제를 부활하자는 의미다. 동쪽과 서쪽 마녀는 은본위제를 반대하는 사람들이다.

『오즈의 마법사』가 큰 인기를 끌었지만 미국 대선에서 은본위제를 주장한 후보들은 번번이 졌다. 미국이 금본위제를 고집한 것은 은화가 늘어나면 재무부가 보유한 금의 가치가 떨어질 것을 우려했기 때문이다. 20세기 들어 캐나다에서 대규모 은광이 발견되고 남아공의 금이 유입되었다. 때마침 경제도 살아나 디플레이션은 자연히 해소되었다.

한편 1925년을 전후해 유럽 각국이 전쟁과 이후 인플레이션 때문에 유보했던 금본위제로 복귀했다. 통화가치를 안정시켜 물가를 잡으려는 의도였다. 그러나 나라마다 독자적으로 통화가치를 정하다 보니 영국은 디플레이션으로 타격을 입은 반면 미국은 상대적으로 호황을 누렸다.

'광란의 20년대'와 금주법

1920년대 미국은 포드자동차의 모델 T와 라디오, 세탁기, 냉장고 등 내구소비재가 널리 보급되었다. 찰리 채플린, 그레타 가르보 등의 할리우드 영화와 재즈 음악이 폭발적인 인기를 누렸다. 부유층의 과시적 소비가 극

1933년경 금주법에 반대하는 미국인의 수가 압도적이었다. 무게의 3.2%, 용량의 4%에 해당하는 알코올을 합법화하는 카렌-해리슨법이 발효되자 맥주를 사러 나온 미국 시민들이 거리를 가득 메웠다

에 달했고, 대중들도 소비를 미덕으로 여겼다. 전후 호황 덕에 미국 증권 시장의 주가는 하루가 멀다 하고 최고치를 경신했다. 이른바 '황금의 20년대' 또는 '광란의 20년대'를 구가했다.

미국은 청교도가 건설한 나라다. 사회가 타락할수록 기독교 복음주의자들의 영향력도 그에 비례해서 커졌다. 1840년대부터 제기되었던 술을 금지하자는 주장이 강하게 고개를 들었다. 술이 알코올 중독과 범죄의 원인이고 건전한 기풍을 해친다는 명분이었다.

급기야 1919년 '볼스테드법'으로 불리는 수정헌법 18호가 제정되어 금주령이 시행되었다. 볼스테드는 법안을 발의한 하원의원이었다. 이 법은 1920년 발효되어 미국 영토 내에서 공식적으로는 술 제조와 판매가 금지되었다. 부작용이 큰 금주법을 강행한 데는 새로운 이민자들이 도시의 술집을 중심으로 결속하는 것을 막겠다는 의도가 있었다. 특히 1차대전의 적국인 독일의 이민자들이 맥주, 포도주 제조로 부를 쌓는 것을 묵과할 수 없다는 여론이었다.

하지만 술의 역사는 인류 역사만큼이나 오래되었다. 막는다고 없어지는 것이 아니었다. 역사적으로 금주법을 시행한 나라가 적지 않지만 제대로 성공한 사례가 없다. 금주법에도 술을 끊기 힘든 미국인이 너무 많았다. 경찰이 국경과 항구를 물샐 틈 없이 단속해도 드넓은 미국 땅에서 술을 뿌리 뽑는 것은 불가능했다. 즉각 밀주 제조와 밀수입이 성행했다. 부유층은 캐나다에서 밀수한 위스키를 비싸도 사서 마실 수 있었다. 문제는 돈 없는 하층민이었다. 이들은 공업용 알코올로 만든 밀주를 마시다 실명하거나 목숨을 잃기도 했다.

더 큰 문제는 금주법을 틈타 마피아가 번성한 것이다. '밤의 대통령'으로 불린 시카고의 알 카포네를 비롯한 갱단은 밀주와 밀수, 도박과 매춘으로 엄청난 돈을 벌었다. 지하경제가 눈덩이처럼 커지고 범죄 집단의 전성시대가 열렸다. 결국 금주법은 온갖 문제를 야기한 채 1933년 폐지되어 14년간의 대소동도 막을 내렸다.

이런 혼란 속에도 미국의 산업은 생산과잉에 빠져들고 있었다. 주가에는 거품이 잔뜩 끼었지만 너도나도 돈을 벌겠다고 부나방처럼 달려들었다. 역설적으로 금주법 이후 사회 기강은 풀릴 대로 풀려버렸다. 미국 사

경제로 읽는 교양 세계사 ·————

회는 스스로 제어할 장치가 전혀 보이지 않았다.

1920년대의 실상을 보여주는 소설이 스콧 피츠제럴드의 『위대한 개츠비』다. 금주법의 한복판인 1925년 발표된 이 작품에서 주인공 개츠비는 범죄조직과 결탁해 밀주로 큰돈을 번다. 그는 첫사랑 데이지를 만나기 위해 바닷가 저택에서 밤마다 화려하고 난잡한 파티를 연다. 개츠비는 허망하게 죽음을 맞는다. 마치 '황금의 20년대'의 위험천만한 호황 끝에는 어떤 결말이 예정되었는지를 암시하는 듯하다.

세계대전이 남긴 공포와 불안
귄터 그라스의 『양철북』

20세기 전반기의 독일만큼 광기와 극단에 휩싸인 나라도 없었다. 두 차례 세계대전을 일으켰다 패배했고, 민주주의가 붕괴하고, 감당할 수 없는 전쟁배상금에 짓눌리고, 초인플레이션을 겪으며 자신들이 축적한 모든 것을 잃은 독일이었다. 히틀러라는 전대미문의 독재자를 자신들 손으로 뽑은 것도 독일인이었다. 오늘날 합리적이고 검박한 독일인이 과연 그들의 후손인지 의아할 정도다.

두 차례의 세계대전이 할퀴고 간 독일의 만신창이 역사와 당시 독일인이 느꼈던 공포와 불안감을 극명하게 드러낸 소설이 귄터 그라스의 『양철북』 1959이다. 노벨 문학상1999을 받은 그라스는 이 작품의 두께만큼이나 묵직한 독일 현대사를 어린아이의 눈을 통해 보여주었다. 스웨덴 한림원은 노벨상 심사평에서 "인간들이 떨쳐버리고 싶었던 거짓말, 피해자와 패자 같은 잊힌 역사의 얼굴을 장난스러운 블랙동화로 잘 그려냈다."라고 평했다.

3부작으로 구성된 이 작품은 1952~54년 정신병원에 수감된 주인공 오스카가 과거를 회상하는 형식으로 시작한다. 정신병원에서 회상하는 시점과 오스카가 겪은 1899~1954년의 독일 역사가 뒤섞이며 이야기를 끌어간다. 1899년은 어머니의 출생, 1954년은 오스카의 30세 생일인 해다. 작품 배경인 단치히는 작가의 출생지이고, 발표 년도는 작가가 30세 되던 해란 점에서 자전적, 자의식적인 소설이다.

세 살 생일에 지하실에 추락해 성장을 멈춘 오스카는 정신은 어른이지만 몸은 어린아이다. 생일 선물로 받은 양철북, 어머니의 불륜, 유대인 학살의 빌미가 된 1938년 11월 9일 이른바 '수정의 밤' 사건, 단치히 우체국 방어전, 아버지의 죽음, 첫사랑이자 계모인 마리아, 의붓동생이자 아들인 쿠르트, 러시아군이 점령한 단치히 탈출, 정신병원 수감까지 오스카가 겪은 사건 하나하나가 독일 현대사와 맥락을 같이한다. 오스카가 성장을 멈춘 1927년은 나치스가 세력을 키워가던 시절이고 그가 다시 성장하는 것은 2차대전이 끝날 무렵 아버지가 죽은 다음이다.

오스카와의 관계가 뒤죽박죽인 마리아와 쿠르트는 나치스가 지배한 독일 사회의 가치 전도에 대한 상징인지도 모른다. 오스카가 "더 이상 성장하지 않겠다."라고 다짐하는 것은 그 뒤에 벌어진, 잊고 싶지만 결코 잊을 수 없는 역사에 대한 절규로 들린다.

초인플레이션 야기한
짐바브웨의 독재자 무가베

21세기 들어 세계가 디플레이션을 걱정하는 마당에 초인플레이션이 다시 출몰했다. 아프리카 짐바브웨에서다. 짐바브웨 정부는 2000년대 들어 경제정책 실패로 국가 경제가 파탄 나 국고가 바닥나자 돈을 마구 찍어 국고를 메웠다. 그 결과 짐바브웨의 2008년 인플레이션은 6.5×10^{108} %였다고 미국 경제전문지 포브스가 보도하기도 했다. 매일 물가가 약 100%씩 올랐다는 이야기다. 천문학적이란 수식어도 모자라 '초천문학적'이라고 표현했을 정도다. 짐바브웨 달러Z$의 가치는 달러당 3경 5000조Z$였다. 최고액권으로 100조Z$짜리 지폐가 발행되었지만 이 지폐를 350장 모아야 미국 돈 1달러로 바꿔주었다.

짐바브웨는 몇 차례 리디노미네이션화폐 액면 단위 절하을 통해 지폐에서 0을 22개나 뗐다. 2009년에는 외국통화 사용을 허용해 이제는 달러화와 남아공의 랜드화가 주로 통용되고 있다. 짐바브웨는 휴지보다도 가치가 떨어진 짐바브웨 달러를 2015년 9월까지 미국 달러화로 바꿔준 이후 자국 통화를 아예 법적으로 포기했다. 지금은 통용되지 않는 100조Z$ 지폐는 관광객들의 기념품으로 우리 돈 1만 원 정도에 팔리고 있다.

짐바브웨는 로버트 무가베라는 독재자의 실정 때문에 이 지경이 되었다. 92세의 무가베는 1980년 총리로 실권을 잡고 1987년 대통령이 되어 사실상 36년간 정권을 쥐고 있다. 무가베 부부는 나라를 거덜 내고도 호화생활을 누려 서방 세계에서는 '아프리카 최악의 독재자'로 불린다. 경제 파탄과 초인플레이션에도 그가 권좌를 유지하는 것은 백인 지주의 땅을 몰수해 흑인들에게 나눠주는 등 흑백 갈등을 교묘히 이용하고 있기 때문이다.

2차 세계대전과 대공황
_미국이 대공황에서 탈출한 진짜 이유는?

세계 경제의 파탄, 1930년대 대공황

1920년대 미국은 '광란의 20년대'라는 10년 호황을 구가하고 있었다. 세계 공업 생산의 40%를 차지하고, 대외 투자액이 150억 달러에 달하는 유일무이한 초강대국이 되었다. 기업들은 대규모 투자로 이윤을 늘렸고 뉴욕 증권거래소의 주가는 연일 최고치를 경신했다. 대중들은 주식투자와 대량소비의 마술에 흠뻑 빠졌다. 모든 것이 더할 나위 없이 순조로웠다. 뉴욕타임스는 1929년 1월 1일 자 사설에서 "미국은 지난 12개월간 유사 이래 최고의 번영을 구가했다. 과거 경험에 비춰볼 때 새해는 번영의 해가 될 것이다."라고 장담했다. 모두가 '번영의 쾌속 열차'를 탄 듯했다.

1929년 9월이 되자 주가가 출렁거렸다. 당시 주가는 1921년에 비해 4배나 급등한 상태였다. 10월 24일 1차 투매가 벌어졌다. 이번에도 최대 은

대공황으로 기업 14만 개가 문을 닫고, 은행 2만 5,000개 중 약 1만 개가 파산했다. 대공황 이전에 3%대였던 실업률은 25%까지 치솟았다. 국민 4명 중 1명이 실업자로 전락했다

행인 JP모건이 주식 매입에 나서 급한 불을 껐다. 10월 29일 화요일이 되자 모두가 주식을 팔겠다고 나섰다. 걷잡을 수 없이 밀린 주가지수는 하루새 22%가 폭락했다. '검은 화요일'이었다. 불과 2주 만에 미국 증시 시가총액의 300억 달러가 날아갔다. 미국이 1차대전 때 지출한 전비와 맞먹는 규모였다. 연말에는 주가지수가 최고치에 비해 반 토막 났고, 1932년에는 최고치의 6분의 1로 주저앉았다. 맨해튼의 마천루마다 자살자들이 속출했다. '대공황'의 시작이었다.

뒤이어 농민들이 직격탄을 맞았다. 전쟁 중에 유럽의 곡물 수출이 중단되어 국제가격이 오르자 미국 농민들은 은행 대출로 땅과 기계를 사서 생

산을 늘렸다. 그러나 전후 유럽이 곡물 수출을 재개하자 국제가격이 뚝 떨어져 농민들이 파산했다. 농민에게 돈을 빌려준 소형은행들도 줄줄이 쓰러졌다. 은행이 불안해지자 1930년 가을부터 3년간 네 차례나 예금자들의 대량 인출사태뱅크런가 벌어져 금융시스템도 무너졌다. 1933년 예금보험공사가 설립되고 예금 지급을 정부가 보장하는 예금자보호제도가 도입되고서야 겨우 진정되었다.

미국 연방준비은행FRB은 1920년대에 통화량을 늘려 이자율이 낮아진 상태였다. 전후 경기를 부양하고 달러화 가치를 1차대전 이전의 영국 파운드화 환율에 맞추기 위해서였다. 돈이 풀리자 농가부채가 무분별하게 증가했을 뿐 아니라 도시 중산층과 서민들도 싼 이자로 돈을 빌려 주식에 투자하고 주택과 자동차를 샀다. 높아진 임금과 싼 이자는 대량소비를 부추겼다. 1920년대 후반 주가가 급등하자 FRB는 1928년부터 투기 억제를 위해 통화량을 줄이는 긴축정책으로 돌변한다. 당장 이자율이 올라 대출받아 집을 산 사람들이 파산하고 주택과 토지시장의 거품도 붕괴했다. 주가 대폭락을 도화선으로 모든 사람들이 줄줄이 무너졌다.

대공황 이전에도 기업들의 생산과잉이 나타나 불황 조짐을 보였다. 주기적인 경기 침체에 그칠 불황이 주식, 주택 등 자산시장의 거품 붕괴까지 겹쳐 대공황으로 증폭된 것이다. 설상가상으로 연방준비은행은 온탕과 냉탕을 오가는 널뛰기식 통화정책으로 대공황의 충격을 키웠고 더 오래 지속되게 만들었다. 미래가 불확실해지자 소비자는 지갑을 닫고 기업은 투자를 취소했다. 그 결과 1933년 미국의 공업 생산량은 대공황 이전의 절반으로 감소했다. 1929~1933년 사이에 기업 14만 개가 문을 닫았고, 은행 2만 5,000개 중 약 1만 개가 파산했다. 대공황 이전에 3%대였던 실업률은 25%까지 치솟았다. 국민 4명 중 1명이 실업자로 전락했다.

케인스와 뉴딜, 총수요를 늘려라

대공황이 수렁에 빠져들듯 점점 더 악화된 것은 생산과잉으로 재고가 남아도는데 물건을 사줄 수요가 턱없이 부족한 데 원인이 있었다. 주식과

✄- Economic Keywords

★ 실업률

실업률이란 만 15세 이상 인구 중에서 일할 능력과 의지가 있지만 일자리를 못 구해 실업 상태에 놓인 사람들의 비율을 말한다. 경제활동인구취업자+실업자 가운데 실업자가 차지하는 비율을 뜻하기도 한다. 계산 공식은 실업률(%)=(실업자÷경제활동인구)×100이다. 그러나 일할 능력은 있지만 일할 의지가 없는구직 의사가 없는 사람들은 비경제활동인구로 분류해 실업률 계산에서 제외된다. 아울러 전업주부, 학생, 군인직업군인 제외, 교도소 수감자 등 경제활동이 어려운 사람들도 비경제활동인구로 분류한다.

실업자의 기준은 '최근 4주간 일자리를 찾기 위해 노력했음에도 취업하지 못한 사람OECD 기준'이다. 우리나라는 매달 15일이 낀 주에 1시간 이상 일을 했으면 취업자, 그렇지 못하면 실업자로 분류한다. 우리나라는 실업률이 3%, 청년실업률은 10% 선으로 OECD 국가 중에 낮은 편이다. 그러나 일주일에 고작 1시간만 아르바이트를 해도 취업자로 간주하는 것은 현실과 동떨어진다. 즉, 취업자가 되는 것보다 실업자가 되는 게 더 어렵다. 이 때문에 공식 실업률에는 포함되지 않더라도 구직활동을 하지 않는 취업 준비생, 더 일하고 싶은데 일이 없어 못 하는 사람, 그냥 쉬고 있는 사람 등 잠재 실업자를 실업률에 포함해야 한다는 지적이 많다.

주택시장이 무너져 도시민, 농민 가릴 것 없이 몰락했다. 더구나 각국이 자기만 살겠다고 너도나도 보호무역의 담을 높여 해외 수요마저 급격히 줄었다. 공급 과잉이 수요부족을 낳고, 수요 감소가 공급 과잉을 심화시키는 악순환이었다. 공장과 상점에는 안 팔린 상품이 잔뜩 쌓였는데, 거리에는 굶주린 사람들이 쓰레기통을 뒤지고 다녔다. 농장에서는 남아 도는 오렌지를 땅에 묻느라 고생하고, 농장 밖에서는 오렌지를 훔치다 경비원의 총에 맞는 사건도 벌어졌다. 졸지에 실업자가 된 노동자들은 일자리를 요구하며 연일 시위를 벌였다.

경제가 나락으로 떨어지면서 자생적인 회복을 기대하기에는 사정이 너무 다급했다. 국가가 경제에 개입하지 않아야 한다는 고전적인 자본주의 원칙을 깨고 국가가 적극적으로 개입하라는 요구가 거세졌다. 대공황을 탈출하기 위해 정부는 온갖 수단을 동원했다. 정부의 섣부른 개입, 방향 착오, 무리한 간섭은 대공황이라는 병을 더욱 키웠다. 후버 대통령은 노동자 임금을 내리지 못하도록 기업과 은행에 압력을 넣었다. 또 불황을 타개한다는 명분으로 1930년에 수입 관세율을 400%까지 올릴 수 있는 스무트-할리법을 제정했다. 하지만 물가 하락에도 임금이 안 내려가자 실업자가 더욱 늘어났다. 미국이 수입 관세율을 인상하자 유럽 국가들도 경쟁적으로 관세율을 높여 국제무역이 3년간 63%나 급감하는 부작용을 낳았다.

또한 1933년에 취임한 프랭클린 루스벨트 대통령은 영국 경제학자 존 메이너드 케인스의 의견을 수용해 5년에 걸친 뉴딜정책을 폈다. 케인스는 총수요를 늘리기 위해 정부지출을 확대해야 한다고 주장했다. '뉴딜'은 카드게임에서 패를 새로 돌리는 것을 가리킨다. 경제정책을 확 바꾸겠다

경제로 읽는 교양 세계사

는 의도를 내포한 것이다. 거의 사회주의에 가까운 조치들을 대거 시행해 미국 연방대법원이 위헌 판결을 내리기도 했다.

　루스벨트 대통령은 테네시 강 전력종합개발을 비롯해 황무지 개간, 도로 건설 등 대규모 공공사업을 벌여 실업자 구제에 나섰다. 노동조합을 합법화하고 노사 임금 협상에도 정부가 개입해 노조의 협상력을 높여주었다. 최저임금제도 도입했다. 아울러 부실한 은행을 정리하고, 증권시장의 규제와 감시를 강화했다. 국민 사기 진작을 위해 말썽 많은 금주법을 폐지했다. 뉴딜 정책이 시작된 1933년을 기점으로 미국 경제는 서서히 살아났다.

✂-Economic Keywords

★ 최저임금제

최저임금이란 근로자가 인간다운 생활을 하는 데 필요한 최소한의 임금으로 정의된다. 우리나라의 경우 최저임금심의위원회가 생계비, 근로자 평균임금, 물가 상승률 등을 고려해 해마다 결정한다. 고용주가 근로자를 턱없이 낮은 임금으로 착취하지 못하도록 법으로 임금의 하한선을 정해 지키도록 한 것이다. 고용주가 근로자와 최저임금에 미달하는 임금계약을 맺었더라도 무효가 된다. 최저임금을 위반할 경우 처벌받거나 과태료를 물게 된다.

최저임금제는 19세기까지는 거의 존재하지 않았다. 세계 최초의 최저임금제는 1894년 뉴질랜드 산업중재조정법에서 시작되었고 1896년 오스트레일리아가 도입했다. 미국은 1938년, 프랑스는 1950년에 이르러서야 최저임금제를 시행했고 영국은 1999년에야 도입했다. 우리나라는 1987년 최저임금법이 제정되어 시행되었다. 경제학적으로 최저임금은 고용주와 근로자 간 사적 계약인 임금에 대한 정부의 가격통제로 볼 수 있다. 그러다 보니 최저임금제가 열악한 저임금 노동을 예방하는 효과가 있다는 찬성론과 오히려 고용에 악영향을 미친다는 반대론이 맞서 논쟁이 끊이지 않고 있다.

1942년에는 국민소득이 대공황 이전 수준으로 올라왔다. 때문에 대중들은 뉴딜정책 덕에 대공황을 탈출했다고 인식했다. 그러나 대공황 탈출이 뉴딜정책 덕분인지, 통화량 증가 효과인지에 대해서는 지금도 미국 경제학자들 사이에 논란이 분분하다. 오히려 뉴딜정책이 시장에 지나치게 개입해 경기 회복을 지연시켰다는 반론이 우세하다. 실제로 실업률은 1940년대까지 여전히 10%를 웃돌았다. 잦은 파업과 태업, 공장점거 등으로 생산성이 떨어져 1938년에는 실업률이 20%에 육박하기도 했다. 경기 회복 추세에 비해 국민소득 회복세가 오히려 더뎠다. 금이 유입되어 통화량이 늘고 유럽의 정세불안으로 이탈한 자금이 미국에 투자된 효과가 뉴딜정책보다 훨씬 컸다.

또한 2차 세계대전이 대공황을 종식했다는 주장도 있다. 전쟁 중에 실업률이 한 자리 수로 뚝 떨어졌고 미국 경제가 8% 이상 성장했다는 점이 근거다. 하지만 이는 통계 수치를 잘못 읽은 착시다. 당시 미국은 생산인력의 20%에 달하는 1,200만 명을 군대로 징집했기 때문에 실업률 하락은 당연한 결과였다. 경제성장률이 높아진 것도 무기, 군수품 생산 등 정부지출이 늘어났을 뿐 민간의 소비와 투자는 오히려 감소했다. 정부 지출은 국민 세금이나 정부 부채로 이루어지므로 국부의 증가라고 볼 수 없다. 전쟁 중에는 국부가 늘어난 것이 아니라 국민에게 세금을 쥐어짜 전쟁 비용으로 쏟아부어 늘어난 것처럼 보였던 것이다. 대포를 많이 쏜다고 국민 생활수준이 나아지지 않는다. 오히려 전쟁 막바지에 미국 소득세의 최고세율은 94%까지 치솟았다. 소득 대부분을 세금으로 거두어 가기 때문에 경제활동이 활발할 수가 없었다. 미국 경제가 진짜 회복된 것은 1946년 이후

세율과 이자율이 낮아지고 기업 활동이 활발해진 결과였다.

경제 붕괴가 끌어낸 괴물, 전체주의

미국의 공황은 곧 세계의 공황을 의미했다. 과거 불황기에 공업 생산 감소 폭이 최대 7%였지만 대공황 기간에는 44%에 이르렀다. 국가 간 무역은 1929년 680억 달러에서 1933년 240억 달러로 3분의 1이 줄었다. 전세계 경제가 뒷걸음질 치는 사상 최악의 경기후퇴였다. 미국은 대공황에 직면하자 먼저 150억 달러에 달하는 대외 투자금을 환수하기 시작했다. 그 여파로 가장 타격을 입은 것이 독일과 오스트리아였다. 초인플레이션까지 겪었던 독일은 미국의 투자에 힘입어 1920년대 후반에는 경제를 거의 재건해가던 참이었다. 그러나 미국 자본이 갑자기 빠져나가자 금세 무너지고 말았다. 생산의 50%가 줄고 실업자는 생산 인력의 40%인 600만 명으로 불어났다.

영국, 프랑스도 사정이 크게 다르지 않았다. 그러나 이들은 본국과 식민지 간에 경제블록파운드블록, 프랑블록을 형성하고 보호무역을 강화해 충격을 완화했다. 경제블록마다 관세를 천정부지로 올리고 수입을 막아 국제무역은 더욱 위축되었다. 반면 독일, 이탈리아, 일본은 그럴 만한 식민지도, 자원도 없었다. 경제난과 실업을 타개하려면 다른 수단을 강구해야 했다. 바로 침략 전쟁을 통한 시장 확장, 즉 고대 시대에 자행된 약탈로의 회귀였다.

나치스는 쿠데타가 아닌 선거로 권력을 잡은 정권이었다. 경제 위기에 지친 국민 다수가 강력한 독일 재건을 내건 히틀러를 지지했다

　역사적으로 경제의 붕괴는 대개 체제의 급변으로 이어진다. 세계 대공황은 전체주의ᴾᴬˢᶜᴵˢᴹ라는 괴물을 키웠다. 먼저 독일에서는 1920년 아돌프 히틀러가 파시즘 정당 나치스의 당수가 되었다. 정식 명칭은 '국가사회주의독일노동자당NSDAP'이고, 나치스는 정적들이 비하하기 위해 붙인 별칭이다. 나치스는 대공황이 한창이던 1930년 총선에서 베르사유조약 파기전쟁배상금 지급 중단, 위대한 게르만족, 반유대인, 반공산주의 등을 내걸고 의석 수를 12석에서 107석으로 늘리며 약진했다. 1932년 총선에서는 230석을

차지해 제1당이 되었다. 히틀러는 1934년 제3제국의 국가원수인 총통에 올라 독재체제를 완성했다. 제3제국은 신성 로마 제국, 독일 제국에 이은 새로운 제국이란 의미다.

나치스는 쿠데타가 아닌 선거로 권력을 잡은 정권이었다. 경제 위기에 지친 국민의 다수가 강력한 독일 재건을 내건 히틀러를 지지했다. 나치스는 당시 유럽에서 배척 대상이던 유대인을 강제수용소게토로 몰아넣었다. 독일의 배상금을 결국은 유대 자본의 대표격인 로스차일드가 챙긴다는 소문이 돌던 시절이었다. 나치스가 군비를 늘리고 공산주의를 탄압하고 공포정치를 폈어도 국민의 지지는 더욱 단단해졌다. 아우토반고속도로 건설 등 공공사업을 펴고, 대량생산한 폴크스바겐국민차을 노동자의 월급에서 공제하는 방식으로 보급해 경제난과 실업을 해소했기 때문이다.

이탈리아에서는 1922년 무솔리니가 쿠데타로 정권을 잡았다. 1차대전 승전국이면서도 물가가 5배로 뛰는 경제 위기를 맞아 정권이 뒤집힌 것이었다. 무솔리니는 에티오피아를 무력 병합했다. 일본은 전후 불황과 관동대지진1923으로 고전하던 차에 대공황까지 겹쳐 충격이 극심했다. 수출이 절반으로 줄고 300만 명의 노동자가 일자리를 잃었다. 일본 군국주의자들은 그 돌파구를 1931년 만주사변, 1937년 중일전쟁 등 침략 전쟁에서 찾았다.

에스파냐에서도 1936년 전체주의자인 프랑코 장군이 쿠데타를 일으켜 인민전선정부를 전복시켰다. 곧이어 에스파냐 내전이 벌어졌으나 독일, 이탈리아의 전폭적인 지원을 받은 프랑코가 정권을 거머쥐었다. 이 내전에 인민전선 의용군으로 참전한 경험으로 작가 헤밍웨이는 『누구를 위하여 좋은 울리나』를, 조지 오웰은 『카탈로니아 찬가』를 썼다.

세계 공황은 유럽과 아시아에서 잠자던 전체주의라는 괴물을 깨우고 말았다. 전체주의는 1차 세계대전을 일으킨 제국주의에다 정치 선동과 민족주의적 광기를 더한 확장판이었다. 국가주의, 민족주의를 토대로 경제적 이익을 얻기 위한 대외침략을 일삼는다는 점에서 유사성이 많았다. 보호무역이라는 인색한 부모가 낳은 형제지간이었기 때문이다.

인류 최대의 전쟁이 남긴 것

압도적 지지를 등에 업은 히틀러는 '위대한 독일'의 재건을 실행에 옮겼다. 먼저 1938년 오스트리아를 병합했다. 이 과정이 영화 「사운드 오브 뮤직」의 배경이 되었다. 이어 독일은 체코에 수데텐 지방을 내놓으라고 요구했다. 이런 조폭 같은 행태에도 영국, 프랑스는 나치스의 총구가 소련으로 향하길 기대하며 묵인했다. 하지만 이는 오판이었다. 독일은 1939년 9월 폴란드를 침공했다. 독일은 원수처럼 여기던 공산국가 소련과 비밀리에 불가침조약을 맺고 폴란드를 분할하기로 양해까지 했던 것이다. 영국과 프랑스는 독일과 소련이 손을 맞잡은 데 경악하며 뒤늦게 독일을 저지하려고 나섰다. 독일도 영국과 프랑스가 진짜 선전포고할 것을 예상하지 못한 것은 마찬가지였다.

6년간의 참혹한 2차 세계대전이 터졌다. 참전국이 60여 개국에 달했고 유럽, 아시아, 북아프리카, 남태평양에 이르는 인류 역사상 가장 넓은 지

경제로 읽는 교양 세계사

역에서 벌어진 전쟁이었다. 사망자만 5,000만 명에 달했다. 광기와 선동의 전체주의가 일으킨 전쟁이지만 그 이면에는 세계 대공황이 있었다. 수요부족과 생산과잉을 해결하기 위해서는 더 넓은 영토와 식민지가 필요했기 때문이다. 승리할 경우 세계 경제의 신질서를 주도할 힘을 갖게 되기에 공격하는 측이나 막는 측이나 총력전이었다.

독일은 군대 등 전력의 열세를 만회하기 위해 '전격전'을 펼쳐 초기 전쟁 양상을 유리하게 이끌었다. 서쪽으로는 프랑스에서 동쪽으로는 소련의 일부까지 유럽 대부분이 독일과 이탈리아, 에스파냐 등 전체주의 동맹국의 수중에 들어갔다. 영국마저 독일의 런던 공습에 풍전등화나 마찬가지였다. 태평양에서는 일본이 1941년 12월 하와이 진주만을 기습 공격하고 동남아의 미얀마까지 진격했다. 일본이 무리하게 전선을 넓힌 것은 부족한 자원을 확보하고 전쟁 이후 신질서에서 헤게모니를 잡기 위한 목적이었다. 이제 2차대전은 지구의 전쟁으로 커졌다.

그러나 독일이 석유 문제를 놓고 소련과 틀어졌다. 히틀러는 3개월 내점령을 목표로 1941년 6월 독일군의 4분의 3인 300만 명을 소련 원정에 투입했다. 그러나 나폴레옹이 실패했듯이 히틀러도 2년 여를 고전한 끝에 참담한 패배를 맛봐야 했다. 소련의 적병보다 더 무서운 것이 동장군의 맹추위였다.

초강대국 미국의 참전으로 1942년 후반에는 전세가 연합군으로 기울었다. 미국의 압도적인 경제력은 전쟁의 판도를 바꿨다. 미국이 쏟아부은 전비는 2,400억 달러로 그 이전 50년간의 정부 예산보다 많을 정도였다. 1943년 이탈리아, 1945년 5월 독일이 항복하고 같은 해 8월에는 원자폭

2차 세계대전은 참전국 60여 개국, 사망자 5,000만 명에 이르는 인류 역사상 가장 넓은 지역에서 벌어진 전쟁이었다. 광기와 선동의 전체주의가 일으킨 전쟁의 이면에는 세계 대공황이 있었다. 수요부족과 생산과잉을 해결하기 위해 넓은 영토와 식민지가 필요했기 때문이다

탄 투하로 일본마저 무조건 항복을 선언했다.

2차대전은 정치·경제·사회적으로 엄청난 변화를 몰고 왔다. 우선 국제연합UN이 결성되었다. 또한 자본주의와 공산주의 간에 치열한 냉전시대에 돌입했다. 소련은 동유럽을 위성국가로 만들고, 독일은 동독과 서독으로 분할되었으며 중국은 공산당이 장악했다. 공산주의의 확산이 본격화된 것이다. 그 연장선에서 한국전쟁과 베트남전이 발발했다.

또한 오늘날 중동의 복잡한 정세도 1·2차 세계대전의 산물이다. 영국

은 1차대전 중인 1915년 맥마흔 선언을 통해 아랍의 독립을 약속했다. 정보국 소속 로렌스 중위를 아랍에 파견해 독일의 동맹국이었던 오스만 제국에 저항하게 했다영화 「아라비아의 로렌스」의 배경. 동시에 1917년에는 유대인 금융자본을 이용하기 위해 밸푸어 선언으로 유대인들의 독립을 지원한다고 약속했다. 영국의 이중플레이는 2차대전 이후 아랍과 이스라엘의 끊임없는 갈등의 원인이 되었다.

아시아, 중동, 아프리카 등지의 식민지에서도 수많은 신흥독립국이 탄생했다. 한국도 그중 하나였다. 1955년 인도네시아 반둥에 29개국이 모여 아시아·아프리카 회의를 열고 제3세계의 탄생을 선언했다.

영국이 포기한 세계 경찰 역할은 미국이 대신하게 되었다. 미국은 '마셜 계획마셜 플랜'으로 서유럽의 전후 복구사업을 지원했고, 공산주의 확산을 막기 위해 그리스와 터키에 대규모 원조를 했다. 1944년 브레턴우즈 협정에 따라 새로운 국제금융과 무역질서도 확립되었다. 금융 위기를 막기 위한 국제통화기금IMF, 자유무역을 활성화하기 위한 관세무역일반협정GATT 등이 출범했다. 미국 달러화는 영국 파운드화를 제치고 세계 유일의 기축통화가 되었다.

이밖에 전쟁을 피해 아인슈타인 등 유럽의 수많은 지식인들이 미국으로 이주했다. 이는 학문의 중심이 유럽에서 미국으로 옮겨갔음을 의미하는 것이었다. 미국의 대학들은 물리학·수학·화학·의학·경제학·역사학 등 대부분의 분야에서 세계를 주도하게 되었다.

상상을 초월하는 생존의 공포
존 스타인벡의 『분노의 포도』

'광란의 20년대'를 『위대한 개츠비』1925에서 목격했다면, 30년대 대공황
의 참상은 『분노의 포도』1939를 통해 체험할 수 있다. 이 작품은 '대공황의
서사시'로 불릴 만큼 1930년대 대공황으로 고통받는 농민들의 현실을
적나라하게 그렸다. 작가 존 스타인벡은 이 작품으로 1940년에 퓰리처상
을, 1962년에 노벨 문학상을 수상했다.

　소설의 무대는 1930년대 텍사스에서 캐나다 국경에 이르는 대평원이다.
작가는 구약성서 「출애굽기」의 구성을 빌려 오클라호마의 가난한 농부 톰
조드 일가의 생존을 위한 탈출기를 그렸다. 당시 오클라호마에서 농민 25만
~30만 명이 캘리포니아로 이주했다고 한다. 이들을 '오키'라고 낮춰 불렀
다. 이스라엘 민족이 이집트의 압제를 피해 떠났지만 젖과 꿀이 흐른다는
가나안 땅에서도 고난은 끊이지 않았다. 마찬가지로 가뭄으로 황폐해진 오
클라호마에서 66번 국도를 따라 캘리포니아로 떠났지만 그들을 기다린 것
은 가혹한 착취와 질병, 기아였다.

대공황은 '아메리칸 드림'을 꿈꾸던 이들의 나라를 '비극의 땅'으로 바꿔 놓았다. 한 명의 대지주를 위해 수만 명이 굶주리고, 융자금을 상환하지 못 해 땅을 빼앗긴 이들에게 은행은 이윤을 먹고 사는 괴물일 뿐이다. 기껏 도 착한 캘리포니아에서는 사람들이 개미처럼 일자리를 찾아 헤맨다. 사람들 이 영양실조로 죽어가도 대지주는 가격 폭락을 걱정해 오렌지 더미에 석유 를 뿌려 썩히고, 죽은 돼지에 생석회산화칼슘를 뿌려 못 먹게 한다. 굶주린 사 람들의 눈에 패배의 빛이 떠오르고 분노가 서린다. 사람들의 마음속에 '분 노의 포도'가 한가득 무르익는다.

『분노의 포도』에 묘사된 대공황 시기의 경제적 혼란과 생존의 공포는 상 상을 초월한다. 하지만 그게 현실이었다. 극작가 아서 밀러의 표현대로 '모 든 것이 다 고갈되어 버린 시절'이었다. 작가의 생각을 대변하는 인물인 설 교사 짐 케이시는 나뉜 영혼들이 모여 대영혼을 완성해야 한다고 설교한다. 이는 스타인벡이 즐겨 읽은 에머슨의 대영혼 사상을 연상시킨다. 짐 케이시 는 이름 약자J. C.가 암시하듯이 예수 그리스도에 대한 비유로 해석된다.

스타인벡은 분노만 표출한 것이 아니었다. 포도처럼 쌓이는 분노 속에서 도 살아가야 하는 이유를 남다른 인간애로 보여주었다. 태아를 사산한 여인 이 위로받는 대신 타인을 위로하는 장면, 어머니가 죽어가는 남자에게 자신 의 젖을 물리는 장면에서는 경외감마저 느껴진다. 모든 좌절, 분노, 갈등을 초월한 모성으로 구원의 메시지를 던지고 있다. 히틀러는 미국 사회의 치부 를 드러낸 『분노의 포도』를 미국을 비난하는 선전에 자주 활용했다. 하지만 그런 수준으로밖에 읽지 못했기에 자멸했는지도 모른다.

국가 브랜드의 추락
독일 '국민차' 폴크스바겐 스캔들

'메이드 인 저머니Made in Germany', 즉 독일 제품은 세계 소비자들에게 신뢰, 고품질, 기술력이란 이미지가 강했다. 정교함의 스위스, 섬세함의 일본과는 다른 묵직하고 정직하다는 느낌을 주는 게 독일산이었다. 평소 법전을 끼고 사는 독일인의 준법정신까지 더해져 독일산은 무조건 믿고 사는 상품으로 통했다. 세계 경제 침체 속에서도 독일 경제가 굳건하게 유지된 것도 '메이드 인 저머니'라는 국가 브랜드 덕이다.

그러나 폴크스바겐 스캔들은 '독일산=정직'이라는 이미지를 한순간에 깨뜨렸다. 21세기 독일이 주도해온 '친환경'이란 모토도 순식간에 무너질 처지다. '폴크스바겐 스캔들'은 2015년 9월 폴크스바겐이 디젤 차량의 상당수 모델에 수년간 불법 소프트웨어를 장착해 배출 가스를 고의로 조작했다는 사실이 미국 환경보호국에 적발된 것을 가리킨다. 폴크스바겐은 자동차 시험 때만 배출 가스저감장치를 정상 작동시키고 주행 때는 작동을 멈추게 하는 식으로 연비를 과장했다. 배출 가스가 적으면서 연비가 높은 '클린

디젤'을 내세워 폴크스바겐은 자동차 생산 세계 1위에 오를 정도로 성장했다.

더구나 1937년 나치스 독일 시절 설립된 폴크스바겐은 이름 그대로 독일의 '국민차'다. 독일 내에서는 '독일 산업의 보석'이라고 불릴 정도였다. 그런 폴크스바겐이 '사기'를 쳤으니 믿고 샀던 소비자들은 충격을 넘어 배신감을 느낄 정도다. 불법 소프트웨어를 장착한 자동차가 1,100만대에 이른다. 리콜, 배상, 소송 등으로 폴크스바겐은 천문학적인 손실을 보게 되었다. 이는 폴크스바겐만의 위기가 아닌 '메이드 인 저머니'의 위기로 번질 수 있다는 우려가 높다.

과거 공급 부족 시대에는 사소한 품질 결함은 문제 되지 않았다. 그러나 지금은 세계적인 공급과잉에다 소비자가 황제인 시대다. 소비자를 기만하는 행위는 곧 해당 기업의 파멸을 의미하며 나아가 국가 브랜드에 치명타를 안겨줄 것이다. 경제 전쟁에서 이기려면 누구 하나 잘하는 게 아니라 모두가 열심히 잘해야 한다.

03

동서 냉전과 공산주의의 흥망
_2차 세계대전 이후 달러가 기축통화가 된 배경은?

세계를 뒤흔든 공산혁명의 쓰나미

자본주의는 산업혁명 이후 끊임없는 위기의 연속이었다. 주기적인 경기침체 속에 대공황, 노동계급의 저항, 제국주의와 전체주의파시즘 등 강력한 도전에 직면했지만 이겨 냈다. 하지만 끝이 아니었다. 공산주의라는 더 폭력적인 도전자가 무한확장을 준비하고 있었다. 공산주의는 마르크스주의에 입각한 사회주의의 극단적인 형태였다. 사유재산 철폐, 프롤레타리아 혁명을 통해 계급 없는 사회를 지향한다는 점에서 자본주의와는 상극이었다. 자본주의와 공산주의는 2차 세계대전까지는 전체주의라는 공통의 적을 상대로 함께 싸웠다. 하지만 전체주의가 사라지자 공산주의또는 사회주의는 자본주의 체제에 실질적인 위협으로 다가왔다.

영국 총리 윈스턴 처칠은 1946년 연설에서 붉은 깃발을 세계에 꽂으려는 소련을 '철의 장막'이라며 공개적으로 비난했다. 유럽은 미국이 소련의 확장을 견제해주길 바랐지만 또다시 전쟁이 터지는 것은 원치 않았다. 그 결과 미국과 소련 중심의 양대 진영이 46년간 대치하는 냉전 시대에 들어섰다.

냉전은 군사적으로 충돌하는 열전Hot War의 반대 개념이다. '냉전'이란 말은 영국의 작가 조지 오웰이 1945년 10월 신문에 기고한 「당신과 원자폭탄」이란 글에서 처음 썼다. 오웰은 핵무기에 의해 '평화 없는 평화'가 올 것이라며 '영구적인 냉전'의 도래를 경고했다. 서방과 소련의 이념대립을 지칭한 것은 아니었지만 미국이 1947년 '트루먼 독트린'을 발표한 이후 자유 진영과 공산 진영 간의 대립을 가리키는 정치 용어로 굳어졌다. 트루먼 독트린은 그리스 내전1946~1949, 터키의 공산주의 세력 확장을 지켜본 미국이 유럽의 공산화를 저지하겠다는 선언이었다.

미국의 개입 선언은 소련이 공산혁명 이념을 수출하며 유럽을 빠르게 공산화했기에 나온 것이다. 소련은 독일이 점령했던 동유럽에 1944~1946년에 7개의 공산 위성국가폴란드, 유고슬라비아, 체코슬로바키아, 헝가리, 불가리아, 루마니아, 알바니아를 세웠다.

한편 베를린봉쇄1948~1949 끝에 독일이 서독과 동독으로 분단되었다. 서유럽에서도 전쟁 후유증과 경제난으로 사회주의 세력이 우후죽순 자라나고 있었다. 영국에 '요람에서 무덤까지'라는 복지국가를 내건 노동당 정부가 들어섰고 덴마크, 노르웨이, 아일랜드에서도 공산당 연립정부가 구성되었을 정도다. 설상가상으로 1949년 10월에는 거대한 중국 대륙이 공산화되었다. 영토가 가장 넓은 나라소련와 인구가 가장 많은 나라중국가 모

케네디 대통령이 구 소련 외교대사와 장·차관을 만나는 모습. 1962년 소련이 미국의 턱밑에 위치한 쿠바에 핵탄두를 장착한 미사일 기지를 건설하는 쿠바 위기가 발생했다. 세계는 보름간 핵전쟁 위험에 떨어야 했다

두 공산국가가 된 것이다. 한국과 베트남도 남북으로 갈려 북쪽에 공산 정권이 들어섰다. 1959년에는 피델 카스트로의 공산혁명 세력이 쿠바를 장악했다. 아시아, 아프리카의 수많은 신생국이 소련의 지원을 받아 속속 사회주의 이념을 채택했다.

냉전 기간은 오웰이 지적한 대로 '평화 없는 평화'이자 '전쟁 없는 전쟁'의 연속이었다. 미국이 일본에 원폭을 투하한 이후 소련도 1949년 원폭 실험에 성공했다. 한국전쟁과 베트남전쟁 같은 미·소간 대리전은 있었지만 양대 진영 간에 전면전이 터지지 않은 것은 핵폭탄에 의한 '공포의 균형'이 성립되었기 때문이다.

미국은 유럽의 공산화를 막기 위해서는 경제 재건이 급선무라고 보고

경제로 읽는 교양 세계사 ●━━━━━

'마셜 계획'을 통해 유럽의 복구를 지원하는 한편 그리스 내전에도 개입했다. 또 유럽 12개국과 함께 1949년 북대서양조약기구NATO를 결성해 공산화 저지의 선봉에 섰다. 이에 맞서 소련과 위성국가들은 1955년 바르샤바조약기구를 결성하고 중남미, 동남아 등 제3세계로 공산혁명을 확산시켰다.

1962년에는 소련이 미국의 턱밑에 위치한 쿠바에 핵탄두를 장착한 미사일 기지를 건설하는 쿠바 위기가 발생했다. 세계는 보름간 핵전쟁 위험에 떨어야 했다. 1975년에는 베트남이 끝내 공산화되었다. 지구의 절반이 공산주의의 붉은 깃발 아래 들어갔다.

위기를 기회로 만드는 달러 패권

1·2차 세계대전은 영국과 독일의 패권 다툼이었다. 하지만 최후의 승자는 미국이었다. 20세기가 미국의 시대, 즉 '팍스 아메리카나'로 귀결된 것은 세계의 금융을 지배했기 때문이다. 1차대전까지도 미국 달러화는 영국 파운드화와 경쟁하던 수준이었다. 그러나 영국은 2차대전으로 인해 산업의 절반이 무너지는 큰 타격을 입었다. 미국은 세계 공업 생산과 금 보유량의 60%를 점유한 압도적인 경제력을 바탕으로 달러 시대를 열었다.

20세기 중반 이후 달러 패권은 1944년 미국 뉴햄프셔 주 브레턴우즈에서 연합국 44개국이 참여해 만든 '브레턴우즈 체제'로 구체화되었다. 이회의에서 금본위제를 바탕으로 달러의 가치를 금 1온스당 35달러로 고정하고, 다른 통화들은 달러화에 연동하며 하루 1% 이내의 환율 변동을 허용한다는 합의가 이루어졌다. 달러가 유일무이한 국제무역 결제통화가 된 것이다. 또한 보호무역으로 대공황을 악화시킨 오류를 재연하지 않기 위해 자유무역을 표방했다. 브레턴우즈 체제는 통화가치 안정을 위한 IMF 국제통화기금, 후진국 경제개발 지원을 위한 IBRD 국제부흥개발은행, 약칭 세계은행, 자유무역을 위한 GATT 관세무역일반협정 등에 의한 전후 국제경제 질서를 상징했다.

브레턴우즈 체제를 공고히 한 것은 마셜 계획이었다. 미국은 마셜 계획을 통해 영국, 프랑스, 서독, 이탈리아 등에 133억 달러 현재 가치로 5,000억 달러를 지원했다. 제안자인 미국 국무장관 조지 마셜의 이름을 딴 마셜 계획은 사실상 지원금의 90%를 공짜로 주는 무상원조였다. 마셜 계획의 목적은 서유럽 재건을 통한 공산화 방지였지만 원조를 통해 달러를 대량 공급해 달러 패권을 공고히 하고, 미국의 수출시장을 확대하며 소련 등 공산 진영을 국제통화와 무역 질서로 편입시켜 통제하려는 속내를 담고 있었다. 브레턴우즈 체제와 마셜 계획은 떼려야 뗄 수 없는 관계였다.

달러 패권은 세계 최대 경제 대국이자 채권국인 미국의 힘에서 비롯된 것이었다. 국제통화가 되려면 충분히 공급되어야 하고, 통화가치에 대한 신뢰도 있어야 한다. 그런 점에서 달러 이상의 통화는 없었다. 미국은 군사력 이외에 금융이란 강력한 비밀 병기로 소련을 견제했다. 소련은 대외 결제에서 싫든 좋든 달러를 쓸 수밖에 없었다. 또 루블화의 공식 환율과 시장 환율의 격차가 커 금융전쟁에서는 대항할 무기가 없었다.

그러나 시간이 지나면서 달러 패권도 흔들리기 시작했다. 미국이 베트남전쟁에 막대한 전비를 쏟아부어 대외 채무가 대외 채권을 추월하기에 이르렀기 때문이다. 미국의 금 보유량이 감소하자 일부 국가들은 달러를 금과 바꾸는 태환을 요구했다. 미국은 더 이상 버틸 수 없게 되자 1971년 닉슨 대통령이 금 태환 중단을 선언했다. 20세기 금융사에서 최대의 사건이었다.

금본위제는 세계통화로서 달러의 충분한 공급유동성 문제과 금 태환을 통한 달러 가치의 안정적 유지신뢰성 문제가 서로 충돌하는 '트리핀의 딜레마'에 직면했다. 금 태환 중단으로 달러는 신뢰를 잃었다. 결국 세계 통화체제는 금과 달러에 기초한 고정환율제에서 다원적인 변동환율제로 전환하

X-Economic Keywords

★ 트리핀의 딜레마

트리핀의 딜레마란 어떤 통화도 유동성풍부한 공급과 신뢰성통화가치 안정 문제를 동시에 만족시킬 수는 없다는 이론이다. 로버트 트리핀 예일대 교수가 주창한 개념인데 이래도 문제, 저래도 문제여서 딜레마진퇴양난라는 것이다. 즉, 달러화가 기축통화 역할을 하려면 무역 등 대외 거래에서 적자를 발생시켜 해외에 지속적으로 달러화를 공급해야한다. 그러나 미국의 적자 상태가 장기간 지속하면 달러화 가치가 흔들려 기축통화의 신뢰성이 위협받게 된다. 트리핀의 딜레마는 국제통화 체제의 모순적인 속성을 지적한 것이다.

이와 반대로 미국이 대외거래에서 장기간 흑자를 내면 달러화 가치는 안정되겠지만 해외에서 통용되는 달러화가 모자라 기축통화로서 기능을 잃게 될 수 있다. 이를 역逆트리핀의 딜레마라고 부른다. 미국은 그동안 최대 석유 수입국이면서 막대한 무역적자로 달러화를 세계에 공급해왔다. 그런데 미국이 셰일오일을 캐내면서 2017년부터는 석유 수출국이 된다. 그럴 경우 미국의 무역적자가 줄게 되어 해외의 달러화 유통량이 부족해지는 문제가 생기게 된다.

게 되었다. 브레턴우즈 체제가 무너지자 공산 세계보다 먼저 서방 세계가 망할 판이었다. 이에 따라 서방의 주요 7개국은 1975년 G7회의를 결성해 경제와 통화안정을 도모했다. 이것이 G10을 거쳐 현재의 G20으로 확대되었다.

설상가상으로 오일쇼크가 터졌다. 아랍권이 4차 중동전쟁에서 이스라엘에 패하자 중동 산유국들이 그 보복으로 1973년 12월 원유 값을 배럴당 3달러에서 10.6달러로 대폭 인상하고 감산까지 선언했다. 원유 국제 시세는 졸지에 배럴당 35달러까지 치솟았다. 세계 각국은 물가 폭등, 주가 폭락, 대량실업이라는 충격에 휩싸였다. 경기침체 속에 물가가 급등하는 스태그플레이션약성 인플레이션이 세계 경제를 덮쳤다. 미국은 대공황 때처럼 재정 투입을 늘리는 케인스식 처방으로 위기 탈출을 시도했지만 경제가 살기는커녕 국가 채무만 더 늘어났다. 달러의 위상은 땅에 떨어졌다. 이로써 30여 년간 경제학을 지배해온 케인스주의가 뒷전으로 밀려나고 밀턴 프리드먼 등 시카고학파의 통화주의가 득세하게 되었다.

그러나 위기는 종종 기회가 된다. 오일쇼크로 세계 경제가 무너졌지만 거꾸로 달러는 전화위복의 기회를 잡았다. 산유국들은 오일머니를 주체하지 못해 대규모 해외 투자가 불가피했는데 가장 매력적인 투자 대상은 여전히 미국이었다. 오일머니가 미국으로 급속히 유입되어 오히려 달러 패권을 강화한 것이다. 달리 대안도 없었다. 오일머니도 바로 달러였으니 말이다.

공산주의의 치명적 결함

1979년 이란에서 이슬람혁명이 일어나고 곧이어 이란·이라크전쟁이 발발하며 2차 오일쇼크가 터졌다. 원유 값이 배럴당 10달러대에서 40달러로 폭등했다. 미국 등 서방 세계의 자본주의 경제는 다시 후퇴를 면치 못했다. 반면 천연가스 수출국인 소련은 건재했다. 공산 진영이 냉전의 승리자가 될 것 같았다.

공산주의는 마르크스 이후 등장했지만 인류 역사에서 그 뿌리는 매우 깊었다. 공동 생산, 공동 분배의 원시공동체적 유토피아에 대한 동경은 플라톤의 『국가론』, 토머스 모어의 『유토피아』나 공상적 사회주의자들에게서도 발견할 수 있다. 경제학에서도 애덤 스미스의 낙관론과 달리 리카도, 맬서스, 마르크스는 자본주의가 내재적 위험 때문에 존속하기 어렵다고 봤다. 심지어 기업가들의 '창조적 파괴'가 자본주의 발전의 원동력임을 꿰뚫어본 조지프 슘페터도 자본주의가 경제적으로는 성공해도 사회적으로는 종말을 고할 것으로 예상했다.

그러나 정작 종말을 고한 것은 자본주의가 아닌 공산주의였다. 그 원인은 공산주의가 내포한 치명적인 결함에 있다. 공산주의는 국가가 국민 개개인의 생산, 소비, 행동을 통제하는 계획경제로 운영되었다. 계획경제는 시장경제의 '보이지 않는 손'의 역할을 전지전능한 국가의 '보이는 손'이 대신할 수 있다는 것이었다. 물론 수십 명의 소규모 집단이나 씨족사회 같으면 가능할 수도 있다. 그러나 수백만, 수천만 명에 달하는 국민 개개인의 능력과 욕구를 정부가 일일이 파악해 종합적인 계획을 세운다는 것은 신이 아니고서야 불가능한 일이었다. 자유주의 경제학자인 프리드리히 하이에크는 사회주의 계획경제를 '치명적 자만'이라고 비판했다.

공산주의는 사유재산과 시장을 인정하지 않고 생산수단의 거래가 성립하지 않기 때문에 시장가격이 형성될 수 없는 구조다. 가격을 모르는 상태에서 국가가 세운 계획경제가 타당한지, 손익은 어떤지를 판단할 방법이 없다.

오스트리아 경제학자 루트비히 폰 미제스는 공산주의가 이른바 '계산의 문제'에 봉착해 소련이 망할 것이라고 예견했다. 그런데도 소련의 계획경제가 70여 년간 유지될 수 있었던 것은 자본주의 국가들이 거래하는 원자재, 자본재의 시장가격을 활용했기 때문이다. 이것부터가 모순이었다.

무엇보다 공산주의 실험이 끝내 실패한 것은 인간의 본성인 이기심과 자생적 질서인 시장을 부정한 결과였다. 사람은 누구나 자신의 여건을 개선하고 싶어 하고, 남는 것을 부족한 것과 교환하려는 본성을 가졌다. 이는 흐르는 강물이나 중력처럼 자연스러운 일이다. 그러나 공산주의는 인간의 본성을 거스르는 제도를 유지하기 위해 부단히 국민을 감시하고 사상 교육을 강요해야만 했다. 소련의 KGB, 동독의 슈타지 등은 나치스 독일의 게슈타포와 전혀 다를 게 없었다. 그런 점에서 히틀러와 스탈린은 이란성 쌍둥이나 마찬가지였다.

소련의 붕괴와 중국의 흑묘백묘론

소련은 국가적 역량을 집중한 과학기술, 군사 장비 면에서 최초의 우주선 발사 등 상당한 성과를 냈다. 그러나 국부의 본질인 국민의 생활 수준에서는 기초적인 욕구조차 충족시킬 수 없는 경제구조였다. 늘 생산목표를 초과 달성했다는 선전도 애초에 목표를 낮게 잡았거나 통계 왜곡으로 실상을 감춘 것이었다. 공산당 간부들은 특권층으로 군림했고 부정부패가 극심해졌다. 이런 체제에서 국민의 생산 의욕은 바닥으로 떨어질 수밖에 없었다. 소련은 겉으로는 세계 2위의 경제 대국이었지만 속은 언제 무너질지 모르는 모래성이었던 것이다.

이런 상태에서 1980년대에 미국과 벌인 군비 경쟁은 돌이킬 수 없는 결과를 낳았다. 미국은 소련의 허점을 정확히 간파하고 있었다. 레이건 대통령은 1983년 '스타 워즈'로 불리는 전략방위구상을 선언했다. 1985년에는 향후 30년간 1조 달러를 투입하겠다며 의회에 예산 승인까지 요청했다. 그러나 의회의 승인을 받은 '스타 워즈Star Wars' 예산은 10년간 350억 달러에 불과했다. 미국은 투자하는 척하는 속임수 전술로 이미 경제가 무너져가던 소련을 군비 경쟁에 끌어들였다. 한술 더 떠 미국은 사우디아라비아와 함께 1986년 배럴당 30달러대이던 원유 가격을 반년 만에 12달러까지 끌어내렸다. 소련의 유일한 버팀목이던 오일머니가 바닥났다. 소련 지도자 고르바초프가 뒤늦게 개혁·개방을 선언하며 경제 회생을 시도했지만 더는 버틸 힘이 남아 있지 않았다. 1989년 베를린 장벽이 붕괴했고 1991년 소련이 해체되었다. 이로써 공산주의 70여 년 실험도 막을 내

1989년 베를린 장벽이 붕괴했고 1991년 소련이 해체되었다. 공산주의 70여 년 실험도 막을 내렸다

렸다.

오늘날 완전하게 공산주의 경제 체제를 유지하는 나라는 지구 상에 북한과 쿠바 정도밖에 없다. 중국은 1958년 2,000만 명이 굶어 죽은 대약진 운동, 1966~1976년 홍위병의 광기 속에 경제 파탄을 몰고온 문화대혁명의 뼈아픈 오류를 경험한 끝에 1979년 개혁·개방을 선언했다. 당시 중국 지도자 덩샤오핑은 경제학자 하이에크의 조언에 따라 시장경제로 전환해 비약적인 경제성장을 이루었다. "흰 고양이든 검은 고양이든 쥐만 잘 잡으면 된다."라는 덩샤오핑의 '흑묘백묘론'은 13억 중국 인민을 가난과 굶

　　　　　　　　　　　　　　경제로 읽는 교양 세계사 •——

주림에서 탈출시켰다.

　동유럽 국가들도 소련 붕괴 이후 시장경제에 편입되어 이제는 선진국 문턱에 근접하고 있다. 미국과 전쟁을 벌인 베트남과 미국의 눈엣가시였던 쿠바도 개방을 선택했다. 북한만 폐쇄적인 계획경제를 유지하고 있지만 실상은 '장마당'이라는 암시장에 의해 지탱하는 구조다. 정치적 공산주의는 아직 문패가 남아 있지만 경제적 공산주의는 오래전 사망 선고가 내려진 것이다.

상상 속의 디스토피아
예브게니 자먀쩐의 『우리들』

　3대 반反 유토피아디스토피아 소설로 꼽는 작품이 조지 오웰의 『1984』, 올더
스 헉슬리의 『멋진 신세계』 예브게니 자먀쩐의 『우리들』이다. 세 작품 모두
20세기 전체주의와 기술 문명에 대한 강한 반감과 공포가 짙게 깔려 있다.
출간 연도는 『우리들』1924, 『멋진 신세계』1932, 『1984』1949의 순이다. 오웰
이 고백했듯이 『우리들』은 다른 두 작품에 큰 영향을 미쳤다.

　러시아 작가 자먀쩐1884~1937은 1917년 러시아혁명에 가담했으나 소련
체제에 실망해 체제 비판적 작품 활동에 전념했다. 이 소설은 그가 1921년
경 썼지만 필사본을 몰래 반출해 1924년에야 미국에서 영문판이 나왔다.
러시아어판은 1927년 체코에서 출간되었다. 이로 인해 자먀쩐은 소련 당국
의 박해를 받았지만 막심 고리키의 중재로 1931년 프랑스로 망명해 여생을
마쳤다.

　『우리들』의 배경은 인류의 200년 전쟁이 끝난 29세기 먼 미래, '은혜로
운 분'이 통치하는 단일 제국이다. 여기서는 자유, 감정 같은 개인적인 것은

모두 금지되고 오로지 '우리전체'만이 존재한다. 사람들은 이름 없이 알파벳과 숫자로만 등록되고 불린다. 주인공은 'D-503'이고, 그가 집착하는 반체제 여성은 'I-330'이다. 매일 같은 옷을 입고 정해진 율법 시간표대로 명령받은 일만 수행한다. 선거일은 만장일치의 축제일이다.

영화 「아일랜드」 「가타카」 등을 보면 『우리들』처럼 사람들이 이름이 아닌 기호로 불린다. 이 영화에서는 국가집단 통치자가 개인의 자유를 거둬들이는 대신 대중에게 말초적 행복을 제공해 복종하게 한다. 이런 행복이 가짜 행복임을 의심하는 소수의 일탈자들이 나타나지만 대개 체제의 승리주인공의 죽음·복종로 끝맺는다. 반면 관객을 의식하는 반 유토피아 영화들은 감시체제 붕괴라는 파국으로 결말짓는 게 차이점이다.

물론 『우리들』이나 『멋진 신세계』는 상상 속의 디스토피아다. 1984년 백남준은 비디오아트 '굿모닝 미스터 오웰'을 통해 현대가 빅브라더의 감시사회가 아님을 풍자했다. 그러나 독재, 감시, 세뇌라는 소설의 공식은 전체주의, 공산주의의 본질과 무관하지 않다. 체제와 무관하게 인터넷을 통한 감시가 엄연히 존재한다. 2013년 전직 CIA 요원 스노든이 폭로했듯이 민주주의를 표방하는 미국조차 테러 방지를 명분으로 세계를 감시했다. 그래서 미국 드라마 「X파일」처럼 "진실은 저 너머에 있다."라고 의심하는 '오웰리안조지 오웰의 소설 『1984』에서 유래한 것으로 전체주의를 뜻함'이 적지 않다. 하지만 미래는 미리 정해진 유토피아나 디스토피아가 아니다. 미래는 나, 우리, 그리고 인류가 만들어가는 것이다.

실리콘밸리를 맹추격하는
글로벌 창업 천국, 중국 선전

　　중국은 개혁·개방 이후 한 세대 만에 일본을 제치고 세계 2위의 경제 대
국에 올랐다. 그러나 인구가 14억 명에 달해 1인당 소득에서는 아직 개발도
상국 수준이다. 중국의 1인당 국내총생산GDP은 아직 8,000달러 수준이다.
그러나 중국에서 가장 먼저 개방한 광둥성 선전을 보면 입이 떡 벌어질 지
경이다. 과연 중국이 공산주의 국가가 맞나 싶게 선전은 '중국의 실리콘밸
리'로 불리며 비약적인 성장을 거듭하고 있다.

　　선전은 1980년 경제특구로 지정된 이래 인근 홍콩보다 더 활기찬 도시
로 성장해 1인당 GDP2014가 2만4,336달러에 달했다. 한국이 2015년 2만
7,124달러인 것과 비교하면 2016년에는 한국의 1인당 소득을 추월할 것이
확실하다. 특히 선전의 가장 중심지인 난산구만 놓고 보면 1인당 GDP가 4
만7,107달러로 홍콩4만2,390달러은 물론 영국4만3,771달러보다 높다. 중국 평균과
비교하면 선전은 3배, 난산구는 6배에 달한다. 소득이 급증하면서 선전의
집값도 천정부지로 뛰어 미국 실리콘밸리와 인접한 샌프란시스코의 베이

에어리어에 육박한다.

농어촌에 불과했던 선전이 급성장한 것은 과거 짝퉁 모방 제품을 만들면서 익힌 제조기술에다 정보기술IT이 더해져 신제품, 신기술 개발과 창업이 폭발적으로 일어나고 있기 때문이다. 애플 아이폰의 최대 부품업체 폭스콘을 비롯해 레노버, 샤오미, 화웨이, 텐센트, ZTE 등 중국의 대표적인 IT기업들이 이곳에 생산 기지를 두고 있다. 삼성 등 글로벌 기업들도 앞 다퉈 선전에 진출했고 벤처기업은 셀 수 없이 많다.

선전은 1,300만 명 인구의 평균 연령이 30세에 불과한 젊은 도시다. 10만 명의 엔지니어가 밤낮을 안 가리고 연구에 몰두하고, 전날 밤 술자리에서 나온 아이디어가 다음날 바로 시제품으로 나올 정도라는 이야기가 있을 정도다. 신기술을 개발하면 곧바로 가치가 평가되어 대기업이나 벤처캐피탈의 투자를 받을 수 있는 벤처 생태계가 형성되어 글로벌 창업 천국으로 부상하고 있다. 한국의 젊은이들이 공무원 시험에 매달릴 때 중국 젊은이들은 벤처 창업으로 대박을 꿈꾸고 있다. 자본주의 국가보다 더 자본주의적인 도시가 선전이다.

04

세계화와 경제 위기
_통화정책의 '양적완화'로 금융 위기를 벗어날 수 있을까?

신자유주의 씨앗 뿌린 레이건과 대처

경제발전 속도가 더뎠던 과거에는 앞날을 예측하는 일이 크게 어렵지는 않았다. 그러나 경제 규모가 커지고 산업이 고도화될수록 변화의 속도를 따라잡기가 여간 어려운 게 아니다. 과거 경험도 도움이 안 된다. 이전의 경제학이나 경제정책도 소용이 없다. 앞날을 전혀 예측할 수 없는 '불확실성의 시대'가 도래한 것이다. 미국 경제학자 존 케네스 갤브레이스의 저서 『불확실성의 시대』1977에서 따온 이 말은 1970년대 이후 세계 경제의 특징을 함축하는 경제 용어가 되었다.

1971년 미국 달러화의 금 태환 중단 선언은 '불확실성의 시대'로 들어갔음을 알리는 신호탄이었다. 달러화 가치의 하락은 급기야 오일쇼크로 이어졌다. 원유나 금 같은 달러로 표시되는 상품 가격은 달러화 가치가 오르면 낮아지고 내리면 오르는 반비례 관계다. 1973년 1차 오일쇼크로 원유 가격은 5배가 뛰었고, 1980년 2차 오일쇼크로 다시 2.5배가 뛰었다. 배럴당 2달러 이하였던 원유 가격이 순식간에 30달러대로 솟구쳤다. 고도 성장의 밑거름이 된 저유가가 고유가로 돌변해 물가 폭등과 불황의 재앙이 된 것이다.

특히 자동차 왕국인 미국의 충격이 컸다. 고유가의 여파로 미국에서 1981년 1분기에만 5,100개 기업이 파산했고 실업률은 2차대전 이후 최고치가 되었다. 재정적자와 무역적자는 눈덩이처럼 불어났다. 대공황 이래 최대의 타격이었다. 하지만 위기를 기회로 삼는 나라도 있다. 미국이 여전히 초강대국일 수 있는 이유는 위기를 딛고 새로운 기회를 잡는 저력이 있기 때문이다.

이 시기에 등장한 인물이 로널드 레이건 대통령이었다. 그가 취임한 1981년 당시 미국의 주력 산업은 자동차, 석유화학, 기계 등 전통 제조업이었다. 모두 석유에 기반을 둔 산업이다. 레이건 대통령은 감세, 규제 철폐, 예산 감축 등 자유주의 경제학에 기반을 둔 '레이거노믹스레이건+이코노믹스'를 내놨다. 같은 시기에 영국에서도 마거릿 대처 총리가 집권해 자유주의와 보수주의 기반의 '대처리즘' 정책을 밀어붙였다. 민간의 발목을 잡는 규제는 철저히 없앴다. 레이건은 항공노조 파업을 굴복시켰고, 대처는 당시 가장 강력한 광산노조와 정권의 명운을 건 싸움을 승리로 이끌었다.

규제가 사라지고 노동 비용이 안정되자 기업들이 움직이기 시작했다. 고유가에 취약한 전통 제조업 대신에 전자, 정보, 신소재, 바이오, 항공우주 등의 신산업이 일어났다. 이때 성장세를 탄 것이 IBM과 빌 게이츠의

레이건과 대처의 경제정책을 애덤 스미스의 고전적 자유주의와 구분해 신자유주의라고 부른다. 자유 경쟁, 규제 완화를 기반으로 한 신자유주의는 효율이 높은 대신 성장 격차에 따른 분배에서 문제점을 노출해 훗날 큰 논쟁거리가 되었다

경제로 읽는 교양 세계사 ━━━━━

마이크로소프트, 스티브 잡스의 애플 등이었다. 영국에서는 제조업이 위축된 대신 금융, 보험, 법률 등 전문서비스 분야가 두각을 나타냈다. 또한 미국 연방준비은행의 폴 볼커 의장은 기준 금리를 최고 연 20%까지 인상해 치솟던 물가를 잡았다. 미국의 고금리는 해외 자금을 대거 빨아들이는 효과를 냈다. 특히 중동 산유국들은 미국에 석유를 팔아 번 오일 달러를 다시 미국에 투자했다. 투자금이 몰려들자 창업이 늘고 일자리가 생겨났다. 세계 경제가 다시 살아난 것이다.

레이건과 대처의 경제정책을 애덤 스미스의 고전적 자유주의와 구분해 신자유주의라고 부른다. 자유 경쟁, 규제 완화를 기반으로 한 신자유주의는 효율이 높은 대신 성장 격차에 따른 분배에서 문제점을 노출해 훗날 큰 논쟁거리가 되었다. 갤브레이스는 '불확실성의 시대'에는 사회를 주도할 지도 원리가 사라진 만큼 대책이 필요하면 결단력 있게 행동해야 한다고 지적했다. 그런 점에서 1970년대 석유파동 이후 케인스식 처방이 무용지물이 된 1980년대에 신자유주의는 불가피한 선택이었는지 모른다.

플라자 합의와 일본의 '잃어버린 20년'

현대 경제사에서 일본의 부상과 침몰은 가장 극적이었다. 2차 세계대전 패전국 신세에서 한국전쟁의 병참기지로 벌떡 일어선 일본은 1960~70년대 전자와 부품·소재산업의 기술 경쟁력을 바탕으로 급성장했다. 특유의 장인정신까지 가미된 일본 제품은 세계인을 매료시켰다. 일본은 특히 '경

박단소잘 팔리는 상품이 가지는 '가볍고', '얇고', '짧고', '작은' 특성을 말함'에 강했다. 스테레오 오디오를 언제 어디서나 들을 수 있게 해준 소니의 '워크맨'이 대표적이다. 이 제품은 1억 개가 팔렸고 엉터리 영어명Walkman은 영어사전에도 등재되었다. 미국 도로에는 일본 자동차가 넘쳐났다. 일본은 무역수지 흑자를 주체하지 못할 정도였다. 넘치는 달러로 록펠러센터, 컬럼비아영화사 같은 미국의 상징적인 부동산과 기업들을 대거 사들였다. 그래서 일본 자본에 의한 '제2의 진주만 공습'이라는 말까지 나왔다. 일본은 중국, 한국, 동남아에도 대대적으로 투자했다. 1988년에는 세계 50대 기업 가운데 미국 기업이 14개에 불과한 반면 일본 기업은 32개에 달했다. 세계 2위의 경제 대국인 일본이 미국을 추월하는 것은 시간문제처럼 보였다.

그러나 '교만은 패망의 선봉이요, 거만한 마음은 넘어짐의 앞잡이니라.'라는 성경 구절은 역사에서 수없이 확인할 수 있다. 1980년대 후반 이후 일본이 바로 그런 사례였다. 미국의 시대는 가고 일본의 시대가 열렸다고 자신한 순간, 일본 경제가 무너지기 시작한 것이다.

일본의 독주에 제동을 건 사건이 '플라자 합의'였다. 1985년 9월 뉴욕 맨해튼의 플라자호텔에서 미국, 일본, 독일, 영국, 프랑스 등 5개국 중앙은행 총재가 모여 플라자 합의를 도출했다. 미국의 경기침체는 세계 불황을 초래하므로 달러화 가치를 낮춰 다른 나라들의 통화가치를 높여 미국의 수출을 촉진하자는 취지였다. 미국의 압력 논란이 있었지만 유럽과 일본도 이 방법이 자신들에게 도움이 될 것으로 보고 합의했다. 달러화는 약세로 돌변했고 엔, 파운드, 마르크, 프랑은 강세가 되었다. 일본 엔화 환율은 플라자 합의 직전인 1985년 9월 달러당 238.5엔에서 1989년에는 128.1엔까지 46%

나 하락했다. 엔화 가치가 달러화 대비 두 배로 치솟은 것이다. 비싸진 엔화를 들고 일본인들은 자국과 해외의 더 많은 주식과 부동산을 샀다. 세계 어디를 가나 일본 여행객들의 깃발이 넘쳐났다.

하지만 영국, 독일, 프랑스의 통화도 강세였는데 유독 일본이 심각한 타격을 입었다. 이는 일본 경제의 거품이 부풀 대로 부푼 상태에서 이미 경제침체기에 접어들고 있었기 때문이다. 1980년대 초 6~7%에 달하던 경제성장률은 1980년대 후반 2%대까지 떨어졌다. 일본 중앙은행일본은행이 부랴부랴 금리를 낮추고 돈을 풀어 경기부양에 나섰다. 그러나 풀린 돈이 실물경제를 살린 게 아니라 주식과 부동산 가격을 더 밀어 올렸다. 일본 증권시장의 닛케이지수는 1989년 말 4만 포인트까지 치솟았고 집값은 천정부지였다. 일본 증시의 시가 총액은 미국을 제치고 세계 1위가 되었다.

실물경제는 나빠지는데 주식과 부동산 가격이 오르는 것은 전형적인 거품 현상이다. 설상가상 일본은행은 거품을 막겠다며 갑작스럽게 금리를 인상하며 통화 긴축에 나섰다. 투기적 거품이 밀어 올린 주가와 집값은 금세 폭락세로 돌아서 1년여 만에 반 토막이 났다. 뒤늦게 일본은행이 금리를 낮췄지만 소용없었다. 금리를 아예 0%로 낮춰도 효과가 없었다. 주가는 최고치 대비 4분의 1, 집값은 평균 5분의 1, 최대 10분의 1로 추락했다. 대출받아 집을 산 사람은 집을 팔고도 대출금조차 다 갚지 못하는 지경이 되었다. 1920년대 말 미국 연방준비은행이 갑작스러운 통화 긴축으로 경기침체에 그칠 것을 대공황으로 키웠던 전철을 일본은행이 고스란히 되풀이한 셈이다.

1990년대 일본 경제가 불황의 늪에서 헤어나지 못한 것을 '잃어버린 10년'이라고 불렀다. 하지만 2000년대 들어서도 나아지지 않아 '잃어버린 20년'이 되었다. 일본에서는 플라자 합의가 일본 경제를 추락시킨 주범이라고 봤지만 그 이전부터 거품이 풍선처럼 부풀어 오르고 있었기 때문에 거품 붕괴와 함께 일본 경제가 추락한 것이다. 온갖 문제들이 플라자 합의로 표면화되었고 일본 정부와 일본은행의 잘못된 대응으로 무슨 수를 써도 살아나기 어려운 지경에 이른 것이다. 2013년 아베 총리가 집권한 이후 이른바 아베노믹스로 온갖 방법을 동원하고 있지만 성과가 미미하다. 이대로라면 '잃어버린 30년'이 될 수도 있다.

세계화의 수혜자들

1990년대 세계 경제는 한마디로 '세계화'로 요약된다. 그동안 개별 국가 단위의 '국민경제'가 세계를 하나의 시장으로 연결하는 '세계 경제'로 확대되었다. 1991년 소련의 붕괴는 세계화를 더욱 가속화시켰다. 중국, 인도, 러시아 등 사회주의 경제 체제를 지향했던 인구 대국들이 세계 자본주의 체제에 속속 편입되었다. 특히 중국은 풍부하고 저렴한 노동력을 바탕으로 값싼 소비재를 공급하며 '세계의 공장'으로 떠올랐다. 중국산 저가 제품들은 세계 경제의 호황 속에서도 물가 상승을 억제하는 인플레이션 예방제 역할을 했다.

세계화는 자유무역의 확산으로 가시화되었다. 유럽은 1967년 발족한 유럽공동체EC를 토대로 1993년 유럽연합EU을 발족시켰다. 3억 2,000만 명의 유럽 시장에서 자본, 상품, 서비스, 노동력의 자유로운 이동을 보장해 경제를 일으키자는 취지였다. 이에 대응해 미국은 캐나다, 멕시코와 함께 1994년 북미자유무역협정NAFTA을 발효했다. 3개국의 3억 7,000만 명이 단일 시장을 형성해 관세 철폐와 국제 분업을 추진했다. 그러자 EU는 1999년 단일 통화유로화를 발행하고 2000년대 들어 동유럽 국가들까지 가입시켜 27개국, 5억 명에 달하는 대규모 시장으로 확대되었다. 1995년에는 세계 무역질서와 규범을 수립하는 세계무역기구WTO가 출범했다. 이제 '지구촌'이란 말이 일상 용어가 된 것이다.

세계화를 가능하게 한 것은 정보화와 냉전의 종식이었다. 냉전이 완화되면서 1970~80년대 군사용으로 개발된 인터넷이 학술 및 산업용으로 널리 활용되었다. 때마침 개인용 컴퓨터PC가 보급되고 PC 운영 체계로 누구나 쉽게 쓸 수 있는 마이크로소프트사의 윈도우가 개발되었다.

1993년 클린턴 대통령은 정보고속도로NII 구상을 발표했다. 지구촌 곳곳이 해저 광케이블로 연결되어 시장 정보가 초고속으로 전달되고 이를 이용해 누구나 비즈니스 기회를 얻는 '신경제' 시대가 열렸다. 1950~60년대 고속도로 건설과 교통수단의 발달로 지구촌의 물리적 거리가 줄어든 데 이어, 1990년대 정보화 혁명으로 시장의 정보를 실시간으로 세계 어디서나 공유할 수 있게 된 것이다. 기업은 세계를 상대로 생산하고, 소비자는 세계에서 가장 값싸고 질 좋은 상품을 골라 쓸 수 있는 시대가 열렸다.

미국뿐 아니라 세계 경제는 낮은 물가 상승률 속에 소비가 활성화되었다. 벤처 열풍이라는 신경제를 통해 기술 진보와 생산성 향상이 수반되었다. 그 결과 주식, 부동산 등 자산 가격이 상승했으며 사람들이 미래에 대한 희망을 키우는 이례적인 호황을 구가했다.

아시아에서는 일본이 추락한 반면 동아시아의 '네 마리 용'으로 불리는 한국, 대만, 홍콩, 싱가포르가 급속히 부상했다. 이들 국가는 국가 주도의 수출기반 경제를 토대로 중진국을 넘어 선진국 문턱까지 빠르게 치고 올라갔다. 중국과 인도에서는 고성장으로 빈곤층이 빠르게 줄었다.

대량살상 무기가 된 금융 위기

세계 경제는 호황을 누렸지만 정치적으로는 위기가 빈번했다. 냉전 시대의 이념 대립이 종식된 반면 민족·인종·종교 간 분쟁이 고개를 들었다. 유고연방 해체 이후 벌어진 민족 간 분쟁, 이라크의 쿠웨이트 침공과 걸프전, 미국 뉴욕의 세계무역센터를 강타한 9·11 테러, 아프가니스탄전쟁, 이라크전쟁, '중동의 봄'에 이은 시리아 내전, 테러 집단 이슬람국가IS의 발호 등이 대표적인 사례다.

하지만 지구촌의 보통 사람들까지 고통을 느끼게 한 것은 따로 있었다. 이미 실물경제 거래 규모를 추월했고 비대할 대로 비대해진 금융 분야에서 위기가 빈번하게 발생한 것이다. 금융 공학이 발전하면서 국제금융 시장은 주식, 채권거래 위주에서 선물, 옵션, 스와프 거래 등 파생금융상품 위주로 변모했다. 파생금융상품은 본래 위험 분산을 목적으로 개발되었지만 원금의 몇십 배까지 투자할 수 있어 곧 투기 수단으로 변질되었다.

경제로 읽는 교양 세계사 ⋅————

순식간에 거액을 안겨주지만 동시에 파멸에 가까운 손실을 유발하는 시한폭탄이 된 것이다. 핫머니로 불리는 국제 투기 자금은 수시로 국경을 넘나들며 세계를 상대로 위험한 도박을 벌이고 있다. 이런 파생금융상품을 미국 투자가 워런 버핏은 '대량 살상무기'에 비유했다.

1990년대 이후 금융 위기는 이루 헤아릴 수 없이 자주 반복되었다. 세계화가 골디락스라는 안정적인 호황을 가져왔지만 동시에 '위기의 세계화'를 초래한 것이다. 헤지펀드들은 경제 사정이 엉망인데도 통화가치를 비정상적으로 높게 유지하는 나라들을 먹잇감으로 삼았다. '헤지펀드의 전설'로 불리는 조지 소로스의 퀀텀펀드가 1992년 10월 영국 파운드화를 공격한 사건은 거듭되는 금융 위기의 전주곡이었다.

1990년대 초 영국은 경기침체로 금리를 인하하면서도 파운드화 가치를 '1파운드=2.95마르크'에 고정해 놓고 소폭의 변동만 허용하고 있었다. 소로스는 영국의 경제 사정에 비해 파운드화가 고평가되어 있어 조금만 흔들면 폭락할 것으로 예상했다. 그는 파운드화를 공매도한 자금으로 독일 마르크화를 사들였고, 다시 마르크화를 담보로 파운드화를 빌려 마르크화를 집중 매수했다. 그러자 파운드화가 약세로, 마르크화는 강세를 띠게 되었다. 여기에 다른 헤지펀드들도 소로스를 따라서 파운드화 폭락에 배팅했다.

디데이가 되자 소로스의 100억 달러를 포함해 헤지펀드들은 총 1,100억 달러 어치의 파운드화를 투매했다. 영국 중앙은행 잉글랜드은행은 파운드화 폭락을 막으려고 외화보유액을 동원해 파운드화를 사들였다. 그러나 하루 만에 외화보유액이 바닥나 항복을 선언하고 말았다. 시장투자가이 중앙은행을 굴복시킨 최초의 사건이었다. 소로스는 환투기로 10억 달러를 번 반면 영국은 77억 달러영국인 1인당 125파운드의 손실을 입었다. 늙은 사자가 하이에나 떼의 공격에 치명상을 입은 꼴이었다.

1994년에는 멕시코 위기가 터졌다. 미국의 금리 인상 여파로 멕시코에서 외화 자금이 대거 빠져나가 페소화 가치가 폭락한 것이다. 1995년에는 그 불똥이 중남미로 튀었다. 이를 멕시코의 대표 술인 테킬라에 취한 것 같다고 해서 '테킬라 효과'라고 부른다. 특히 아르헨티나가 큰 타격을 받아 1995년 금융 위기에 빠졌다.

1997년에는 태국에서 사달이 났다. 이번 역시 소로스의 공매도 공격으로 태국 바트화가 폭락한 것이다. 그 여파로 인도네시아, 필리핀, 말레이시아가 도미노처럼 외환 위기에 빠져들었다. 하나같이 외채가 많고 금융이 부실한 나라들이었다. 동남아 위기는 점점 북상해 한국의 외환 위기로 번졌다. 당시 한국은 경상수지 적자가 수백 억 달러나 누적되어 단기 외채에 의존하고 있었음에도 원화 환율을 달러당 800원대로 낮게 유지한 것이 화근이었다. 이후에도 경제가 부실하고 외채가 많은 나라들은 어김없이 금융 위기를 겪었다.

가장 큰 위기는 미국에서 발생했다. 2007년 서브프라임 모기지비우량 주택담보대출 사태에서 비롯된 미국의 금융 위기는 곧바로 세계 경제 위기로 번졌다. 각국의 주가와 집값이 폭락했고 경제성장률이 마이너스로 떨어졌다. 사태의 발단은 2000년대 초부터 시작되었다. 미국 연방준비은행은 벤처 거품 붕괴, 9·11 테러, 이라크전쟁 등으로 미국 경제가 악화되자 경기 부양을 위해 기준 금리를 연 1.0%까지 낮추는 초저금리 정책을 펴며 돈을

2001년 9월 11일에 발생한 테러로 붕괴한 세계무역센터(WTC) 지점을 '그라운드 제로'라고 한다. 벤처 거품 붕괴, 9·11 테러, 이라크 전쟁 이후 미국 경제가 요동치며 2008년 리먼브라더스 등 대형 금융회사들이 연쇄 파산하는 등 실물경제에 엄청난 충격을 안겨주었다

풀었다. 그 결과 주택담보대출이 늘었고 집값은 나날이 올랐다. 미국 대부업체들은 신용 상태가 우량하지 못한 저소득층에까지 집값의 100%를 대출해줘 빚내서 집을 사는 것이 유행이었다.

그러자 연방준비은행이 경기 과열을 막기 위해 2004년부터 기준 금리를 빠르게 인상하며 긴축으로 돌아서자 상황이 돌변했다. 집값이 떨어지면서 저소득층에 빌려준 대출금을 회수하지 못하게 되었고, 2008년 들어 리먼브라더스 등 대형 금융회사들이 연쇄 파산하며 실물경제에 엄청난 충격을 안겨주었다. 대공황 이후 최악의 경제 파탄이었다.

　미국과 유럽, 일본 등 선진국 중앙은행들은 금융 위기에서 벗어나기 위해 2009년 기준 금리를 0%로 낮추고 '양적완화'라는 기묘한 이름으로 통화량을 대대적으로 풀었다. 그런데도 7년이 지나도록 세계 경제는 살아날 기미가 보이지 않는다. 설상가상으로 중국마저 경제성장률이 6% 대로 뚝 떨어지면서 국제 유가가 급락해 중동, 러시아, 베네수엘라 등 산유국들도 위기에 처했다.

　유럽과 일본은 경기부양을 위해 심지어 마이너스 금리까지 도입했다. 은행들이 중앙은행에 돈을 맡길 때 중앙은행이 이자를 지급하는 것이 아니라 거꾸로 보관료를 받는 것이다. 은행들이 여유 자금을 시중에 대출로 풀라는 조치였지만 효과가 거의 없는 실정이다. 경제학의 '시간선호'

Economic Keywords

★ 샤워실의 바보

샤워를 할 때 물을 틀면 먼저 찬물이 나오는데 잠깐을 못 참고 수도꼭지를 온수로 돌렸다가 뜨거운 물에 화들짝 놀라 다시 냉수로 돌리기를 반복하는 것을 '샤워실의 바보'라고 한다. 이는 노벨 경제학상 수상자인 밀턴 프리드먼이 정부의 과도한 시장 개입이나 중앙은행의 자의적인 통화완화와 긴축에 반대하기 위해 제시한 비유다. 샤워실에서 냉수와 온수를 오락가락하는 바보처럼 정부중앙은행의 무능을 비꼰 것이다. 경기변동의 고점과 저점을 판단하기 어렵고, 설사 정확히 판단했다 해도 정부의 정책 결정 과정에 오랜 시간이 걸려 적절한 타이밍을 놓치기 쉽다는 것이다. 예컨대 우리나라 부동산 정책은 투기가 좀 일어난다 싶으면 규제책을 쏟아내고, 시장이 침체되었다 싶으면 부양책을 쏟아낸다. 이 때문에 부동산 가격이 정부가 내버려 뒀을 때보다 훨씬 큰 폭으로 급등락을 거듭하는 것도 '샤워실의 바보'에 비유할 수 있다.

소비자가 소득을 소비와 저축에 어떻게 배분하는가에 대한 선택라는 이론조차 무용지물이 될 판국이다.

금융 위기가 전 세계로 퍼지면서 세계 경제의 동반 추락을 가져왔다. 이런 위기의 밑바탕에는 중앙은행의 과도한 통화 완화와 급작스러운 통화 긴축이 도사리고 있다. 돈을 풀어서 경제를 살린다는 믿음이 이제는 거의 미신이 되어버린 상태다. 케인스주의와는 정반대인 자유주의 경제학자 밀턴 프리드먼은 모든 인플레이션은 '화폐적 현상'이라고 봤다. 서툰 운전사가 우왕좌왕하듯이 정부와 중앙은행의 재량에 따라 돈을 풀었다 조였다 하면서 경제 위기를 더욱 심화시킨다는 것이다. 일본의 '잃어버린 20년'이나 세계 금융 위기 이후 전개되는 사태를 보면 프리드먼이 비유한 '샤워실의 바보'를 연상케 한다. 아무리 돈을 풀어도 혁신과 생산성 향상 없이는 경제가 살아날 수 없다는 사실이 새삼 확인하는 것이다.

함께 보는
문 학

금융 거품이 터지는 순간
마이클 루이스의 『빅쇼트』

미국에서 800만 명이 일자리를 잃고 600만 명이 집을 날린 2007~2008년 미국 금융 위기를 다룬 논픽션이 마이클 루이스의 『빅쇼트』2015이다. 이 작품은 크리스천 베일 주연의 영화 「빅쇼트」로 제작되어 2016년 초 국내에서도 개봉했다. 루이스는 미국 메이저리그 오클랜드 애슬레틱스의 빌리 빈 단장 이야기를 그린 『머니볼』을 쓴 유명 논픽션 작가다. '빅쇼트'란 주식, 채권, 통화 등의 가격 하락에 대규모로 투자한 상태, 즉 가격이 떨어져야 큰돈을 버는 상태를 가리키는 금융 용어다.

이야기는 2005년으로 거슬러 올라간다. 연방준비은행의 통화완화 정책으로 돈이 넘쳐나던 시절이었다. 은행과 대부업체들은 비우량 주택담보대출서브프라임 모기지을 마구잡이로 내주고, 저소득층도 심지어 집값의 5%만 갖고서도 95%를 대출받아 집을 살 수 있었다. '수입도 없고, 직장도 없고, 재산도 없는' 사람들에게 대출해주는 소위 '닌자 대출'이 횡행했다. 그 결과 주택가격지수는 1999년 100에서 2005년 중반에는 190까지 치솟았다. 거의 두 배로 뛴 것이다.

은행들은 이런 비우량 대출을 한데 묶어 주택저당증권MBS으로 가공한 뒤 리먼브라더스 같은 투자은행들에 팔았다. 투자은행들은 MBS를 담보로 부채담보부증권CDO이라는 파생상품을 만들어 팔았다. CDO는 다시 2차, 3차 재가공해서 판매되어 모기지대출 원금의 20배에 달했다. CDO에서 부도 위험만 따로 뗀 신용부도스와프CDS까지 만들어 팔았다. 맨 밑바닥의 서브프라임부터 MBS, CDO, CDS까지 거대한 금융 피라미드가 세워진 것이다.

집값이 계속 오르면 문제가 없지만 떨어지기 시작하면 한꺼번에 무너져 내리는 구조였다. 그런데도 주택시장이 붕괴할 리 없다는 확신에 빠져 거품은 커져만 갔다. 이 작품에서 주인공들은 '묻지마 대출'에 의해 유지되는 집값 상승에 의문을 품고 집중 분석한 결과 파국이 임박했음을 파악했다. CDO 시장 규모는 모기지대출의 20배에 달했다. 그들은 집값 하락 시 이익을 보는 CDS에 투자했다. 그러면서 자신들이 미국의 붕괴에 베팅한 것을 괴로워하고, 시장의 대다수와 정반대로 간다는 것에 불안해 했다.

결국 2007년 서브프라임 모기지 사태가 터지자 모든 상황이 돌변했다. 사람들은 빚을 못 갚아 집에서 쫓겨났고 CDO, MBS는 연쇄 상환 불능 상태가 되었다. 대형 금융회사들이 줄줄이 파산했다. 이 과정에서 시장 붕괴를 예상한 CDS 투자자들은 천문학적인 돈을 벌었다. 이 작품은 미국 금융 위기 과정에서 월가 금융회사 임직원들의 어리석은 탐욕, 집값 거품에 중독된 사람들, 무능한 정부, 문제가 무엇인지 모르는 정치인들이 어떤 파국을 불러왔는지를 생생하게 보여준다.

브렉시트, 세계화를 능가하는
더 나은 세계화의 필요성

세계화를 통해 세계는 점점 더 평평해지고 있다. 신흥국의 빈곤층이 대거 중산층에 편입된 결과 중국의 중산층 숫자가 미국보다 많아졌을 정도다. 그러나 한 나라 안에서는 빈부 격차에 따른 양극화가 심해지고 있다. 지식 경제 시대에 지식을 가진 사람과 그렇지 못한 사람 간의 격차가 벌어지는 것이다. 산업혁명기에 엄청난 일자리가 생겼지만, 동시에 수공업에 종사하던 이들이 일자리를 잃은 것과 마찬가지다.

그런 점에서 2016년 6월 23일현지 시간 기준 영국 국민투표에서 51.9%의 찬성으로 브렉시트Brexit를 선택한 것은 경제적으로나 역사적으로 중대한 변곡점이다. 브렉시트는 '영국Britain의 EU 탈퇴exit'를 가리킨다. 상품, 서비스, 자본, 사람의 자유로운 이동을 전제로 한 유럽 통합에서 이탈해 독자 노선을 걷기로 한 것이다. 영국과 EU가 서로 이혼한 셈이다.

브렉시트 때문에 경제적 충격이 이만저만이 아니다. 영국 재무부는 향후 15년간 GDP가 3.8~7.5% 줄어들 것으로 추정했다. EU와의 교역 감소, 영국 내 본사를 둔 기업과 금융회사들의 이탈, 국제 금융시장의 혼란 등이 예상되기 때문이다. 당장 영국 파운드화 가치는 31년 만에 최저 수준으로 떨어졌다.

그런데도 영국이 브렉시트를 택한 데는 그만한 배경이 있다. 영국은 그리스 부도 위기, 유럽 재정 위기 등 한 회원국의 문제가 유로화 및 EU 전체를 뒤흔드는 구조에 반감이 컸다.

또 EU가 비대하고 관료화되면서 바나나의 휜 정도 등 시시콜콜한 일상까지 규제해 자유주의 성향이 강한 영국의 불만을 키웠다. 여기에다 이민자가 늘면서 영국 노동자의 일자리를 빼앗는다는 반발이 더해진 것이다. 역사적으로도 대영제국을 경영했던 영국은 유럽 대륙과는 거리를 두어왔다. 1534년 헨리 8세가 국교회를 만들어 로마 가톨릭에서 벗어난 '원조 브렉시트'의 선례도 있다.

미국 컬럼비아 대학교 제프리 삭스 교수는 브렉시트의 원인을 '3중 저항'이라고 분석했다. 즉, 이민 급증에 대한 저항, 런던의 부유한 은행가들에 대한 저항, 관료화된 EU 기구들에 대한 저항이란 것이다. 경제 충격, 유럽 통합 약화, EU 잔류를 희망하는 스코틀랜드의 분리 독립 자극 등이 예상되는 데도 영국인이 브렉시트를 선택한 이유라는 것이다. 삭스 교수는 브렉시트가 새로운 종류의 세계화, 즉 영국인들이 투표로 거부한 현상에 만족하는 세계화가 아닌, 이를 훨씬 능가하는 더 나은 세계화의 필요성을 일깨운 것으로 해석한다. 브렉시트로 인해 세계화에서 고립주의로, 자유무역에서 보호무역으로 치닫지 않도록 경계해야 할 것이다.

05
인터넷과 정보혁명
_로봇이 내 일자리를 빼앗을까?

근육의 시대에서 지식의 시대로

21세기 세계는 인터넷, 스마트폰, 위성 등으로 촘촘하게 연결된 초超 연결 시대다. 페이스북, 트위터 등 SNS로 70억 명의 세계인 누구와도 관계를 맺을 수 있다. 각자의 생각이 전파의 속도만큼 빠르게 전달되고 정보가 공유될 수 있는 세상이다. 교통수단의 발달로 물리적인 거리도 예전과는 비교도 안 될 만큼 좁혀졌다. 나폴레옹 시대에 가장 빠른 교통수단이 말이었는데 200여 년 만에 지구촌 어디든지 하루 만에 갈 수 있게 되었다. 서울에 사는 비즈니스맨이 오전에 싱가포르에서 일을 보고 파리에서 만찬을 즐기고 다시 뉴욕으로 날아갈 수 있다. 땅 위의 고속도로, 하늘의 고속도로, 그리고 정보고속도로가 지구촌을 가깝고 붐비는 작은 세상small world으로 만든 셈이다.

정보화 혁명은 인류의 삶을 송두리째 바꿔놓았다. 농업시대에는 근육과 인구가 곧 힘이었다. 산업혁명 시대에는 자본과 노동력이 힘이었다. 그러나 정보화 혁명의 시대는 근육이 아닌 두뇌가 지배한다. 더 많은 인구노동력보다는 탁월한 소수의 지식이 절실하다. 이건희 삼성그룹 회장이 "한 명의 천재가 10만 명을 먹여 살린다."라고 한 것도 이런 이유에서였다. 또한 자본보다는 창의력이 요구된다. 백과사전 수십 권 분량의 지식이 손안의 스마트폰에 담기는 세상이다. 이런 사회에서는 창의적인 아이디어가 기업의 판도까지 바꿔 놓는다. 자본가와 노동자의 대립도 무의미해진다.

%-Economic Keywords

★ 파레토 법칙 vs 롱테일 법칙

파레토 법칙은 이탈리아 경제학자 빌프레도 파레토가 발견한 소득 분포에 대한 통계이론이다. 유럽의 '상위 20%가 전체 부의 80%를 소유하고 있다.'라는 것이다. 20 대 80 법칙이라고도 한다. 이런 분포는 경제·경영 현상에서 수없이 발견되어 이론을 넘어 법칙이 되었다. 파레토 법칙은 경영학에도 응용되어 '조직의 20%가 결과물의 80%를 만들어 낸다.' '상위 20% 고객이 매출의 80%를 차지한다.' 등 마케팅의 기본 원리로 통용된다. 이와 반대되는 원리가 롱테일 법칙이다. 80%의 '사소한 다수'가 20%의 '핵심 소수'보다 뛰어난 가치를 창출한다는 이론이다. 역逆 파레토 법칙으로도 불린다. 기업의 전체 상품을 많이 팔리는 순서대로 늘어놓고 판매량을 그래프로 그려 보면 상품의 80%는 판매량이 미미해 긴 꼬리롱테일처럼 낮고 길게 이어지는 데서 착안했다. 「와이어드」의 편집장 크리스 앤더슨이 2004년 처음 제시해 인터넷 비즈니스를 설명하는 이론으로 자리 잡았다. 예컨대 온라인서점 아마존닷컴은 전체 수익의 절반 이상이 베스트셀러가 아니라 오프라인 서점에서는 서가에 비치하지도 않는 소위 '안 팔리는 책'들이라고 한다. 전시 공간의 제약이 없는 인터넷에서는 예전 같으면 소비자의 눈에 띌 기회조차 없던 상품들이 판매 기회를 잡게 되어 소비자들의 다양한 수요를 충족할 수 있는 것이다.

소수의 자식에게 교육 투자를 집중해야 하는 현대에는 선진국일수록 저출산 현상이 공통적으로 나타난다. 자식이 재산이 아니라 부채로 인식될 수밖에 없다. 농업사회의 아들 선호가 이제는 감성과 공감 능력이 뛰어난 딸에 대한 선호로 바뀌고 있다

세계 기업의 주식 시가총액 TOP10은 모두 미국 기업이다. 미국의 기술력이 여전히 최고의 경쟁력을 갖고 있기 때문이다. 순위를 보면 흥미롭다. 2016년 상반기 시가총액 TOP10 기업은 1위 구글_{지주회사 알파벳}, 2위 애플, 3위 마이크로소프트, 4위 페이스북, 5위 버크셔해서웨이_{워런 버핏의 지주회사}, 6위 엑손모빌_{정유회사}, 7위 존슨앤존슨_{생활용품회사}, 8위 제너럴일렉트릭_{GE}, 9위 아마존, 10위 웰스파고_{은행} 순이다. 1~4위를 정보기술_{IT} 기업들이 차지했다.

애플₁₉₇₆과 마이크로소프트₁₉₇₅ 정도만 1970년대에 등장했을 뿐 구글₁₉₉₈, 페이스북₂₀₀₄은 설립된 지 20년도 채 안 되었다. 아마존₁₉₉₅도 겨우 21년 되었을 뿐이다. 공장도 없는 IT기업들이 엑손모빌, GE 같은 100년

넘은 간판 기업들을 제친 것이다. 유럽, 일본, 한국 등에서도 정도의 차이가 있을 뿐 유사한 흐름이다. 또한 인터넷을 통해 누구나 시장 정보에 접근할 수 있게 되면서 우버^{차량 공유}, 에어비앤비^{숙박 공유} 같은 이른바 공유경제의 약진도 두드러졌다.

이런 세상에서는 하드웨어보다 소프트웨어, 제조 능력보다 디자인 능력이 각광받게 마련이다. 따라서 발전된 선진국일수록 저출산 현상이 공통적으로 나타난다. 많은 자식을 두기보다는 소수의 자식에게 교육 투자를 집중해야 하기 때문이다. 자식이 재산이 아니라 부채로 인식될 수밖에 없다. 농업 사회의 아들 선호가 이제는 감성과 공감 능력이 뛰어난 딸에 대한 선호로 바뀌고 있다.

정보화는 격차의 문제를 필연적으로 수반한다. 정보화의 이점을 최대한 누릴 능력을 갖춘 사람과 그렇지 못한 사람들 사이의 격차다. 농업 사회나 산업혁명기보다 그 격차가 더욱 벌어진다. 교육 투자의 비중이 커지면서 빈부 격차가 대물림될 가능성이 더욱 커질 수밖에 없다. 이는 21세기 정보화 사회의 최대 숙제이기도 하다.

알파고 쇼크와 일자리 공포

2016년 3월 9일부터 15일까지 서울에서는 세계인의 이목이 집중된 세기의 대결이 열렸다. 구글 딥마인드가 개발한 최고의 바둑 인공지능^{AI} '알파고'가 바둑 천재 이세돌 9단에게 도전장을 던진 것이다. 알파고는 바둑

경우의 수가 우주 전체의 원자 수보다 많은 바둑은 인공지능이 넘보지 못하는 최후의 보루로 여겨졌다. 그런 바둑에서조차 인공지능이 인간 최고수를 능가한 데 대해 인류는 경악했다

천재조차 무력하게 만드는 완벽한 솜씨를 구사하며 1~3국에서 완승을 거뒀다. 경우의 수가 우주 전체의 원자 수보다 많다는 바둑은 인공지능이 넘보지 못하는 최후의 보루로 여겨졌다. 그런 바둑에서조차 인공지능이 인간 최고수를 능가한 데 대해 인류는 경악했다. 이세돌 9단은 1국에서는 자신의 실수라고 생각했고, 2국에서는 깜짝 놀랐으며, 3국에서는 할 말을 잃었다고 했다. 4국에서는 이세돌이 이겼지만 알파고의 위력은 이미 충분히 입증되었다.

이런 결과는 2016년 1월 스위스 다보스에서 열린 다보스포럼의 「직업의 미래」라는 보고서를 새삼 떠올리게 한다. 이 보고서는 로봇과 인공지능이 노동의 자동화를 이끌면서 수많은 화이트칼라가 일자리를 잃을 것이라고 경고했다. 선진국과 신흥국 등 주요 15개국 및 지역에서 2020년까지 불과 5년 사이에 로봇, 인공지능, 유전공학의 발전으로 710만 개의 일자리가 사라지고 새로 생기는 일자리는 210만 개에 그칠 것이란 예상이었다. 일자리 500만 개가 사라진다는 경고였다. 조사 대상은 미국, 일본, 영국, 독일, 프랑스, 오스트레일리아, 이탈리아, 중국, 인도, 브라질, 터키, 멕시코, 남아프리카공화국과 동남아시아의 아세안ASEAN 10개국, 중동 걸프연합회의 6개국 등이었다.

보고서는 가장 타격을 입을 직업군으로 475만 개의 일자리가 사라질 사무행정직을 꼽았다. 특히 반복적인 업무를 수행하는 화이트칼라의 사무실은 멸종 상태가 될 것으로 봤다. 또 제조 및 생산-160만 개, 건설 및 채굴-49만 개, 예술·디자인·환경·스포츠 및 미디어-15만 개, 법률-10만 개, 시설 및 정비-4만 개에서 일자리 감소를 점쳤다. 반면 일자리가 생기는 직업군은 사업 및 재정 운영+49만 개, 경영+41만 개, 컴퓨터 및 수학+40만 개, 건축 및 엔지니어+33만 개, 영업 및 관련직+30만 개, 교육 및 훈련+6만 개 등의 순이었다.

이런 암울한 경고에다 알파고가 최후의 보루였던 바둑마저 인간을 능가하자 "로봇과 인공지능이 내 일자리를 빼앗을 것이다."라는 불안감이 확산되었다. 심지어 우울증과 무기력감을 호소하는 사람들도 부쩍 늘어났다. 대중이 인공지능과 로봇에 대해 가진 이미지는 할리우드 영화에 의해 형성되었다. '인공지능 HAL9000'이 인간을 파멸로 몰고 가는 「2001 스페이스 오디세이」1968를 필두로 「터미네이터」1984 「매트릭스」1999 「엑스마키나」2015 등의 SF영화는 인공지능에 의해 지배되는 미래의 디스토피아를 그렸다. 인간이 기계의 노예가 되는 세상을 반길 사람은 아무도 없다. 끝을 알 수 없는 과학기술 문명이 발전할수록 두려움이 커지는 것은 당연한 일이다.

그러나 인류는 그리 호락호락한 존재가 아니다. 역사를 보면 시대를 바꿀 만한 혁신과 발명이 있을 때마다 인류는 당혹감과 공포를 금치 못했지만 끝내 이겨 냈다. 농업혁명 시대에 쟁기의 발명은 어머니와도 같은 자연에 상처를 내는 것으로 여겨졌지만 농업 생산성의 비약적인 증대를 가져왔다. 방적기와 증기기관이 발명되었을 때도 러다이트기계 파괴 운동이 벌어지고 『프랑켄슈타인』 같은 암울한 문학작품이 등장했다. 산업혁명은 블루칼라의 일자리를 파괴했다. 그러나 예전에 없던 일자리가 생겨났고 인류는 수천 년의 궁핍에서 탈출해 풍요를 누리게 되었다.

자동차가 발명된 19세기 말에도 마찬가지였다. 영국에서는 자동차가 등장하자 법으로 자동차가 마차보다 빠르게 달리는 것을 금지했을 정도다. 자동차로 인해 마부, 말 사육사의 일자리는 사라졌지만 무수한 연관산업 일자리가 생겨났다. 앞으로 인공지능과 로봇이 기존 일자리의 상당수를 사라지게 할 것이다. 그러나 지금은 상상도 못 할 새로운 일자리를 대거 만들어낼 것이다. 인류 역사는 그렇게 발전해왔다.

미국의 로봇 공학자 한스 모라벡은 '인간에게 쉬운 것은 컴퓨터에게 어렵고 반대로 인간에게 어려운 것은 컴퓨터에게 쉽다.'라고 했다

미래는 기계가 지배하는 디스토피아일까

　인공지능과 로봇이 가져다줄 미래에 대해서는 낙관론과 비관론이 엇갈린다. 페이스북의 CEO 마크 저커버그는 "인공지능이 사람을 살리고 우주와 지표 밑을 탐사할 것이다."라고 낙관했다. IBM의 CEO 버지니아 로메티도 "세계에서 버려지는 데이터의 80%를 활용해 새로운 미래를 열 것이다."라고 내다봤다. 그러나 스티븐 호킹 박사는 "인공지능의 완전한 발전은 인류의 종말을 가져올 것이다."라고 우려했다. 심지어 전기차 회사 테슬라의 일론 머스크 CEO는 "인공지능은 악마를 불러내는 것과 같다."라고 경고했다.

인공지능과 로봇이 인류의 미래를 바꿀 것임은 틀림없다. 그 방향이 긍정적일지 부정적일지는 결국 인공지능과 로봇을 만드는 사람에게 달려 있다. 인공지능과 로봇을 이용한 생산 방식은 경제학의 오랜 고민거리였던 한계비용, 수확체감 등의 문제와는 전혀 다른 고민을 안겨줄 것이다.

사람들은 흔히 인간보다 뛰어난 인공지능을 갖춘 안드로이드인간 모양의 로봇의 등장을 걱정한다. 인간과 유사한 모양이면서 힘, 속도, 지적능력 면에서 인간보다 탁월한 존재의 출현이다. 하지만 이런 안드로이드는 아직도 요원하다. 알파고만 해도 주어진 상황에 대해서만 판단하고 대응하는 '약한 인공지능'이다. 바둑 이외의 다른 분야, 이를테면 바둑판 위에 돌을 놓는 것조차 스스로 하지 못한다. 인간 능력의 50% 수준의 인공지능도 2040년경에 등장할 것이란 예상이다. 지각력과 인식능력으로 스스로 문제를 해결할 능력을 갖춘 '강한 인공지능인간형 인공지능'은 언제 출현할지 알 수 없다.

인간형 인공지능이라고 해서 문제가 끝나는 것은 아니다. '모라벡의 역설'이 쉽사리 해소되기 어렵기 때문이다. 모라벡의 역설은 오스트리아 출신 미국의 로봇 공학자 한스 모라벡이 1970년대에 제시한 개념으로, 로봇에게 쉬운 일이 인간에게는 어렵고 인간에게 쉬운 일은 거꾸로 로봇에게 어렵다는 것을 뜻한다. 복잡한 연산이나 방대한 정보를 기억하는 것은 인공지능에게 식은 죽 먹기이지만 계단을 내려가고 머리를 손질하고 종이를 접는 등의 일은 어렵다는 이야기다. 현재까지 개발된 최고 수준의 로봇은 계산, 암기, 위험작업, 구조 등에서는 인간이 못하는 일을 척척 해낸다. 그러나 로봇이 수건 한 장을 개는 데 아직도 24시간이 걸린다.

인공지능과 로봇의 윤리 문제도 새로운 논쟁거리다. 이에 관해서는 SF 소설의 대표 작가인 아이작 아시모프가 이미 1940년대에 쓴 『아이, 로봇』I Robot에서 '로봇 공학의 3원칙'을 제시한 바 있다. "로봇은 인간에게 해를 입혀선 안 된다. 위험에 처한 인간을 모른 척해서도 안 된다."제1원칙 "로봇은 제1원칙에 위배되지 않는 한 인간의 명령에 복종해야 한다."제2원칙 "제1원칙과 제2원칙에 위배되지 않는 한 로봇은 자신을 보호해야 한다."제3원칙 아시모프는 나중에 제0원칙을 추가했다. "로봇은 인류가 위험에 처하도록 해서는 안 된다."

아시모프의 원칙들은 물론 소설 속의 가정이다. 비관론자들은 인류가 인공지능에게 모든 것을 맡길 경우 자칫 인공지능의 지배라는 디스토피아가 현실화될 수 있다고 경고한다. 하지만 자동차 사고가 두렵다고 자동차 운행을 금지할 수 없듯이 인공지능과 로봇 시대의 도래는 필연적인 과정이다.

인공지능과 로봇도 결국은 인간이 만든다. 알파고를 개발한 구글 딥마인드 CEO 데미스 하사비스는 "인공지능 그 자체는 가치중립적이며 이를 어떻게 쓸지는 사회가 논의해야 한다."라고 지적했다. 할리우드 영화에 나온 「빅 히어로」의 푹신푹신한 로봇 베이맥스, 「인터스텔라」의 로봇 타스, 「스타워즈」의 'R2D2'나 'BB-8'처럼 인간의 동반자이자 구원자가 될 수도 있다. 실제로 2011년 퀴즈 프로그램에서 우승한 IBM의 인공지능 왓슨은 현재 암 진단에 투입되어 인간 의사들보다 훨씬 탁월한 정확도를 보이고 있다. 인류와 인공지능 간의 협업은 더 나은 미래를 만들 수 있다. 결국 인류가 인공지능을 얼마나 유용하게 사용하느냐에 달려 있는 셈이다.

최악의 순간은 지나갔는가

미래는 예정된 것이 아니라 만들어가는 것이다. 그런 점에서 역사가 주는 교훈을 되새길 필요가 있다. 역사상 성공한 나라와 실패한 나라 사이에는 확연히 구분되는 특징이 있다. 고대의 알렉산드로스 제국과 로마 제국, 중세의 이슬람 제국과 몽골 제국, 근대의 영국과 미국 등에서 발견되는 공통점은 바로 관용과 개방성이다. 서로 이질적인 민족, 문화, 종교를 관용이라는 용광로 속에 녹이고 하나로 포용했다. 또한 활기찬 상거래나 자유무역을 통해 모두에게 이로운 결과를 낳은 것이 제국을 유지한 비결이었다. 그러나 이런 개방성을 잃는 순간 제국은 무너지게 마련이다. 때문에 트럼프 시대를 맞는 미국이 어떻게 변모할지 주목된다.

이에 반해 실패한 나라들은 폐쇄성과 외부에 대한 단절, 억압이란 공통점이 있다. 집단 논리로 개인의 자유를 억압한 나치스 독일과 소련, 북한이 바로 그런 사례다. 경제적 자유가 없어 개인의 창의성을 극대화하지 못하는 체제에 미래가 있을 리 없다. 감시와 억압 없이는 오래 존속할 수도 없다. 우리나라는 개방을 지향할 때 번영했지만 폐쇄적으로 움츠러들 때는 위축되고 몰락했다. 미래의 한국이 어떤 길을 지향해야 하는지는 두말할 필요도 없다.

『경제로 읽는 교양 세계사』도 이제 종착역에 다다랐다. 역사 속에 무수한 제국이 일어나 부흥했다 사라졌다. 전쟁과 약탈이 주된 생산 방식이었던 시절도 있고, 지배 계급과 피지배 계급 간의 억압과 착취로 정체된 시절도 있었다. 해양 패권을 거머쥐고 세계를 호령한 나라들도 많이 있다.

가뭄, 홍수, 전염병으로 인해 크나큰 희생을 치른 경우는 이루 헤아릴 수 없다. 그런 점에서 인류의 역사는 대립과 충돌, 고난과 위기로 점철된 것처럼 느껴진다.

하지만 찰리 채플린은 "인생은 가까이서 보면 비극, 멀리서 보면 희극이다."라고 말했다. 마찬가지로 역사도 당장은 비극이지만 긴 안목에서 보면 희극이었다. 제국의 붕괴, 침략, 전쟁, 페스트, 대기근, 대공황 등 역사의 변곡점마다 그 시절을 산 이들에게는 지옥이었을 것이다. 그러나 인간은 사회적 동물이고 교환하는 동물인 동시에 적응하는 존재다. 그렇기에 어느 시기에서도 최악의 순간이 지나고 나면 인류는 더디지만 다시 일어나 새로운 발전을 이루어 냈다. 오늘날의 고난과 위기는 미래의 새로운 동력이 될 것이다.

로봇 공학의 3원칙을 말하는
아이작 아시모프의 『아이, 로봇』

　　구글 '알파고'와 이세돌의 대결을 계기로 새삼 주목받는 것이 아이작 아시모프의 『아이, 로봇』1950이다. 작가 아시모프는 1920년 러시아 페트로비치에서 태어나 세 살 때 미국 뉴욕으로 이민 와 19세부터 SF 소설을 잡지에 게재했다. 컬럼비아 대학교에서 화학박사 학위를 받고 보스턴 대학교 교수를 지냈으나 작가로 남기 위해 사직했다. 아시모프는 『2001 스페이스 오디세이』의 아서 클라크, 『낯선 땅 이방인』의 로버트 하인라인과 더불어 3대 SF 작가로 꼽힌다.

　　『아이, 로봇』은 아시모프가 20대1940년대 때 썼던 로봇에 관한 9편의 연작 소설을 묶어 1950년에 출간한 것이다. 그는 여기서 '로봇 공학의 3원칙'을 수립했다. 로봇은 인간에게 해를 입혀서는 안 되고, 복종해야 하며, 자신을 지켜야 한다는 원칙이다. 이는 무수한 로봇 소설에 기본 원칙으로 적용되었고 로봇 산업에도 크나큰 영향을 미쳤다. 아시모프는 나중에 로봇은 개인이 아닌 인류에도 해를 입혀서는 안 된다는 '로봇 공학 0원칙'을 추가해 인류의 안전에 대한 경각심을 일깨웠다.

아시모프가 이 소설들을 약 70년 전에 썼다는 것이 경이로울 정도다. 그가 소설에서 상상한 로봇들은 아직도 현실화하지 못하고 있다. 작가는 유모 로봇로비, 생각하는 로봇QT, 부하를 거느린 로봇데이브 등 이야기마다 다양한 로봇의 문제를 제기하고 과학과 이성에 대해 깊은 신뢰로 이 문제를 해결할 수 있다고 말한다. 『아이, 로봇』은 2004년 윌 스미스 주연의 동명 영화로도 만들어졌다. 그러나 영화는 로봇 공학 3원칙 등 몇몇 요소만 차용했을 뿐 내용은 소설과 완전 딴판이다.

아시모프의 주요 저서로는 50년에 걸쳐 평생 집필한 은하제국의 대서사시 『파운데이션』 7부작을 비롯해 『로봇』『미스테리 환상 여행』『아시모프의 과학 소설 창작백과』 등이 있다. 그는 1992년 작고할 때까지 과학 소설의 전형을 이루는 글을 썼고, 천문학, 생물학, 역사, 지리, 심리학 등 다방면에 걸쳐 500여 권의 책을 낸 다작 작가로도 유명하다. 별명이 '글 쓰는 기계'였을 정도다. 그의 저서들은 듀이의 도서 십진분류법 체계의 모든 분류 항목에 다 꽂을 수 있을 만큼 방대하다.

SF에 관심이 있다면 반드시 듣게 되는 이름이 아시모프다. 그의 이름을 딴 소행성, 잡지, 초등학교뉴욕가 있고 과학 소설과 교양 과학 분야에는 아시모프상도 있다. 1992년 작고한 뒤에는 "외계인 아시모프가 고향 별로 돌아갔다."라는 농담이 돌기도 했다.

인공지능, 사물 인터넷이 이끄는
4차 산업혁명Industry 4.0

2016년 6월 타계한 미국 문명평론가 앨빈 토플러는 저서 『제3의 물결』 1980에서 인류 역사에 혁명적인 변화를 가져온 세 번의 거대한 물결이 있다고 주장해 큰 파장을 일으켰다. 제1의 물결은 신석기 혁명, 즉 농업혁명이다. 쟁기, 바퀴 등의 발명을 통해 농경기술이 획기적으로 발전하면서 인류가 식량을 자급자족하게 된 것이다. 제2의 물결은 18세기 증기기관 발명에 따른 산업혁명이다. 제3의 물결은 현대의 정보화 혁명을 가리킨다. 그의 예언대로 세계는 정보와 지식의 시대로 이행했다.

요즘에는 4차 산업혁명이란 용어가 미디어에 자주 오르내린다. 생산 방식의 혁신적인 변화를 가져온 산업혁명이 네 단계로 진화하고 있다는 것이다. 1차 산업혁명은 1780년대 기계화로 좁은 의미의 산업혁명을 가리킨다. 2차 산업혁명은 1870년대 이후 전기를 이용한 대량생산과 자동화를 지칭한다. 3차 산업혁명은 1970년대 이후 컴퓨터, 인터넷 등 정보기술IT과 산업이 결합한 정보화 혁명을 가리킨다.

현재 진행 중인 4차 산업혁명은 인공지능AI, 사물 인터넷IoT, 클라우딩 컴퓨터 등을 통한 융·복합 혁명이다. 생산기술과 생산품이 유기적으로 소통해 능동적이고 최적화된 생산 시스템을 구축한다는 것이다. 4차 산업혁명이란 용어는 독일 정부가 2012년 핵심 미래 프로젝트로 '인더스트리 4.0'을 본격 추진한 데서 유래했다. 5000년간의 변화보다 1차 산업혁명의 변화가 컸듯이 향후 10~20년간 벌어질 변화상은 지난 250년의 변화보다 클 것이 틀림없다.

ㅈ

참고 문헌

『경제고전』, 다케나카 헤이조, 김소운 역, 2012, 북하이브

『경제사 산책』, 양동휴, 2007, 일조각

『경제사 오디세이』, 최연수, 2008, 부키

『경제인류학으로 본 세계 무역의 역사』, 필립 D. 커틴, 김병순 역, 2007, 모티브

『경제학 산책』, 르네 르휭거, 박규호 역, 2007, 비즈니스맵

『고전으로 읽는 경제사상』, 로버트 하일브로너, 김정수 · 이현숙 역, 2001, 민음사

『국가의 부와 빈곤』, 데이비드 S. 렌즈, 안진환 · 최소영 역, 2009, 한국경제신문

『그림 속 경제학』, 문소영, 2014, 이다미디어

『그림으로 이해하는 경제사상』, 홍은주, 2013, 개마고원

『금융으로 본 세계사』, 천위루 · 양천, 하진이 역, 2015, 시그마북스

『동방견문록』, 마르코 폴로 · 루스티켈로, 배진영 역, 2004, 서해문집

『맬서스, 산업혁명 그리고 이해할 수 없는 신세계』, 그레고리 클라크, 이철희 역, 2010, 한스미디어

『모험과 교류의 문명사』, 주경철, 2015, 산처럼

『세계 경제를 바꾼 사건들 50』, 권혁철 · 김이석 · 송원근 외, 2015, 북앤피플

『세계를 뒤흔든 경제 대통령』, 유재수, 2013, 삼성경제연구소

『세계사에서 경제를 배우다』, 최연수, 2015, 살림

『세속의 철학자들』, 로버트 하일브로너, 장상환 역, 2008, 이마고

『시사에 훤해지는 역사』, 남경태, 2014, 메디치

『아랍인의 눈으로 본 십자군 전쟁』, 아민 말루프, 김미선 역, 2004, 아침이슬

『어떻게 세계는 서양이 주도하게 되었는가』, 로버트 B. 마르크스, 윤영호 역, 2014, 사이

『유목민 이야기』, 김종래, 2002, 자우출판

『정화의 남해 대원정』, 미야자키 마사카츠, 이규조 역, 1999, 일빛

『제2의 기계시대』, 에릭 브란욜프슨 · 앤드루 맥아피, 이한음 역, 2014, 청림출판

『죽은 경제학자의 살아있는 아이디어』, 토드 부크홀츠, 2009, 김영사

『하룻밤에 읽는 세계사 1, 2』, 미야자키 마사카츠, 이영주 역, 2015, 알에치미디어

『화폐 이야기』, 김이한 · 김희재 · 송인창 외, 2013, 부키

『흐름으로 읽는 자본주의 역사』, 안재욱, 2015, 프리이코노믹북스

『히스토리아』, 주경철, 2012, 산처럼

『CEO 칭기즈칸』, 김종래, 2002, 삼성경제연구소